사람과 문화, 차와 말이 오가던 인류의 옛길처럼… 차마고도茶馬古道
이 책을 꿰고 다듬은 차마고도茶馬古道는 청소년을 위한 학습 및 교양콘텐츠 개발 베이스캠프다. 그동안 ≪수능국어 어휘력향상 수련장≫≪중3고1 비문학독해 100≫≪수능국어 비문학독본 1, 2, 3≫≪대입논술 기출문제 주제별 대계≫≪하루10분 생각의 발견 마음의 탄생 1, 2, 3≫≪논술구술 교양사전≫을 비롯한 여러 학습서를 출간하였다.

중1중2 비문학독해 100

초판 1쇄 발행   2023년 7월 7일

편저자   차마고도
펴낸이   박동선

펴낸곳   푸른청
등록   제 2019-000006호
주소   경기도 고양시 일산동구 장백로 13, 702호
전화   (031)918-4792
팩스   (031)921-4792

ISBN 979-11-966626-0-8 (53700)

값 17,000원

중1중2
비문학독해
100

青
푸른청

비문학을 잡아라

수능시험에서 국어영역, 특히 비문학 독해(독서)가 차지하는 지위는 거의 절대적이다. 문제 파악 능력이 관건인 시험의 속성 탓도 있지만, 근본적으로는 한 사람의 사고 수준이 그의 언어 능력에 의해 결정되는데서 기인한다. 또한 국어영역에서의 비문학은 다루는 제재가 학문과 삶의 다양한 영역을 포괄하는 것이기에 수능시험의 다른 탐구영역과 대학별 논구술시험에서 활용할 수 있는 긍정적 에너지는 실로 대단한 것이다. 입시 준비의 시작 단계에서부터 우선적으로 비문학 독해능력 신장에 관심을 기울여야 하는 까닭이 바로 여기에 있다.

비문학 독해의 핵심은 테크닉이 아닌 내용의 파악과 이해

수능 국어영역에서 비문학을 통해 주로 묻고자 하는 것은 주어진 글을 읽고 잘 이해할 수 있는지, 글 속에 담긴 정보를 제대로 처리할 수 있는지와 관련된 내용이다. 글의 내용을 이해하는 능력을 '독해력'이라고 할 때, 독해의 열쇠는 문항의 패턴에 대한 기술적 이해보다는 제시문의 내용을 제대로 파악하고 이해하는 능력이다. 따라서 문제 풀이를 위한 기술의 습득도 중요하겠지만, 그에 앞서 각 주제영역을 접하는 '눈'의 확립과 이해력 함양이 선행되어야 할 것이다.

비문학 공부는 삶과 세상의 이치를 탐구해 나가는 커다란 기획

독해력을 기르기 위해서는 많은 글을 읽고, 글의 중심 내용을 찾아가는 꾸준한 연습이 필요하다. 이러한 훈련은 독해력을 향상시킬 뿐만 아니라, 독해 속도도 빠르게 해 준다. 그런데 이러한 물리적 성취만큼이나 중요한 것이 또 있다. 독해 훈련의 과정이 다방면의 지식 습득을 통해 세상에 대한 인식의 지평을 넓히고, 사물과 현상의 본질을 꿰뚫어 볼 수 있는 '눈'을 확립하는 과정이라는 점이다.

비문학 공부의 과정은 어떤 자세로 임하느냐에 따라 '세상살이에 대한 경이로운 눈뜸의 길', '보다 성숙한 삶을 향해 열려 있는 길'이 될 수도 있다. 따라서 비문학 공부를 하나의 '입시과목'이기 이전에 '진지하게 우리의 삶과 세상의 이치를 탐구해 나가는 하나의 커다란 기획'으로 대하는 대승적 관점이 필요한 까닭이 여기에 있다.

이런 생각들에 기초하여 이 책은 비단 학습서로써 뿐만 아니라 좋은 글 모음집의 기능도 할 수 있도록 글의 선정에 심혈을 기울였다. 인문, 사회, 과학, 기술, 예술 분야에서 모범적인 글들을 가려서 수록하였기에 다방면의 교양을 쌓기 위해서라도 꼭 읽어보았으면 하고 권하는 교양텍스트이기도 하다.

중1, 중2 학생 독자들을 위한 수능국어 비문학 독해 수련장

이 책은 중1, 중2 학생 독자들을 위한 수능국어 비문학 독해 수련장이다. 비문학 독해의 기초체력을 튼튼히 다지자는 취지로 마련하였다. 이 책에는 인문, 사회, 과학, 기술, 예술 분야에 걸쳐 총 100개의 제시문과 그에 부속된 200개의 확인문제가 담겨 있다. 독해의 기본 원리인 추론적, 비판적, 창의적 이해의 기본 바탕이 되는 글에 대한 '사실적 이해'를 특히 중심에 놓고 문제들을 배치하였다. 글에 대한 일차적인 이해력 신장이 이 책의 목표인 셈이다.

아무쪼록 이 책을 잘 활용하여 보다 나은 글읽기 능력을 갖추고, 세상에 대한 폭넓은 지식과 따뜻한 이성, 그리고 자기 운명의 진정한 주인이 되기 위해 필요한 소양을 조금이나마 쌓을 수 있기를 기대한다.

사람과 문화, 차와 말이 오가던 인류의 옛길처럼
차마고도茶馬古道 대표 박만경

차 례

중1중2
비문학독해
100

조선 시대의 기와집

　기와집은 신분이 높은 사람들이 살았던 집이기 때문에 크고, 그 구조도 복잡하다. 조선 시대 기와집의 경우, 유교적인 질서가 집의 구조에 그대로 반영되었다. 집 안에 조상들을 모시는 사당이 있었고, 남자와 여자가 생활하는 공간이 철저하게 분리되어 있었다.

　대문으로 들어가면 행랑마당이 나오는데, 여기에 행랑채가 있다. 행랑채는 집안의 하인이 머무르던 곳으로, 광과 방으로 되어 있다. 광에는 곡식들을 저장해 둔다. 행랑마당의 오른쪽으로 난 문을 통해 사랑마당을 지나면 사랑채에 오르게 된다.

　사랑채는 집안의 남자들이 지내던 곳으로 사랑방, 대청과 누마루, 침방, 서고 등으로 구성된다. 아버지가 쓰는 공간은 큰사랑이라고 하고, 아들이 쓰는 공간은 작은사랑이라고 했다. 사랑방은 주인이 머무르면서 손님들을 접대하고 자녀들을 교육하였던 공간으로, 집안에서 가장 중요한 곳이었다.

　양반들은 가족이라고 해도 남자들과 여자들이 공간을 달리해서 생활했다. 행랑마당의 왼쪽으로 난 문을 통하면 집안 여자들이 머무르던 안채로 들어서게 된다. 안채는 대문에서 가장 먼 쪽에 자리를 잡아 다른 사람이 쉽게 접근하지 못하도록 만들었다. 여자는 안에서 살림을 도맡아 하고 바깥출입은 삼가야 한다는 유교 규범의 영향 때문이었다. 안채는 안마당을 중심으로 안방, 대청, 건넌방, 부엌으로 구성되어 있다. 안채 옆으로 난 작은 문을 통하면 별당으로 들어서는데, 별당에는 며느리나 나이 많은 딸, 또는 노부부가 살았다.

　사당은 조상을 모셔 제사나 차례를 지내는 곳이다. 주로 높은 벼슬을 하는 양반 집에 있었다.

1

위 글을 통해 알 수 없는 것은?

① 조선 시대 기와집에 살던 사람들은 대개 신분이 높은 양반 계층이었다.

② 기와집에 사당이 있는 것도 조선 시대 유교 질서가 반영된 것이다.

③ 조선 시대 기와집은 기와, 흙, 나무, 돌 등을 재료로 삼았다.

④ 행랑마당은 다른 공간을 드나드는 여러 문과 연결되어 있었다.

⑤ 조선 시대 기와집은 사랑채, 안채, 행랑채, 사당 등으로 구성되어 있었다.

2

위 글을 읽고 〈보기〉와 같이 요약하였다. 요약문을 쓴 사람이 글을 읽은 목적으로 알맞은 것은?

〈보기〉

기와집은 구조가 복잡하였으며 가족들이 생활하는 공간도 달랐다. 대문을 들어가면 행랑마당과 행랑채가 나오는데, 이곳은 집안의 하인들이 머무르며 일을 하던 곳이다. 사랑채에는 집안의 남자들이 머물렀다. 이곳에서는 손님 접대와 자녀 교육을 하였다. 안채는 대문에서 가장 먼 쪽에 자리 잡은 곳으로, 여자들이 머물며 집안 살림을 도맡아 하였다.

① 조선 시대 여성들의 가정교육을 이해하기 위해

② 우리나라 전통 가옥의 종류와 우수성을 알기 위해

③ 조선 시대 양반과 상민의 생활 모습이 다른 점을 알기 위해

④ 기와집의 공간마다 집안사람들의 생활 모습이 다름을 알기 위해

⑤ 외국 사람들에게 기와집의 구조와 그 아름다움을 설명해 주기 위해

(가) '진실'이란, 어떤 사건이나 문제에 대해 있는 그대로의 사실을 말한다. 그러나 있는 그대로란 무엇인가? 존재하는 모든 사실을 말한다. 존재하는 모든 사실은 그 존재가 다원적(多元的)이다. 진실을 알아야 할 중요한 사실일수록 그 존재가 복잡하게 얽혀 있어 ㉠일면만 보고서는 진실을 이해할 수 없다.

(나) 언론에 있어 '진실'이란, 첫째, 사물을 부분만 보지 말고 전체를 보아야 한다는 것을 뜻한다. '진실'이 알려지는 것을 두려워하는 사람들은, 신문이 사건이나 문제의 전모(全貌)를 밝히는 것을 저지하기 위해 자기들에게 유리한 부분만을 과장하여 선전하기도 하고, 불리한 면은 은폐하여 알리지 않으려고 한다. 공정한 논평에 있어 가장 중요한 점은 사고의 자유로운 활동이다. 자기에게 불리하다고 해서 문제를 그런 식으로 생각하면 안 된다거나, 이 문제는 이런 방향, 이런 각도로만 생각해야 한다고만 주장한다면, 이것이 곧 진실과 반대가 되는 곡필(曲筆) 논평(論評)이 된다. 곡필은 ㉡어느 선 이상은 생각을 하지 않는다는 데 그 특징이 있다. 자유롭게 다각도로 사고를 하면 진실이 밝혀지기 때문이다.

(다) 둘째, 언론에 있어 '진실한 보도와 논평'을 하기 위해서는 ㉢사물을 역사적으로 관찰할 줄 아는 안목이 있어야 한다. 어떠한 사물을 옳게 보도하거나 논평할 수 있으려면, 그 사물의 의미 또는 가치를 올바르게 평가할 수 있어야 한다. 어떠한 가치에 서서 사물을 보느냐에 따라 사람의 안목은 결정된다. 안목이 있는 사람이란, 발전하는 새로운 가치의 입장에서 사물을 볼 줄 아는 사람을 말한다. 사회적 가치란 사회적 이해와 밀접한 관계가 있다. 자기의 이해 관계에 따라 사물을 보는 태도가 서로 달라진다. 어떤 사람에게는 긍정적 가치인 것이 어떤 사람에게는 부정적 가치가 된다. 이것은 이해 관계가 서로 다르기 때문이다. 따라서 사물을 볼 때에는 소수의 이익이 아니라 다수의 이익, 퇴보의 가치가 아니라 발전하는 가치라는 원칙에 따라 판단하고 평가해야 한다.

(라) 셋째, 사물을 볼 때에는 어느 면이 더 중요하고 어느 면이 덜 중요한지를 똑똑히 식별할 줄 알아야 한다. 사건이 발생했을 때에 가장 중요한 면이 사건의 근거가 되고, 그렇지 않은 면이 사건의 조건이 된다. 따라서 사물을 옳게 이해하려면 ㉣사물의 어떤 측면이 근거가 되고, 또 어떤 측면이 조건이 되는가를 예리하게 식별할 줄 알아야 한다. 근거와 조건을 어떻게 정하느냐에 따라 그 사건에 대한 이해가 크게 달라진다.

(마) 신문이 진실을 보도해야 한다는 것은 새삼스러운 설명이 필요 없는 당연한 이야기이다. 정확한 보도를 하기 위해서는 문제를 전체적으로 보아야 하고, 역사적으로 새로운 가치의 편에서 봐야 하며, 무엇이 근거이고, 무엇이 조건인가를 명확히 해야 한다고 했다. 신문은 스스로 자신들의 임무가 '사실 보도'라고 말한다. 그 임무를 다하기 위해 신문은 자신들의 이해관계에 따라 진실을 왜곡하려는 ㉤권력과 이익 집단, 그 구속과 억압의 논리로부터 자유로워야 한다.

1

위 글의 관점에서 신문 기사문을 쓸 때, 바람직한 자세가 아닌 것은?

① 사건과 관련된 원인을 자세하게 살핀다.

② 사건을 역사적 관점에서 올바르게 평가한다.

③ 사건의 일면보다는 전체적인 면을 두루 살핀다.

④ 사건의 덜 중요한 부분을 부각시켜 다른 기사와의 차별성을 강조한다.

⑤ 이해 관계자, 이익 집단의 구속과 억압에서 벗어나서 자유로운 상태로 접근한다.

2

㉠~㉤에 대한 설명으로 적절하지 않은 것은?

① ㉠ : 진실을 알기 위해서는 대상의 다양한 면을 살펴야 한다.

② ㉡ : 자신에게 불리한 면에 대해서는 은폐하여 알리지 않으려고 한다.

③ ㉢ : 발전하는 새로운 가치의 입장에서 사물을 볼 줄 아는 안목을 가져야 한다.

④ ㉣ : 어느 면이 더 중요하고 어느 면이 덜 중요한지를 식별할 줄 알아야 한다.

⑤ ㉤ : 권력과 이익 집단의 구속이나 억압과 타협하여 자유를 얻는다.

(가) 우주의 만물은 모두 원소로 이루어져 있는데, 지금까지 알려진 원소의 종류는 약 100여 종이다. 흔히 이들은 우주가 생겨날 때부터 존재했을 것이라고 생각하지만, 원소에 따라 그 생성 기원이 다르다. 우주가 생겨날 때 만들어진 것, 별의 진화 과정에서 만들어진 것, 별이 폭발할 때 만들어진 것이 있다.

(나) 우주가 생성될 때 일어난 대폭발로 수소와 일부의 헬륨이 생겼다. 그리고 별이 진화하는 과정 속에서 나머지 헬륨과 또 다른 원소들이 만들어졌다. 태양보다 질량이 큰 별의 생성 초기에는 수소로부터 헬륨이 만들어지는데, 여기에는 천만 도(10^7K) 이상의 높은 온도가 필요하다. 고온에서 원자핵이 반응하여 더 큰 원자핵이 되는 것을 핵융합이라고 한다. 수소가 핵융합을 하여 헬륨을 생성하는 단계가 끝난 후, 별의 중심부 온도가 일억 도(10^8K) 정도로 올라가면 헬륨보다 무거운 원소들이 만들어지기 시작한다. 헬륨 3개가 결합하여 탄소가 만들어지며, 탄소에 하나의 헬륨이 더해져 산소가 만들어진다. 별의 중심부 온도가 십억 도(10^9K) 이상이 되면 탄소와 산소가 다시 작은 원소로 깨어지고 서로 합쳐져 질량이 더 큰 마그네슘, 규소, 황 등 다양한 원소들이 만들어진다.

(다) 그러나 현재 존재하는 원소 중 철보다 무거운 것은 단순히 핵융합에 의해 만들어지지 않는다. 비록 철 원소가 만들어지는 조건에서 일시적으로 철보다 무거운 원소가 만들어지더라도 곧 다시 분해되어 안정된 철로 되돌아간다. 이것은 철의 원자핵 내 핵자 결합 에너지가 원소 중에서 가장 크기 때문이다. 핵자는 양성자나 중성자이며, 그 결합 에너지는 핵으로부터 핵자를 떼어내는 데 필요한 에너지를 말한다. 철보다 가벼운 원소는 질량이 클수록 핵자 결합 에너지가 크지만, 철보다 무거운 원소는 질량이 클수록 핵자 결합 에너지가 작다.

(라) 철보다 무거운 원소들은 다음과 같이 별이 폭발할 때 만들어지는 것으로 설명되고 있다. 핵융합에 의해 만들어진 철이 많아질수록 별의 수축이 일어난다. 별 중심부로의 수축이 진행될수록 온도가 높아지다가 어떤 한계점에 이르게 되면 별은 폭발한다. 철보다 무거운 원소들은 별이 폭발할 때 생기는 높은 밀도의 양성자와 중성자가 그 전에 만들어진 원소와 결합하여 순간적으로 만들어진다. 라듐이나 우라늄 등이 이렇게 만들어진 원소이다.

(마) 결국 수소와 일부의 헬륨을 제외한 원소들은 오래 전에 존재하였던 별의 잔해라고 할 수 있다. 또한 원소들도 우주에서 태어난 탄생 순서가 있다고 볼 수 있다.

1

위 글을 통해서 알 수 있는 내용이 아닌 것은?

① 산소는 핵융합에 의해 만들어진다.

② 헬륨 중에는 별에서 만들어지지 않은 것도 있다.

③ 우주가 생성될 때 대부분의 원소도 같이 만들어졌다.

④ 탄소가 만들어지려면 일억 도(10^8K) 이상의 온도가 필요하다.

⑤ 현재 존재하는 원소 중 철보다 무거운 원소는 별이 폭발할 때 만들어진다.

2

위 글에 나타난 사실의 인과 관계를 바르게 정리한 것은?

① 철의 생성 → 별의 중심부 온도 상승 → 헬륨의 생성

② 헬륨의 생성 → 별의 중심부 온도 상승 → 수소의 생성

③ 마그네슘의 생성 → 별의 중심부 온도 상승 → 탄소의 생성

④ 별의 내부에 철 축적 → 별의 수축 → 별의 중심부 온도 상승

⑤ 핵융합에 의한 별의 중심부 온도 상승 → 라듐의 생성 → 별의 폭발

매년 늦가을이나 초겨울이 되면 일반 가정에서는 김장 담그기에 여념이 없어진다. 고춧가루, 젓갈, 파, 마늘 등 갖은 양념을 섞어 만든 빨갛고 매콤한 김치 속을 배추나 무에 맛나게 버무려 땅속의 김장독에 보관해 놓으면 반찬 걱정 없이 한 겨울을 넉넉히 지낼 수 있기 때문이다.

통일신라 시대의 역사 기록을 담고 있는 '삼국사기(三國史記) 신문왕편'에 혜(醯:김치무리)라는 용어가 등장하고, 김장독으로 사용되었던 것으로 추정되는 돌로 만든 독이 법주사 경내에 현존하고 있는 것을 보면 김치와 김장독은 천 년 이상을 함께 한 한민족 음식 문화의 정수라고 해도 과언이 아닐 것이다.

하지만 우리의 김치 문화에 큰 변화가 생겨났다. 그 변화 중에서 가장 두드러진 것은 저장 방식의 변화이다. 즉, 김치를 큰 항아리(김장독)에 담아 땅속에 보관하던 방식에서 벗어나, 김치 냉장고라는 새로운 김치 저장고를 활용하게 된 것이다.

그렇다면 김치 냉장고는 어떤 원리를 갖고 있을까? 김치 냉장고의 기본적인 원리를 한마디로 요약하면 땅속 김장독과 마찬가지로 온도 변화를 최소화시킨다는 점이다.

우리 선조들은 겨울철에 70cm 정도의 땅을 파고 그 안에 항아리를 묻어 김장독으로 사용해 왔다. 겨울철에는 땅속 70cm에서 온도가 항상 섭씨 0~1도로 유지되기 때문에 김치의 발효를 억제시킬 수 있다. 여기에 옹기로 만들어진 김장독은 공기가 내부에서 순환됨은 물론, 외부 공기와도 서로 통할 수 있어서 싱싱한 김치를 몇 개월, 길면 1년 이상 맛볼 수 있게 해 주었다.

김치 냉장고도 이 원리를 이용해 내부 온도를 섭씨 0도 수준으로 일정하게 유지시켜 싱싱한 김치 맛을 느낄 수 있도록 해준다. 김치 냉장고는 일정한 온도의 유지를 위해 직냉방식으로 냉장실 자체를 통째로 냉각시킴으로써, 한겨울 김장독을 땅속에 묻은 것과 같은 상태를 만들어 주는 것이다. 김치 냉장고 내부에 살얼음이 생기는 것도 이 때문이다.

대부분의 김치 냉장고는 위에서 문을 열고 닫을 수 있도록 만들어 놓았는데, 이 또한 김장독의 역할을 톡톡히 해내고 있다. 이것은 냉장고 속의 차가운 공기가 대기보다 무겁다는 원리를 이용한 것으로, 위에서 열고 닫을 경우 냉기가 증발하는 것을 막아 온도의 차이를 최소화시킨 것이다. 일례로 일반 냉장고 문을 30분 정도 열어놓으면 섭씨 20도 이상의 온도차가 나지만, 김치 냉장고는 같은 시간 동안에 섭씨 2~5도 정도의 차이밖에 나지 않는다. 김장독의 주둥이를 작게 해 공기와의 접촉을 막아 온도 차이를 최소화한 것이다.

김장김치의 맛이 오랫동안 유지되는 것을 궁금해 하던 어떤 사람이 김장독에 온도계를 심어놓고 관찰한 결과 김치 냉장고가 개발되었다는 설이 있듯이, 김치 냉장고는 우리 선조들의 지혜와 과학의 발전이 만들어낸 문명의 산물임에 틀림없다.

1

위 글의 내용과 일치하지 않는 것은?

① 삼국 시대에 이미 김치를 저장하였다.

② 김치 냉장고의 문은 온도 유지에 필요하다.

③ 김장독의 저장 방식도 직냉방식의 원리로 볼 수 있다.

④ 김치 냉장고는 김치의 맛을 과학적 원리로 완성시켰다.

⑤ 김치 냉장고는 온도 변화를 최소화하는 원리를 사용하고 있다.

2

위 글의 내용과 가장 유사한 사례는?

① 가마솥의 원리로 압력 밥솥을 만들었다.

② 인공위성을 이용해 차량항법장치를 만들었다.

③ 삼투압의 원리를 이용하여 정수기를 만들었다.

④ 풍차의 원리를 이용하여 풍력 발전소를 만들었다.

⑤ 초음파 진동의 원리를 이용해서 가습기를 만들었다.

조선 시대의 풍속화를 인물화나 산수화에 비해 그 가치가 낮은 것으로 인식하는 경우가 있다. 격식을 따지는 사대부들은 품격을 중시해서 사람들의 삶의 모습을 그리는 것을 천하게 여겼다. 우리는 오랜 유교적 전통 속에서 생활하면서 사대부들의 이 같은 가치관을 받아들여 풍속화의 가치를 오랫동안 낮게 평가해 온 것은 아닐까?

풍속화가 본격적으로 등장한 것은 실사구시(實事求是)를 표방한 실학사상(實學思想)이 대두된 조선 후기이다. 이 시기가 되면 서민들의 생활은 점차 나아지고, 서민들 중에는 부를 축적한 사람들도 나타난다. 반면, [㉠   ]. 이 같은 사회의 변화는 그림에도 영향을 미쳐, 사대부들의 취향에서 벗어나 생활을 기록하는 그림, 즉 풍속화가 등장하게 되었다.

우리들이 잘 아는 혜원(蕙園) 신윤복(申潤福)과 단원(檀園) 김홍도(金弘道)의 그림도 이때의 것이다. 신윤복과 김홍도는 같은 시대의 화가로서 도화서(圖畵署)의 화원을 지내면서 사대부 취향의 그림을 그렸고, 신윤복은 첨정(僉正), 김홍도는 현감(縣監)의 벼슬까지도 하였다. 그러나 그 이전의 화가와는 달리 서민 사회나 상류 사회의 희로애락을 이전 시기보다 자유롭게 그렸다. 그런데 실제로 주변 풍물을 그리는 눈은 다소 차이가 있었다. 신윤복은 세상살이의 모습을 그리되 당시에 금기시되었던 기녀·무녀·주점·연회 등에서 보이는 여성의 선정적인 모습에 초점을 맞추었다. 또한, 상류 사회에서 연회를 벌여 즐기는 장면을 관찰자의 자세로 전체를 한눈에 보면서 펼쳐 그렸다. 반면에 김홍도는 보다 서민적인 일상사의 주변 현실에 가까이 다가서서 함께 즐기는 자세로 그렸다. 씨름, 서당, 춤추는 어린이, 행상, 대장간 등 동작 있는 현실의 풍물을 그리되, 인물의 동작이나 표정에 해학이 넘쳐 흐르게 그렸다. 신윤복이 그리는 삶의 무대가 남의 시선이 닿지 않는 기방이나 주방의 내실, 뒤뜰의 연당, 돌담, 깊은 숲 속을 기웃거리며 월하(月下)의 정경을 무대로 삼았다면, 김홍도는 우리들이 지나치며 부담 없이 볼 수 있는 열려진 삶의 현장을 해학적으로 그려내었다.

우리는 신윤복, 김홍도의 그림으로 대표되는 풍속화를 통해서 소중한 가치를 발견할 수 있다. 사상적 측면에서 풍속화는 인간 중심적 사고를 가장 잘 보여주는 예술이다. 그 전까지의 산수화는 사람을 그리지 않거나 그리더라도 자연의 부속물로 표현했던 것이 사실이다. 하지만 풍속화는 그림 밖에 있던 사람을 그림의 중심으로 끌어들임으로써 인간 중심적 사고를 드러내는 중요한 양식이 되었다. 예술적 측면에서 풍속화는 조선 회화의 미적 영역을 확대했다는 가치를 지닌다. 사대부의 관념적 이상 세계를 그리는 것에 한정되었던 조선 회화는 풍속화에 와서 여러 계층의 생동감 넘치는 삶의 현장을 담아냄으로써 폭과 깊이에서 한 단계 성장하게 된다. 이처럼 풍속화는 당대를 살아간 사람들의 모습을 통해 인간에 대한 사랑과 그림에 대한 새로운 접근을 보여준다.

1

위 글을 기사화하려고 할 때, 표제와 부제로 가장 적절한 것은?

① 풍속화의 감상 방법 – 소재를 중심으로

② 풍속화의 등장 배경 – 역사적 관점을 중심으로

③ 풍속화의 의의 – 신윤복, 김홍도를 중심으로

④ 풍속화의 변모 과정 – 시대사적 흐름을 중심으로

⑤ 풍속화에 대한 올바른 이해 – 화가의 기법을 중심으로

2

㉠에 들어갈 내용으로 가장 적절한 것은?

① 왕의 권위는 점차 강화되었다

② 화가들의 지위는 상승하게 되었다

③ 상류 사회의 품격은 변함이 없었다

④ 그림의 예술적 가치는 높아지게 되었다

⑤ 사대부들의 권위는 약화되기 시작하였다

아메리카 인디언 족인 콰키우틀 족에게는 '포틀래치(potlatch)'라는 관습이 있었다. 예를 들자면 이렇다. 한 추장이 있는데, 그는 사람들로부터 가장 위대한 추장이라는 찬사를 받고 싶었다. 그래서 그는 자신의 월등한 지위를 과시하기 위해 다른 마을 사람들을 초대하여 포틀래치를 연다. 사람들을 초대해 놓고 추장은 대뜸 이렇게 말한다.

"나는 세상에서 가장 위대한 추장이다. 이제부터 너희들에게 선물을 나눠 줄 텐데, 그 양이 얼마나 되는지 한번 헤아려 보라. 아마 일생 동안 헤아려도 다 못할 것이다."

그 거만한 말투에 자존심이 상한 사람들이 그에게 야유를 보내면, 추장의 곁에 서 있던 부하들이 초대한 손님들을 위협한다.

"입 다물어, 이 야만인들아! 조용히 하지 않으면 우뚝 솟은 산맥과 같으신 우리 추장님께서 돈벼락을 내려서 너희들을 파묻어 버릴 것이다."

그러고 나서 추장과 그의 부하들은 손님들에게 선사할 재물들을 솜씨 좋게 쌓아 올린다. 그들이 거들먹거리며 손님들에게 선물할 많은 귀중품들을 자랑하는 동안, 초대된 사람들은 무뚝뚝한 표정으로 그 광경을 바라본다. 비록 주최 측의 선물이 별게 없다고 조롱하긴 해도, 관습에 따라 그들은 받은 선물을 모두 싣고 자기 마을로 돌아간다.

포틀래치에 초대됐던 이웃 마을 사람들, 특히 추장들은 그 추장에 대해 복수를 다짐한다. 그 복수란 자기들이 받은 선물보다 더 많은 선물을 준비하여 나눠 주는 것이다. 복수를 준비하기 위해서는 몇몇 사람의 힘만으로는 안 되고 온 마을 사람들이 힘을 모아야 한다. 그래서 온 마을 사람들이 사냥과 농작물 재배에 참여하게 되는 것이다.

위대한 추장이라는 과대망상에 빠져 재물을 뿌려대는 이 풍습이 이상하게 보이긴 해도, 포틀래치는 그 나름의 가치가 있었다. 존경심을 얻기 위한 경쟁을 통해 마을의 생산 능력이 비약적으로 증가한다. 그보다 중요한 점은 마을 간에 벌어지는 빈부의 격차가 이 어처구니없는 풍습을 통해 해소된다는 것이다.

1

위 글의 전개 방식을 바르게 설명한 것은?

① 여러 부족의 관습을 나열하고 있다.

② 두 개의 사례를 비교하여 서로의 장단점을 논했다.

③ 자신의 주장을 설득시키기 위해 일화를 먼저 제시했다.

④ 구체적인 사례를 이야기하고 그것의 의의를 설명했다.

⑤ 영웅의 일대기적 구성에 따라 인물의 일생을 전개했다.

2

위 글을 읽고 추론할 수 있는 내용이 아닌 것은?

① 콰키우틀 족은 관습을 중요시하는 부족이다.

② 콰키우틀 족은 여러 개의 마을로 구성된 부족이다.

③ 추장은 다른 마을 사람들에게서도 존경을 받고 싶었다.

④ 포틀래치에 초대된 이웃 마을 사람들은 불쾌함을 느꼈다.

⑤ 콰키우틀 족은 군사력을 바탕으로 성장의 발판을 마련한다.

세계 인류가 네오내오없이 한 집이 되어 사는 것은 좋은 일이요, 인류의 최고요 최후인 희망이요 이상이다. 그러나 이것은 멀고 먼 장래에 바랄 것이요, 현실의 일은 아니다. 사해 동포(四海同胞)의 크고 아름다운 목표를 향하여 인류가 향상하고 전진(前進)하는 노력을 하는 것은 좋은 일이요 마땅히 할 일이나, 이것도 현실을 떠나서는 안 되는 일이니, 현실의 진리는 민족마다 최선의 국가를 이루고 최선의 문화를 낳아 길러서, 다른 민족과 서로 바꾸고 서로 돕는 일이다. 이것이 내가 믿고 있는 민주주의(民主主義)요, 이것이 인류의 현 단계에서는 가장 확실한 진리다.

그러므로 우리 민족으로서 하여야 할 최고의 임무는, 첫째로, 남의 절제(節制)도 아니 받고 남에게 의뢰도 아니 하는, 완전한 자주 독립의 나라를 세우는 일이다. 이것이 없이는 우리 민족의 생활을 보장할 수 없을뿐더러, 우리 민족의 정신력을 자유로 발휘(發揮)하여 빛나는 문화를 세울 수가 없기 때문이다. 이렇게 완전한 자주 독립의 나라를 세운 뒤에는, 둘째로 이 지구상의 인류가 진정한 평화와 복락(福樂)을 누릴 수 있는 사상을 낳아, 그것을 먼저 우리 나라에 실현하는 것이다.

나는 오늘날의 인류의 문화가 불완전함을 안다. 나라마다 안으로는 정치상, 경제상, 사회상으로 불평등, 불합리가 있고, 밖으로 국제적으로는 나라와 나라의, 민족과 민족의 시기(猜忌), 알력(軋轢), 침략(侵略), 그리고 그 침략에 대한 보복으로 작고 큰 전쟁이 끊일 사이가 없어서 많은 생명과 재물을 희생하고도, 좋은 일이 오는 것이 아니라 인심의 불안과 도덕의 타락(墮落)은 갈수록 더하니, 이래 가지고는 전쟁이 끊일 날이 없어, 인류는 마침내 멸망하고 말 것이다. 그러므로 인류 세계에는 새로운 생활 원리의 발견과 실천(實踐)이 필요하게 되었다. 이야말로 우리 민족이 담당한 천직(天職)이라고 믿는다.

이러하므로, 우리 민족의 독립이란 결코 삼천 리 삼천만만의 일이 아니라, 진실로 세계의 전체의 운명에 관한 일이요, 그러므로 우리 나라의 독립을 위하여 일하는 것이 곧 인류를 위하여 일하는 것이다.

만일, 우리의 오늘날 형편이 초라한 것을 보고 자굴지심(自屈之心)을 발하여, 우리가 세우는 나라가 그처럼 위대한 일을 할 것을 의심한다 하면, 그것은 스스로 모욕(侮辱)하는 일이다. 우리 민족의 지나간 역사가 빛나지 아니함이 아니나, 그것은 아직 서곡(序曲)이었다. 우리가 주연 배우로 세계 역사의 무대에 나서는 것은 오늘 이후다. 삼천만의 우리 민족이 옛날의 그리스 민족이나 로마 민족이 한 일을 못 한다고 생각할 수 있겠는가!

1

위 글의 제목으로 적절한 것은?

① 우리 민족의 임무

② 인류의 평화와 행복

③ 새로운 문화의 필요성

④ 사해 동포주의의 가치

⑤ 민주주의의 실현 방법

2

다음 중 글쓴이의 생각이 아닌 것은?

① 독립 국가 건설은 우리 민족만을 위한 일이 아니다.

② 지금 세계 각국은 나라 안팎으로 심각한 위기를 겪고 있다.

③ 우리 민족이 앞으로 추구해 나갈 현실의 진리는 사해 동포주의이다.

④ 빛나는 문화를 건설하려면 완전한 자주 독립 국가를 수립해야 한다.

⑤ 우리 민족은 세계 어디에 내놓아도 손색없는 문화를 건설할 수 있다.

마찰력은 일상생활과 밀접하게 관련된 힘이다. 대부분의 사람들은 마찰력이 운동을 방해하기 때문에 성가신 힘으로 인식하고 있다. 따라서 ㉠마찰력을 없애거나 줄이기 위해 여러 가지 방법을 사용하고 있다. 물체의 표면을 매끄럽게 하기도 하고, 비행기나 자동차의 모양을 유선형으로 만들어 마찰력을 줄이려고 애를 쓰기도 한다. 그러나 마찰력이 작은 얼음판 위를 걸어 본 사람이라면 우리가 걸어다니는 길에 마찰력이 있다는 것을 고맙게 생각할 것이다. 따라서 마찰력은 우리 생활에 꼭 필요한 힘이기도 하다.

그렇다면 마찰력은 왜 생기는 것일까? 표면이 울퉁불퉁한 돌을 서로 문지르면 울퉁불퉁한 부분들이 서로 긁히면서 떨어져 나갈 것이다. 이렇게 긁히고 떨어져 나갈 때 작용하는 힘이 마찰력이다. 매끈매끈해 보이는 표면도 현미경으로 보면 울퉁불퉁한 돌멩이처럼 원자와 분자들이 돌출해 있다. 표면이 서로 스치면 이렇게 돌출된 원자와 분자들이 서로 긁히기 때문에 매끄러워 보이는 물체 사이에도 마찰력이 생기는 것이다.

고체 사이에 작용하는 마찰력은 두 물체의 면에 수직으로 작용하는 힘의 크기와 표면 상태에 따라 달라진다. 책상 위에 놓여 있는 책을 밀어서 앞으로 보낼 때 마찰력의 크기는 책이 책상을 누르는 힘과, 책과 책상의 표면 상태에 따라 결정된다. 내려 누르는 힘이 크거나 표면이 거칠수록 마찰력은 커진다. 단, 질량이 같다고 가정할 때, 일반적인 생각과는 달리 책상 면에 접한 물체의 표면적 크기는 마찰력에 영향을 주지 않는다.

책상 위에 책이 놓여 있는 경우를 다시 생각해 보자. 책을 살며시 밀어 보자. 책이 움직이지 않을 것이다. 책에 힘을 가했는데도 책이 움직이지 않는 것은 내가 가한 힘과 마찰력이 서로 비겼기 때문이다. 이때 마찰력의 크기는 내가 책에 가한 힘과 같다. 다음에는 조금 더 센 힘으로 책을 밀어 보자. 아직도 책이 움직이지 않았다면 이때의 마찰력도 내가 가한 더 센 힘과 비긴 것이다. 이렇게 책에 가하는 힘을 조금씩 세게 하면 마찰력도 조금씩 증가할 것이다.

그러다 미는 힘이 어느 정도 이상이 되면 책이 드디어 움직이기 시작할 것이다. 마찰력이 더는 커질 수 없기 때문이다. 물체가 막 움직이기 시작할 때의 마찰력을 최대 정지 마찰력이라고 한다. 그러니까 물체에 최대 정지 마찰력보다 더 작은 힘을 가하면 가해 준 힘은 마찰력과 비겨서 움직이지 않는다. 그러나 최대 정지 마찰력보다 더 큰 힘을 가하면 물체는 마찰력을 이기고 움직이기 시작한다.

마찰력은 물체가 움직이기 시작할 때 가장 크고, 일단 움직이면 작은 마찰력이 작용하게 된다.

1

위 글의 내용과 일치하지 않는 것은?

① 마찰력은 물체가 움직이기 시작할 때 가장 크다.

② 자동차를 유선형으로 만들면 마찰력을 줄일 수 있다.

③ 일반적으로 마찰력은 운동을 방해하는 힘으로 인식된다.

④ 정지해 있는 물체는 최대 정지 마찰력보다 작은 힘을 가해도 움직인다.

⑤ 물체가 움직이지 않는 것은 외부에서 가해진 힘과 마찰력이 같기 때문이다.

2

㉠의 내용을 뒷받침할 수 있는 예로 적절한 것은?

① 산에 오를 때 등산화를 신는다.

② 겨울철 빙판길에 모래를 뿌린다.

③ 욕실 바닥에 미끄럼 방지 타일을 붙인다.

④ 기계의 톱니바퀴 부분에 윤활유를 바른다.

⑤ 역기를 들기 전 손에 송진 가루를 묻힌다.

우리 민족은 활에 대해 각별한 관심을 가지고 있었으며, 활을 중요한 무기로 여겼다. 이에 따라 활 제작 기술도 발달했는데, 특히 조선 시대의 활인 ㉠각궁(角弓)은 매우 뛰어난 성능과 품질을 지니고 있었다. 그렇다면 무엇이 각궁을 최고의 활로 만들었을까?

활은 복원력을 이용한 무기이다. 복원력은 탄성이 있는 물체가 힘을 받아 휘어졌을 때 원래대로 돌아가는 힘으로, 물체의 재질과 변형 정도에 따라 힘의 크기가 변한다. 이를 활에 적용해 보자. 활의 시위를 당기면 당기는 만큼의 복원력이 발생한다. 복원력은 물리학적인 에너지의 전환 과정이기도 하다. 사람이 시위를 당기면, 원래의 시위 위치에서 시위를 당긴 거리만큼의 위치 에너지가 화살에 작용하게 된다. 따라서 시위를 활대에서 멀리 당기면 당길수록 더 큰 위치 에너지가 발생하게 된다. 이때 시위를 놓으면 화살은 날아가게 된다. 바로 이 과정에서 위치 에너지가 운동 에너지로 전환된다. 즉 시위를 당긴 거리만큼 발생한 위치 에너지가 운동 에너지로 바뀌어 화살을 날아가게 하는 것이다. 한편 복원력은 활대가 휘는 정도와 관련이 있다. 일반적으로 활대가 휘면 휠수록 복원력은 더 커지게 된다.

따라서 좋은 활이 되기 위해서는 더 큰 위치 에너지를 만들어낼 수 있는 탄성이 좋은 활대가 필요하다. 각궁은 복원력이 뛰어난 활이다. 그 이유는 각궁이 동물의 뿔이나 뼈, 힘줄, 탄성 좋은 나무 등 다양한 재료를 조합해서 만든 활이기 때문이다. 이러한 활을 합성궁이라고 부른다. 합성궁은 대나무와 같은 나무만을 재료로 만든 활보다 탄력이 좋아서 시위를 풀었을 때 활이 반대 방향으로 굽는 것이 특징이다. 바로 이러한 특성으로 인해 각궁은 뛰어난 사거리와 관통력을 갖게 되었다.

1

위 글을 바탕으로 〈보기〉를 이해한 내용으로 적절하지 않은 것은?

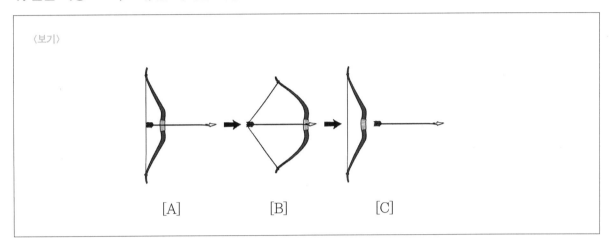

① [A]에서 [B]로 진행되면서 활대의 복원력이 점차 커진다.
② [B]의 화살에는 [A]의 화살이 이동한 만큼의 위치 에너지가 발생한다.
③ [B]의 활대는 휘어지면 휘어질수록 더 큰 복원력이 발생한다.
④ [B]에서 [C]로 진행될 때, 화살의 위치 에너지는 운동 에너지로 전환된다.
⑤ [C]에서 활대의 복원력과 화살이 지니고 있는 운동 에너지의 양은 반비례 관계이다.

2

㉠의 결정적 요인으로 가장 적절한 것은?

① 기후에 영향을 받지 않는 나무만을 재료로 사용했기 때문이다.
② 다양한 재료를 조합하여 활대의 탄력을 높였기 때문이다.
③ 누구나 쉽게 지니고 다닐 수 있는 크기이기 때문이다.
④ 시위를 풀었을 때 활의 모양이 변하지 않기 때문이다.
⑤ 복원력이 좋은 시위를 사용했기 때문이다.

　　조선 백자에는 다른 나라에서 발견할 수 없는 독특한 미가 담겨 있다. 조선 백자에 그려진 문양은 중국의 것과는 다른 모습이 보인다. 조선 초기의 청화백자들은 중국의 것을 그대로 따라서 그릇의 입 부분과 밑 부분을 돌려가면서 연꽃 문양을 그려 놓거나 꽃 문양 등을 빽빽하게 그려 넣었다. 그러나 이렇듯 꽉 차게 그리는 것은 생략이나 단순함을 좋아하는 조선인의 성정(性情)에 부합하지 않는 일이었다. 조선 도공들은 곧 조선의 예술혼을 발현하기 시작하여 15세기 후반이 되자 점차 단순한 문양을 그리기 시작했고, 그림들도 빽빽하게 그리지 않고 여백을 많이 두어 여유로운 느낌이 들도록 했다. 이는 ㉠무엇이든 우리의 실정에 맞게 만들어 나가는 한국인의 성정(性情)이 유감없이 발휘된 예이다.

　　백자의 문양은 점차 민화적인 요소가 더해지면서 전체적인 분위기도 서민적으로 변해갔다. 17세기 후반으로 추정되는 백자철화호로문(白瓷鐵畵虎鷺紋)을 보면 호랑이가 마치 고양이처럼 천진스럽고 익살맞게 그려져 있다. 호랑이와 더불어 조선인의 큰 사랑을 받았던 용을 지네처럼, 심지어는 돼지처럼 아주 우스꽝스럽게 그리는 경우도 적지 않았다. 그 외에도 학이나 봉황, 혹은 아주 드물게는 까치, 호랑이 등도 그렸는데, 어떤 동물을 그리든 우리 서민들의 익살과 여유, 천진난만함은 유감 없이 발휘되었다.

　　조선 백자는 모양에서도 매우 독특한 모습을 보여 준다. 특히 백자 항아리의 경우 그 형태가 비례에 어울리지 않게 대담해지는 경우가 있는데, 대표적인 것으로 현재 국보로 지정되어 있는 백자철화 포도문 항아리가 있다. 이 백자 항아리는 산화철을 사용하여 다자(多子)를 상징하는 포도 문양을 그렸는데, 이 항아리에서 특징적인 것은 포도 그림이 항아리의 윗부분에 치중되어 있고 밑의 대부분은 여백으로 남겨 놓았다는 점이다. 이는 꽉 찬 것보다 빈곳이 많은 것을 좋아하는 조선조 상층민들의 미의식을 반영한 결과라 하겠다. 또한 이 항아리를 보면 찌그러진 것 같은 느낌이 든다. 그 이유는 각기 다른 그릇 두 개를 붙여서 만들었기 때문이다. 이 도자기는 양반 계층에서 사용했을 것으로 추정되는데, 이로 보아 점잖은 양반들도 그 바탕에는 자유분방한 미의식을 가졌다는 점이 흥미롭게 여겨진다.

　　이런 미의 완성은 조선 후기의 금자탑이라 할 수 있는 달항아리에서도 찾을 수 있다. 달항아리는 숙종대 후반에 서서히 나타나는데, 영조대에 오면 대부분의 구형(球形) 항아리가 달항아리의 형태를 보이게 된다. 달항아리는 단순한 형태와 단순한 백색으로 이루어졌음에도 불구하고 아무리 보아도 질리지 않는 매력이 있다. 또한 달항아리에서는 비대칭의 미를 엿볼 수 있다. 이 그릇도 포도문양 백자처럼 두 개의 사발을 옆으로 붙인 다음 윗부분만 처리해서 만든 것이다. 그래서 그런지 양쪽은 정확히 대칭을 이루지 않는다. 묘한 불균형의 모습, 이것이 이 도자기의 참맛이다. 중국이나 일본에서는 볼 수 없는 한국적인 정서가 한 몸에 배어 있는 최고의 명품이 바로 달항아리이다.

1

위 글을 바탕으로 기사문을 쓰고자 한다. 표제와 부제로 가장 적절한 것은?

① 조선 백자에 나타난 미의식 – 균형을 중시한 조화미

② 조선 백자에 나타난 한국미 – 격식을 벗어난 자유분방함

③ 조선 백자에 나타난 주술성 – 문양속에 담긴 현실적인 소망

④ 조선 백자에 나타난 서민 의식 – 해학과 파격을 통한 현실 풍자

⑤ 조선 백자에 나타난 색채미 – 질박한 아름다움을 간직한 백색미

2

㉠의 사례로 적절하지 않은 것은?

① 온돌 문화를 고려하여 '돌침대'를 만들었다.

② 피자에 김치를 섞어 '김치 피자'를 만들었다.

③ 냉장고를 응용하여 '김치 냉장고'를 만들었다.

④ 역사적 기록을 참고하여 '거북선'을 만들었다.

⑤ 중국의 마괘자를 변형하여 '한복 마고자'로 만들었다.

근정전 안을 들여다보고는 제각기 꼭 한 마디씩 하는 말들이 있다. '근정전이 왜 이렇게 좁아?', '한 나라를 통치하는 일을 겨우 요만한 방안에서 했단 말야?'

실제 많은 사람들이 근정전을 방문했을 때 그 점을 의아해 한다. 그러나 이는 한국의 전통 건축을 잘 이해하지 못한 채 서양식 잣대로 공간을 해석한 결과이다.

한국 건축의 가장 큰 특징은 집과 마당의 긴밀한 관계에 있다. 즉 마당은 집의 일부로서 대부분의 활동이 그 곳에서 일어나며, 이것이 바로 조망이나 산책용으로 꾸며 놓은 서양의 정원과 다른 것이다. 따라서 경복궁 근정전이라 하면 단순히 '근정전'이라는 현판이 붙은 그 건물만을 이르는 것이 아니라, 그 앞에 품계석이 세워진 마당과 그 주위를 둘러싼 회랑을 모두 합친 것이다.

학교로 말하자면 월요일마다 전체 조회를 하던 운동장 격이고, 회사로 치자면 전 직원이 모두 모일 수 있는 대회의실이나 강당 정도 되는 곳이다. 운동장은 학생들이 나란히 줄을 서 있는 공간과 교장 선생님이 올라가 훈시를 하는 구령대로 이루어져 있다. 강당 또한 연단과 객석으로 구성된다. 말하자면 근정전 건물은 운동장의 구령대나 강당의 연단과 같이 임금과 측근의 신하들만이 있어 그 앞마당을 바라보던 곳이었다.

우리는 운동장이 넓고 좁음을 이야기할 때 구령대의 크기만을 이야기하지 않는다. 강당의 크기를 이야기할 때도 연단의 크기보다는 객석의 크기를 더 중요시한다. 마찬가지로 근정전 또한 단순히 그 건물만이 아니라 오히려 그 앞 품계석이 놓인 마당과 그 주위를 둘러싼 회랑 전체가 바로 근정전의 본질인 것이다.

전통 건축에서 마당은 절대 빼놓을 수 없는 중요한 요소이다. 식사나 취침 등 일상적인 일이 일어나는 곳은 실내였지만 그 외 큰 행사나 중요한 일이 벌어지던 곳은 마당이라는 점에서 오히려 실내보다 더 중요한 공간이었다. 이렇게 마당을 중요시하는 것은 왕궁만이 아닌 우리 나라 전통 건축의 큰 특징이기도 하다. 넓은 홀 안에서 결혼식을 하고, 실내에서 오케스트라 연주를 하면서 무도회를 열던 서양식 건물, 즉 모든 시설을 건물 내부에 두고 외부 공간은 오로지 조망이나 산책용 정원으로 예쁘게 꾸미기만 하는 서양의 건축과는 다른 점이다.

1

위 글의 내용과 일치하지 않는 것은?

① 서양식 건물은 활동의 대부분이 실내에서 이루어졌다.

② 근정전의 외부 공간은 조망이나 산책용으로 꾸며졌다.

③ 전통 건축에서는 마당이 실내보다 중요한 의미를 갖는다.

④ 근정전은 건물과 마당과 회랑을 통틀어 지칭하는 이름이다.

⑤ 전통 건축에서는 일상적인 일과 행사의 공간이 각기 달랐다.

2

위 글에 쓰인 설명 방법을 〈보기〉에서 골라 바르게 짝지은 것은?

〈보기〉

ㄱ. 일정한 기준으로 항목을 나누어 설명하고 있다.

ㄴ. 두 대상의 차이점을 들어 특징을 설명하고 있다.

ㄷ. 그림 그리듯이 구체적이고 생생하게 설명하고 있다.

ㄹ. 대상의 장단점을 균형 있게 제시하며 설명하고 있다.

ㅁ. 주위에서 쉽게 볼 수 있는 사물에 빗대어 설명하고 있다.

① ㄱ, ㄴ   ② ㄱ, ㄷ   ③ ㄴ, ㅁ   ④ ㄷ, ㄹ   ⑤ ㄹ, ㅁ

기계 만능주의 사고는 기업에서도 정보 사회의 걸림돌로 지적된다. 경영주는 큰돈을 들여 고급 컴퓨터를 들여놓으면 모든 문제가 당장 해결되리라고 기대한다. 그리고 전산전문가들은 자신의 전문 지식과 기술로 일 처리가 매우 빨라질 것이라고 기대한다. 그러나 컴퓨터는 어디까지나 하나의 도구일 뿐이다. 시키는 일만 충실하게 해낼 뿐 스스로 사고하고 판단하지는 못한다.

문제는 사람들이 얼마나 상황을 정확하게 파악하여 프로그램을 짜내는가이다. 그것은 인간 개개인의 창조성 문제이자 동시에 원활한 커뮤니케이션의 문제이다. 아무리 컴퓨터 전문가라 해도 회사 업무 내용을 속속들이 알지 못하면 좋은 작품을 내놓지 못한다. 그것을 파악하는 작업은 결국 그 일을 실제로 담당하는 사람들과 전산 전문가 사이의 의사소통에 달려 있다.

정보 사회를 맞이하면서 우리가 가장 깊이 생각해 보아야 할 문제는 이것이다. 도대체 정보란 무엇인가? 그것은 그냥 객관적으로 주어진 대상인가? 그래서 그것은 관련된 당사자들에게 항상 가치중립적이고 공정한 지식이 되는가? 결코 그렇지 않다. 똑같은 현상에 대해 정보를 만들어 내는 방식은 매우 다양할 수 있다. ⊙정보라는 것은 인간에 의해 가공되는 것이고 그 밑에는 언제나 주관적인 입장과 가치관이 깔려 있게 마련이다. 따라서 우리 사회에서 중요한 정보들을 누가 만들어 내는가를 심각하게 따져 볼 필요가 있다.

아울러 나 자신은 정보를 창출하는 과정에 어떻게 참여하고 있는가도 물어 보아야 한다. 정보 사회가 되어 정보가 넘쳐나는 듯하지만 사실 우리 대부분은 정보 소비자로 머물러 있을 뿐 적극적인 생산의 주체로 나서지 못하고 있다. 이런 상황에서는 우리의 생활을 질적으로 풍요롭게 해주는 정보들을 확보하기가 대단히 어렵다. 사실 우리가 일상적으로 구매하고 소비하는 정보란 거의가 일회적인 심심풀이용이 많다.

정보는 눈에 보이지 않는 것이다. 그것은 얼마든지 새롭게 창조될 수 있다. 컴퓨터의 기계적인 언어로 입력되기 전까지의 과정은 인간의 몫이다. 기계가 그것을 대신하기는 불가능하다. 따라서 정보 시대의 중요한 관건은 기계적인 언어를 다루는 방법이 아니라, 무엇을 그 속에 담을까에 대한 인간의 직관, 느낌 그리고 창조적 상상력이다. 그것은 마치 요리 기구가 아무리 좋아도 그 자체로 훌륭한 요리를 보장하지는 못하는 것과 마찬가지다. 기계는 다만 좀더 쉽게 해줄 뿐이다. 요리를 맛있게 만드는 비법은 인간의 손에 있는 것이다.

1

위 글의 내용과 일치하는 것은?

① 컴퓨터는 정보사회를 위한 효율적인 수단이 될 수 있다.
② 우리가 사용하는 대부분의 정보는 영구적인 가치가 있다.
③ 컴퓨터는 입력된 정보를 바탕으로 새로운 정보를 만들 수 있다.
④ 대부분의 사람들은 적극적인 정보 생산의 주체로 살아가고 있다.
⑤ 정보사회에서는 모든 사람들이 컴퓨터 기능 전문가가 되어야 한다.

2

㉠을 바탕으로 생각할 때 '정보'에 대한 필자의 관점과 가장 가까운 것은?

① 아인슈타인의 상대성 이론과 원자물리학을 이용해 원자폭탄을 만든 것은 인류의 비극이다.
② 자연상태에서 오랜 세월에 걸쳐 진행되던 생물 종의 변화를 이제는 유전공학으로 말미암아 다양하고 쉽게 조절할 수 있게 되었다.
③ 뉴튼은 사과나무에서 사과가 떨어지는 것을 보고 무언가 아래로 잡아 다니는 힘이 있다고 생각하여 만유인력의 법칙을 발견해 냈다.
④ 인간은 방사선에 대한 통제능력을 바탕으로 적당량 사용하면 인류에게 유익한 병원 치료라든가 곡식의 발아를 억제할 수 있다는 사실을 알았다.
⑤ 러시아의 체르노빌에서는 원자로 폭발로 인하여 방사선이 유출되었고 그 결과 수많은 인명피해와 방사능 오염으로 인한 후유증이 심각하게 대두되었다.

　비나 눈과 같은 강수는 어떻게 만들어지는 것일까? 구름은 공기 중의 수증기가 응결하여 생긴 미세한 물방울이나 작은 얼음 결정이 공중에 떠 있는 것인데, 이러한 물방울이나 얼음 결정이 구름 속에서 성장하는 과정을 거치면 강수가 생성된다.

　온대 지방이나 한대 지방에서는 얼음 결정이 커져 강수가 생성된다. 구름 속 온도가 0℃에서 영하 40℃ 사이인 경우, 구름 속에는 과냉각 물방울과 얼음 결정이 공존한다. 과냉각 물방울은 대기 중의 작은 물방울이 0℃ 이하의 온도에서도 얼지 않고 액체 상태로 존재하는 것을 말한다. 그런데 0℃ 미만에서는 과냉각 물방울에 대한 포화수증기압*이 얼음 결정에 대한 포화수증기압보다 더 크다. 그렇기 때문에 과냉각 물방울은 증발하여 수증기가 되고, 이 수증기는 얼음 결정으로 이동한다. 이동한 수증기가 얼음 결정에 달라붙어 점차 얼음 결정이 커지게 되는 것이다. 이러한 과정을 '빙정 과정'이라 한다. 이렇게 커진 얼음 결정이 지상으로 내리면 눈이 되고, 내려오는 도중에 녹으면 비가 된다. 빙정 과정을 응용하여 인공 강우를 만들어내기도 한다. 요오드화은(아이오딘화은)을 구름에 뿌리면 얼음 결정 생성에 도움을 주는데 생성된 얼음 결정은 빙정 과정을 거쳐 성장하여 눈이나 비가 되는 것이다.

　한편 열대 지방에서 구름 속의 온도가 0℃ 이상인 경우에는 얼음 결정이 존재하지 않는다. 따라서 이 지방에서는 빙정 과정과 다른 과정을 거쳐 강수가 생성된다. 구름 속에는 다양한 크기의 물방울이 존재하는데, 상대적으로 큰 물방울은 떨어지면서 작은 물방울들과 충돌하며 합쳐진다. 이때 구름 속 상승기류는 큰 물방울이 구름 속에 더 오래 머물게 하여 작은 물방울들과 반복적으로 충돌하게 한다. 이로 인해 더 커진 물방울은 떨어지면서 다른 물방울과 충돌하며 합쳐지는 과정을 반복한다. 이러한 과정을 ㉠'충돌—병합 과정'이라 한다. 충돌병합 과정으로 수백만 개의 물방울이 합쳐지면 빗방울이 되어 지면으로 떨어진다. 충돌병합 과정을 응용하여 소금 입자와 같이 공기 중의 습기를 흡수하는 물질이나 물방울을 공중에 뿌려 구름 속 물방울이 크게 성장하도록 함으로써 인위적으로 강수를 유발하기도 한다.

*포화수증기압: 주어진 온도에서 공기 중에 존재할 수 있는 수증기량이 최대가 되었을 때의 수증기의 압력.

1

위 글의 표제와 부제로 가장 적절한 것은?

① 인공 강우의 원리 – 수증기의 이동을 중심으로

② 물방울의 과학적 특징 – 과냉각 상태의 특징을 중심으로

③ 구름의 종류와 형성 과정 – 수증기의 응결 작용을 중심으로

④ 강수가 생성되는 원리 – 얼음 결정과 물방울의 성장을 중심으로

⑤ 빙정 과정에 작용하는 과학적 원리 – 지역에 따른 강수 생성의 과정을 중심으로

2

㉠에 대한 설명으로 적절하지 않은 것은?

① 구름 속의 온도가 0℃ 이상인 경우에 강수가 생성되는 원리이다.

② 구름 속 물방울들의 수가 적을수록 짧은 시간 내에 강수를 생성한다.

③ 상승 기류는 구름 속 물방울들이 반복적으로 충돌하고 합쳐지도록 한다.

④ 구름 속 물방울의 크기가 다른 것은 강수 형성에 중요한 영향을 미친다.

⑤ 공기 중의 습기를 흡수하는 물질을 뿌려 인위적으로 활성화시킬 수 있다.

　일상에서 편지를 보낼 때는 편지 한 통이 통째로 전달된다. 그러나 네트워크상에서의 이메일(e-mail)은 그 내용이 조각조각으로 나뉘어 전송된다. 이렇게 나뉜 조각이 수신자에게 전송된 후 재결합되어 수신자는 한 통의 이메일을 받아볼 수 있다. 이러한 정보 전달 방식을 패킷 교환 방식이라 한다.

　'패킷'이란 네트워크상에서 정보를 보낼 때 전송하기 쉽도록 데이터를 작은 단위로 나누어 놓은 것을 말한다. 패킷은 크게 헤더부와 데이터 영역으로 구분된다. 헤더부에는 메시지가 최종적으로 전달될 주소와 패킷의 일련번호 등의 정보가 들어있고, 데이터 영역에는 메시지 자체의 내용이 들어있다.

　패킷 교환은 다음과 같은 순서로 진행된다. 먼저 긴 메시지는 여러 개의 패킷으로 나뉘고 각 패킷에는 헤더가 부착된다. 각각의 패킷은 버퍼와 여러 개의 노드로 이루어진 '패킷 교환망'을 지나게 된다. 패킷이 한꺼번에 많이 나가면 경로가 막힐 수도 있기 때문에 패킷들은 우선 '버퍼'라는 기억 장치에 잠시 저장된다. 버퍼는 패킷이 원활하게 전송될 수 있도록 먼저 도착한 패킷을 보내고 나머지 패킷들을 잠시 저장해 둔다. 이후 각각의 패킷들은 '노드'라고 불리는 여러 개의 통신 지점을 지나간다. 노드 하나에도 여러 개의 경로가 연결되어 있어서 패킷들은 서로 흩어져 여러 개의 노드와 경로를 통해 이동하게 된다. 패킷 교환망을 지나온 각 패킷들은 수신지에 일련번호의 순서와 상관없이 개별적으로 도착한다. 수신지에 모두 도착하면 패킷들은 일련번호의 순서에 맞게 원래의 메시지로 재결합된다. 만약 수신지에서 일련번호 순서대로 재결합이 되지 못했거나 패킷이 모두 전송되지 못했을 경우 '발신 후 수신 불능'이나 '수신 후 에러 메시지'를 받을 수도 있다.

　패킷 교환 방식은 작은 단위로 나눠진 패킷들이 여러 개의 노드를 통해서 서로 다른 경로로 전송된 후 나중에 합쳐지기 때문에 기존의 정보 전송 방식에 비해 많은 양의 데이터를 빠르게 전송할 수 있다. 패킷들이 각기 다른 경로로 전송되기 때문에 데이터 전송 시 하나의 경로에 과부하가 발생하여 전송이 지연되더라도 다른 경로를 통해 패킷을 전송할 수 있다는 장점이 있다. 이 방식을 활용하면 패킷들을 기기의 처리 속도에 맞추어 전송할 수 있어서 처리 속도가 다른 기기들 간에도 정보 전송이 가능하다. 또한 보내야 할 데이터가 큰 경우에도 패킷으로 나뉘어 전송되므로 정보를 원활하게 전송할 수 있다.

1

위 글의 표제와 부제로 가장 적절한 것은?

① 이메일 전송의 원리 – 이메일과 일반 우편 전송 방식의 차이점을 중심으로

② 패킷의 구조와 생성 원리 – 헤더부와 데이터 영역의 역할과 특징을 중심으로

③ 네트워크상에서의 정보 생성 방법 – 패킷 교환 방식의 장점과 단점을 중심으로

④ 네트워크상에서의 정보 전송 원리 – 패킷 교환 방식에서의 데이터 전송 원리를 중심으로

⑤ 정보 전달의 속도를 높여주는 패킷 교환 방식 – 정보 전송의 역사적 발전 양상을 중심으로

2

위 글의 내용과 일치하지 않는 것은?

① 네트워크상에서의 이메일은 그 내용이 여러 개의 조각으로 나뉘어 전송된다.

② 패킷은 네트워크상에서 전송하기 쉽도록 데이터를 작은 단위로 나누어 놓은 것을 의미한다.

③ 패킷 교환 방식은 정보 처리 속도가 다른 기기 사이에 정보 전송이 불가능하다는 단점이 있다.

④ 패킷 교환 방식에서는 하나의 경로에 과부하가 발생하더라도 다른 경로를 통해 패킷을 전송할 수 있다.

⑤ 패킷 교환 방식은 기존의 정보 전송 방식에 비해 많은 양의 데이터를 빠르게 전송할 수 있다는 장점이 있다.

우리 음악은 장단의 조화 속에서 그 멋을 한층 더 뽐내고 있다. 가락과 함께 우리 음악의 중요한 요소가 되는 장단은, 우리 음악 거의 모든 장르에서 소용된다. 물론 장단이 없는 음악도 적지 않으나 대개는 장단에 맞추어 노래하거나 악기를 탄다. 우리 음악에서 아름다운 가락이 장단과 어울려 뛰어놀 때, 그 음악미는 깊이를 더해 가고, 또 생명력을 더해 간다. 그래서 정악(正樂)의 기품 있는 장단과 민속악의 오묘한 장단 솜씨가 가락과 어울릴 때, 우리 음악 특유의 절도와 감칠맛이 더욱 살아나 우리를 즐겁게 한다. 그리고 새로운 힘이 생겨나게 하기도 한다.

그러면 장단은 음악 속에서 어떤 역할을 담당하는가? 흔히 장단의 역할은 장단을 담당하는 고수(鼓手)의 역할과 동일시된다. 흔히 고수는 우선적으로 연주자나 소리꾼의 반주자 역할을 담당하는 것으로 여겨진다. 그러나 이 반주자는 단순한 반주자가 아니다. 때로는 지휘자의 역할도 하는 것이다. 연주자가 흥분하여 음악이 느려지거나 급해지면 지휘자와 같이 이를 적절히 조정하여야 하는 것이 고수의 역할이다.

그리고 판소리에서 고수는 소리꾼의 상대역이 되어 주기도 한다. 혼자 몇 시간 이상을 서서 독창하는 판소리 연창자(演唱者)와 고통을 함께 나누는 좋은 친구가 되는 것이다. 음악적 신고(辛苦)를 나누는 세계를 장단이 담당한다는 말이다. 그리하여 소리하는 이를 고무하고 격려하며, 때로는 위로하여 힘을 돋우어 준다. 이럴 때 그는 적절한 추임새를 사용하여 분위기를 이끌어 주어야 한다. 중간 중간 고수에 의한 '으이 / 좋지 / 좋다 / 얼씨구' 등의 추임새는 연주자나 소리꾼에게 힘을 주는 것은 물론, 그 자체가 매력이요, 음악미이기도 하다.

뿐만 아니라 판소리에서는 고수가 극히 짧은 재담이나, 소리꾼에 답하는 대꾸, 북소리 등으로 극적 효과를 산출하기도 한다. 또 상황에 알맞은 북의 연출로 귀로 들어 느끼는 청각적 조명의 역할까지도 담당하여 청중들을 즐겁게 해준다. 또한 고수는 청중의 자연스러운 추임새를 유도하여 무대와 청중이 하나로 어우러지는 소리의 장을 창출하기도 한다.

이런 까닭에 판소리와 산조의 음악회는 때로는 약간 소란해진다. 그러나 이 소란은 가치 있는 소란이다. 무대와 객석을 하나로 하는, 있어야 할 과정 중 하나이다. 청중과 연주자의 따뜻함이 오고 감은 이 소란을 통해서이다.

이러한 고수의 역할은 참으로 중요해서 예전부터 '일고수 이명창(一鼓手二名唱)'이라는 말을 낳게 하기도 했다. 판소리 판에서 생긴 이 말은 고수와 장단의 중요성을 잘 나타낸 말인데 그 속에는 고수가 제일이요, 명창은 두 번째라는 의미가 담겨 있다.

소리에서는 물론 소리하는 이가 제일이다. 고수는 어디까지나 다음이다. 그러나 소리와 북의 부조화는 소리꾼의 소리를, 소리의 장을 죽이게 된다. 아무리 명창·명인이라도 명고(名鼓)를 만나지 못하면 그 빛은 자연 어두워질 수밖에 없다. 그래서 생긴 말이다.

1

위 글의 중심 화제로 가장 적절한 것은?

① 판소리의 구성 요소
② 장단과 가락의 원리
③ 장단의 역할과 중요성
④ 명창(名唱)과 명고(名鼓)
⑤ 고수(鼓手)와 소리꾼의 관계

2

위 글을 통하여 확인할 수 있는 사실이 아닌 것은?

① 장단은 우리 음악에서 반주의 역할을 한다.
② 장단은 우리 음악 거의 모든 장르에서 소용된다.
③ 고수(鼓手)는 소리꾼의 상대역이 되어 주기도 한다.
④ 고수(鼓手)는 때로 소리꾼의 소리를 받아 하기도 한다.
⑤ 고수(鼓手)는 상황에 맞는 북의 연출로 청중들을 즐겁게 해 준다.

조선 시대 왕들은 해마다 봄이 되면 동대문 밖 선농단에서 제사를 지냈다. 그 해 농사가 잘 되기를 바라는 의미에서 왕이 친히 선농단까지 나갔던 것이다. 왕이 직접 제사를 지내니 백성들도 구름같이 몰려들었다. 궁궐에서만 사는 왕을 먼발치에서라도 볼 수 있고, 또 한 해 농사가 풍년이 들기를 바라는 마음이 간절하기도 해서였다. 흉년이 든 다음 해는 백성들이 더 많았는데, 그 까닭은 그 곳에 가면 국물을 얻어먹을 수 있었기 때문이다. 그러고 보면 선농단의 국물에는 은혜와 감사, 또는 마음 속 깊은 기원이나 따뜻한 사랑이 담겨 있었다고 해야 할 것이다.

선농단에서 백성들에게 국물을 나누어 주다가 갑자기 사람이 더 늘어나면 물을 더 붓는다. 그리고 간을 다시 맞추어 나누어 먹는다. 물을 더 부으면 그만큼 영양가가 줄어드는 것은 사실이지만, 어디 지난날 우리가 영양가를 따져 가며 먹고 살아왔던가? 가난을 나누듯 인정(人情)을 사이좋게 실어 나르던 고마운 국물이었던 것이다.

[A] 엿장수 인심에 '맛보기'라는 것이 있는데, 이것도 예외가 아니다. 기분만 나면 맛보기 한 번에 다 덤을 주는데, 이 역시 국물 한 대접 같은 인정의 나눔이다.

시장에서 콩나물을 살 때도 값어치만큼의 양은 당연히 준다. 그러나 덤으로 콩나물이 더 얹히지 않을 때 아낙네들은 금방 섭섭한 눈치를 한다. 파는 이가 두꺼비 같은 손잔등을 쫙 펴서 서너 개라도 더 올려놓아야 아낙네들은 언제 그랬느냐는 듯 흐뭇한 미소를 지으며 돌아서 간다. 그 덤 역시 국물과 같은 끈끈한 인정의 나눔이리라.

1

위 글을 통해 글쓴이가 궁극적으로 말하려는 것은?

① 다양한 문화의 수용

② 식량 부족 문제 해결

③ 균형 잡힌 식단의 필요성

④ 백성들에 대한 임금의 사랑

⑤ 인정을 나누며 사는 삶의 아름다움

2

[A]의 중심 생각이 드러나는 유사한 장면을 일상생활에서 찾았을 때 적절하지 않은 것은?

① 고아원을 방문해 자장면을 만들어 주는 요리사

② 몸이 아픈 친구의 점심 급식을 대신 받아주는 학생

③ 식당을 해서 모은 돈을 장학금으로 기부하는 할머니

④ 내 집을 갖기 위해서 열심히 저축하고 아껴 쓰는 주부

⑤ 이른 아침에 학교 앞 건널목에서 교통정리를 하는 할아버지

(가) 남이나 다른 생물(生物)을 배려하는 이런 일은 '고수레'에도 그대로 반영되어 있다. 논밭에서 일하다가 먹는 새참이나 점심은 언제나 고수레를 하고 먹었다. 산나물이나 약초 같은 것을 채취(採取)하러 산에 갔을 때에도 번번이 고수레부터 하고 음식을 먹었다. 성묘를 갔을 때에도 제물(祭物)로 차렸던 음식은 도로 가져오지 않는 것이라면서 음복(飮福)하고 남은 것을 주변에 놓아 두거나 뿌리게 하였다. 산짐승이나 새, 벌레 등을 위한 배려였던 것이다.

(나) 남과 더불어 함께 살아야 한다는 우리 옛 어른들의 생각은 가정 생활에서도 살필 수 있다. 어머니가 배가 아프다며 식사(食事)를 하지 않는 것은 자식들을 먹이기 위함이요, 할아버지나 할머니가 번번이 밥을 남기는 것은 밥이 부족하여 굶을지도 모를 가족들을 생각함이었다. 손님으로 가서도 상에 오른 반찬이 맛있다고 하여 다 먹지 않고 반드시 남겼다. 조기 같은 생선을 한쪽만 들고 다른 쪽을 손대지 않는 것은 주인집 가족을 생각하기 때문이었다.

(다) 우리 옛 어른들은 그렇게 남을 생각하는 삶을 살았기 때문에, 누가 멀리 길을 떠나기라도 하면, 서로 헤어짐을 아쉬워하며, 어서 그만 들어가라는 말은 듣는 둥 마는 둥 하면서 동구 밖까지 나가 배웅을 하였다. 그리고 언제 온다는 기별이 있으면, 이제나저제나 싶어 일하다 말고 길 쪽을 자꾸 살펴보았다. 또, 아이들을 시켜 개울 건너 언덕에까지 나가 기다리며 마중을 하게 하였다.

(라) 이처럼, 우리 선조(先祖)들은 따뜻한 마음으로 이웃과 함께 하는 삶을 살았기 때문에 서로 '이웃 사촌(四寸)'이었다. 서로 간에 형이요 아우이며, 아저씨요 아주머니로서 지냈다. 일도 삶도 함께 하고, 슬픔도 기쁨도 함께 하였던 것이다. 우리 선조들은 이웃과 함께 바로 이런 삶을 살았기에 그분들의 삶은 푸근하고 정겨울 수가 있었다.

(마) 그런데 오늘날의 현대인(現代人)들은 자기 중심적으로 자신만을 생각하며 살아가고 있는 듯하다. 남의 형편(形便)이나 처지(處地)를 고려하지 않고 자신의 편의(便宜)만을 앞세우며, 남의 어려움이나 난처함 같은 것은 아예 생각지도 않는 듯하다. 오늘날의 우리들은 그 어느 때보다도 많은 사람과 만나 서로 생각을 나누어 가며 함께 일하면서 살아가야 하는데, 도리어 자기밖에 모르는 삶만을 고집한다는 것은 퍽 안타까운 일이다.

1

위 글의 주제를 드러낼 수 있는 표어로 가장 적절한 것은?

① 동물 사랑, 환경 살리기의 첫걸음

② 절약하는 손길마다, 살쪄 가는 가정 경제

③ 내가 보인 부모 공경, 자식들이 본받는다

④ 너도 나도 이웃 사촌, 함께 하는 행복한 삶

⑤ 배웅하는 눈길, 마중하는 손길, 세계화의 지름길

2

(마)에서 비판하고 있는 삶의 태도가 드러난 것은?

① 덕이는 어려서부터 봉네가 좋았다. 그러기에, 옥수수 같은 것을 꺾어 나눠 먹을 때면 으레 큰 쪽을 봉네에게 주곤 하였다.

② 아이들에게 제비를 뽑힐 수도 없고, 하급생이라고 마구 몰아내는 것도 공평하지가 못할 듯해서, 영신은 생각다 못해, 나중에 오는 아이들을 돌려 보내려는 것이다.

③ 과인은 수국의 천승(千乘) 임금이요, 너는 산중의 조그마한 짐승이라. 과인이 우연히 병을 얻어 신음한 지 오랜지라. 네 간이 약이 된다 함을 듣고 특별히 별주부를 보내어 너를 다려 왔노니, 너는 죽음을 한치 말라.

④ "제가 불효(不孝) 여식으로 아버지를 속였소. 공양미 삼백 석을 누가 저를 주오리까? 남경 장사 선인들께 삼백 석에 몸을 팔아, 인당수 제수로 가기로 하와, 오늘 행선 날이 오니 저를 오늘 망종 보오."

⑤ 하나가 빠졌는데 집 안이 텅 빈 것 같이 섭섭한 집 안에서, 개미와 소새는 방금 소새가 잡아 가지고 온 잉어를 먹기 시작했다. 좋은 음식을 대하니, 한결이나 없는 동무가 생각이 나서 목에 걸렸다.

지구는 하나의 커다란 자석이라고 할 수 있다. 지구와 지구 주위에 나타나는 자석으로서의 성질을 '지구 자기'라 하고, 지구 자기가 영향을 미치는 영역을 '지구 자기장'이라 한다. 많은 지질학자들은 '다이나모 이론'으로 지구 자기장의 생성을 설명한다. 지구는 중심에서부터 보면 내핵, 외핵, 맨틀, 그리고 가장 바깥층인 지각으로 이루어진 구조이다. '다이나모 이론'에 따르면 액체 상태로 추정되는 외핵에는 많은 양의 철 이온*이 포함되어 있는데, 외핵의 끊임없는 대류* 활동으로 이온이 움직여 전류가 발생하고, 이 전류가 지구 자기장을 만든다는 것이다. 그런데 과학자들은 지구상의 대부분의 지역에서 자기력이 지난 수 세기 동안 꾸준히 감소해 왔으며, 이를 근거로 지금의 추세라면 언젠가는 지구 자기장이 사라질지도 모른다고 예측한다.

만약 지구 자기장이 사라진다면 어떤 일이 벌어질까? 그렇게 된다면 지구상의 많은 생명체들은 생명을 유지하기 힘들 것이다. 왜냐하면 지구 자기장은 방향을 찾거나 먼 거리를 이동하는 동물들에게 꼭 필요하며, 우주에서 날아오는 유해 물질로부터 생명체를 지켜 주기 때문이다.

과학자들은 먼 거리를 오가며 편지를 전달해 주던 비둘기가 어떻게 방향을 찾는지 알고 싶어 했다. 그들은 비둘기가 자기장을 감지할 수 있는 물질을 갖고 있으며, 이것이 지구 자기장을 감지하여 방향을 찾도록 해 준다고 생각했다. 이를 확인하기 위해 비둘기를 해부한 결과 머릿속에서 자석의 역할을 하는 물질을 발견하였다. 또한 비둘기 몸에 다른 자석을 붙여 지구 자기장을 감지하지 못하게 하면 방향을 제대로 찾지 못한다는 것을 밝혀냈다. 철새나 고래 등 장거리 이동을 하는 동물들을 대상으로 실시한 비슷한 실험에서도 같은 결론을 얻었다. 이를 통해 체내에 자석과 같은 물질을 갖고 있는 많은 생물들이 지구 자기장에 반응하여 방향을 찾거나 이동한다는 것을 알게 되었다.

지구 자기장이 사라진다고 할 때 발생할 수 있는 또 다른 문제는, 태양에서 뿜어내는 고에너지 입자에 생명체들이 고스란히 노출된다는 점이다. 태양은 지구에 꼭 필요한 빛과 열을 제공하지만, 한편으로는 인체에 해로운 고에너지 입자를 뿜어낸다. 고에너지 입자가 태양으로부터 날아와 지구에 도달하면, ㉠지구 자기장에 의해 만들어진 '보호막'이 태양의 빛과 열은 통과시키고 고에너지 입자가 지구로 유입되는 것을 차단한다. 만약 이 보호막이 사라져 고에너지 입자가 생명체의 피부에 그대로 와 닿는다면 체내 염색체에 이상을 일으키고, 암을 비롯한 갖가지 질병을 유발할 가능성이 매우 높다.

지구 자기장은 우리 눈에 보이지 않아 느낄 수는 없지만, 많은 생물들은 이미 지구 자기장에 의존하여 살아가고 있다. 지구 자기장은 지구상의 생명체를 위해 반드시 존재해야 한다.

*이온: 전기적 성질을 띤 원자, 혹은 원자의 집단.
*대류: 기체나 액체에서 열이 전달되는 현상.

1

위 글에서 언급한 내용을 〈보기〉에서 찾아 바르게 묶은 것은?

〈보기〉

가. 지구 자기장의 역할

나. 지구 자기장의 생성 원리

다. 지구 자기장이 흐르는 방향

라. 지구 자기력의 지역별 격차

① 가, 나　　　② 가, 다　　　③ 가, 라　　　④ 나, 라　　　⑤ 다, 라

2

㉠의 내용을 고려했을 때, '보호막'의 기능과 가장 유사한 것은?

① 운전자가 안전을 위해 착용하는 안전띠

② 어항 속에 산소를 공급해 주는 산소 발생기

③ 적군에 발각되지 않기 위해 얼굴에 바르는 위장 크림

④ 공항에서 보안 검색을 위해 사용하는 엑스레이 투시기

⑤ 필요한 물질은 통과시키고 불필요한 물질은 걸러 내는 여과 장치

(가) 1970년대 이후부터 세계적으로 '적정기술(Appropriate Technology)'에 대한 활발한 논의가 있어 왔다. 넓은 의미로 적정기술은 인간 사회의 환경, 윤리, 도덕, 문화, 사회, 정치, 경제적인 측면들을 두루 고려하여 인간의 삶의 질을 향상시킬 수 있는 기술이다. 좁은 의미로는 가난한 자들의 삶의 질을 향상시키는 기술이다.

(나) 적정기술이 사용된 대표적 사례는 아바(Abba, M. B.)가 고안한 항아리 냉장고이다. 아프리카 나이지리아의 시골 농장에는 전기, 교통, 물이 부족하다. 이곳에서 가장 중요한 문제 중의 하나는 곡물을 저장할 시설이 없다는 것이다.

(다) 이를 해결하기 위해 그는 항아리 두 개와 모래흙 그리고 물만 있으면 채소나 과일을 장기간 보관할 수 있는 저온조를 만들었다. 이것은 물이 증발할 때 열을 빼앗아 가는 간단한 원리를 이용했다. 한여름에 몸에 물을 뿌리고 시간이 지나면 시원해지는데, 이는 물이 증발하면서 몸의 열을 빼앗아 가기 때문이다. 항아리의 물이 모두 증발하면 다시 보충해서 사용하면 된다.

(라) 토마토의 경우 항아리 냉장고 없이 2~3일 정도 저장이 가능하지만, 항아리 냉장고를 사용하면 21일 정도 저장이 가능하다. 이 덕분에 이 지역 사람들은 신선한 과일을 장기간 보관해서 시장에 판매해 많은 수익을 올릴 수 있었다.

(마) 적정기술은 새로운 기술이 아니다. 우리가 알고 있는 여러 기술 중의 하나로, 어떤 지역의 직면한 문제를 해결하는 데 적절하게 사용된 기술이다. 1970년 이후 적정기술을 기반으로 많은 제품이 개발되어 현지에 보급되어 왔지만 그 성과에 대해서는 여전히 논란이 있다. 이는 기술의 보급만으로는 특정 지역의 빈곤 탈출과 경제적 자립을 이룰 수 없기 때문이다. 빈곤 지역의 문제 해결을 위해서는 기술 개발 이외에도 지역 문화에 대한 이해와 현지인의 교육까지도 필요하다.

1

(가)~(마)의 중심 내용으로 적절하지 않은 것은?

① (가) : 적정기술의 개념
② (나) : 항아리 냉장고가 나오게 된 배경
③ (다) : 항아리 냉장고에 적용된 원리
④ (라) : 항아리 냉장고의 효과
⑤ (마) : 적정기술의 전망

2

'항아리 냉장고'와 유사한 사례로 가장 적절한 것은?

① 인공위성과 전자 지도를 활용해 모르는 길을 쉽고 정확하게 찾아갈 수 있도록 한 내비게이션
② 엔진과 전기모터를 상황에 따라 사용함으로써 유해 가스를 적게 배출하도록 만든 자동차
③ 가운데가 빈 드럼통에 줄을 매달아 굴려 차량 없이도 많은 물을 옮길 수 있도록 한 물통
④ 발광 다이오드를 사용함으로써 두께를 줄이고 화질을 개선한 텔레비전
⑤ 나노 기술을 통해 소량으로도 은의 탁월한 항균 효과를 살린 세탁기

(가) 표절(剽竊)은 쉽게 말하면 남이 만든 것을 그대로 베끼거나 또는 조금 수정하여 자기가 만든 것처럼 발표하는 일이다. 이러한 행위가 법적 문제가 되는 이유는 저작권을 갖지 않은 사람이 그것을 팔아 이익을 취함으로써 저작권을 가진 사람이 당연히 취해야 할 이익을 빼앗아 가기 때문이다. 최근 우리 가요계에서 표절이 다시 문제로 대두되고 있다. 한국 가요계의 표절 문제는 어제 오늘의 일이 아니다. 상당히 많은 노래들이 일본 노래를 베껴 마치 자기가 작곡한 것인 양 팔리고 있다. 가요의 표절 문제는 외국의 가요계에도 있다. 그리고 표절은 음악계에만 있는 것이 아니다. 회화 · 조각 · 연극 · 소설 · 시 등 모든 예술 분야에 공통되는 현상이다. 그러나 기존의 작품을 의도적으로 모방함으로써 색다른 표현 효과를 노리는 패러디 기법은 예술의 한 기법으로 인정하고 있다.

(나) 음악의 경우 표절 문제로 가장 많은 시비를 일으킨 작곡가는 헨델이었을 것이다. 헨델은 남이 만들어 놓은 곡에 자신이 새로운 반주를 붙여 오페라 중간에 끼워 넣어 아주 잘 어울리게 만들었다. 그리고 그러한 일을 하는 것에 대해 큰 죄책감이 없었던 것으로 보인다. 이를 표절이라고 항의하는 작곡자에 대해 헨델은 '그 멜로디 하나 만든 것이 뭐 그리 대단한 일이라고 야단이냐'는 반응을 보였다. 헨델은 인격적으로 그렇게 훌륭한 사람은 아니었지만, 짐작컨대 헨델은 멜로디를 하나 생각해내는 일보다는 그것에 반주를 붙여 좋은 음악으로 잘 짜맞추는 일이 더 어렵고 중요하다고 생각하였던 것 같다.

(다) 표절에 대해 이와 같이 생각하는 것은 작곡이란 멜로디 하나를 만드는 능력이 아니라, 멜로디를 잘 짜맞추는 창의적 능력이라고 생각하는 태도에서 나온 것이다. 헨델은 창작이라는 것은 멜로디를 만든 다음, 그것을 재료로 해서 큰 작품을 만드는 것이라고 생각했던 것 같다. 그러니 헨델로서는 멜로디를 좀 빌렸기로서니 그게 뭐 그리 큰 문제인가 하는 생각을 가질 만도 했을 것이다. 헨델이 이와 같은 태도를 지닌 것은 음들 몇 개로 이루어진 표면의 멜로디에 큰 가치를 부여하지 않았기 때문이다.

(라) 그러나 표절에 대한 이와 같은 소극적인 생각의 반대편에는 표절은 절도 행위와 같은 것으로서 도덕적으로 용납할 수 없는 것이라는 생각이 있다. 표절이 근본적으로 문제가 되는 것은 표절한 곡으로 돈을 벌 수 있기 때문이다. 물론 멜로디에 대한 창작자로서의 명예가 문제가 되지 않는 것은 아니지만 이는 대중들의 판단이나 후일의 판단에 맡길 수가 있다. 그러나 음악을 통해 돈을 버는 문제는 현실적인 것이기 때문에, 다시 말해 표절자가 돈을 버는 것이 정당한 행위가 아니기 때문에 법적으로 규제되지 않을 수 없는 것이다.

(마) 따라서 표절에 대한 논쟁이 심각해지는 곳은 하나의 노래가 성공함으로써 큰돈을 벌 수 있는 미국과 같은 나라이다. 선의로 생각할 때에 남의 곡을 베끼려는 의도 없이 그와 유사한 멜로디를 우연히 만들어낼 수 있는 경우도 있을 수 있다. 이런 경우 베꼈는가 아닌가는 본인의 양심의 문제이다.

그러나 표절이다 아니다를 판단해야 하는 법적 권위를 가진 판결은 소위 양심적이라고 하는 표절자의 진술에만 기댈 수는 없는 것이다. 그래서 표절을 판단하는 객관적 기준이 나타나는 것이다. 예를 들어 시작하는 첫 두 마디가 같으면 무조건 표절로 판단하는 등의 경우이다.

1

위 글의 내용과 일치하지 않는 것은?

① 우리 가요 중에는 일본 가요를 모방한 것이 많이 있다.

② 표절이 문제가 되는 것은 경제적 이득과 관련되기 때문이다.

③ 정당하지 못한 행위로 돈을 버는 것은 법적인 규제를 받는다.

④ 남의 멜로디를 따오고도 표절이 아니라고 생각하는 사람도 있다.

⑤ 우리나라의 가요계에 표절 문제가 나타난 것은 최근에 와서이다.

2

(마)를 통해 내릴 수 있는 판단으로 알맞은 것은?

① 표절 여부는 작품 전체가 모두 똑같은 경우에만 인정해야 하는군.

② 표절하겠다는 의도가 없었다면 표절이라고 인정할 수 없는 것이군.

③ 표절로 의심 되는 경우에 우연의 일치라는 주장은 믿지 않아야겠군.

④ 표절 여부는 재판 과정보다는 사회적 합의에 의해 판단해야 하는군.

⑤ 표절 여부는 표절자가 인정하는가 안 하는가에 따라 판단이 달라지게 되는군.

문자의 기원으로는 크게 '히에로클리프'라는 이집트의 문자, 중국의 '갑골문자', 그리고 메소포타미아의 '쐐기문자'를 들 수 있다. 이러한 초기 형태의 문자들은 모두 다 그림에 뿌리를 두고 있는 것이 특징이다.

원래 인간(人間)은 손을 움직여서 무언가를 그리고 싶어하는 욕구를 가지고 있다. 오늘날까지 전해지고 있는 동굴 벽화라든지 돌이나 점토판 따위에 새긴 그림 등이 그러한 예에 속한다. 그러나 ㉠그림은 어디까지나 그림일 뿐 문자가 될 수는 없다.

그림 문자는 어떤 대상을 관찰한 뒤에 이를 묘사하거나 이와 관련되는 의사를 표현한 것이다. 이런 경우 그 대상을 있는 그대로 묘사하기보다는 약간의 추상화 과정을 거쳐 독자적인 부호를 사용한다. 그러나 이것이 문자로서 의미를 지니기 위해서는, 대부분의 주변 사람들이 이를 하나의 약속으로 인정하는 과정(過程)이 필요하다.

그림 문자는 특히 동식물이나 의식주, 그리고 자연 현상에 관한 것에서부터 생겨났다. 그러나 그림 문자를 점차 많이 쓰게 되면서 사람들은 사건의 경과나 명령의 기록 등 추상적인 사상이나 개념을 표시할 필요성을 느꼈다. 그래서 하나의 그림 문자에 그와 연관되는 의미도 함께 나타내는 시도를 하게 되었다.

예를 들면, '발[足]'이라는 그림 문자는 본래 신체의 일부인 '발'만을 의미하였으나, 후에 '서다'의 의미도 함께 갖게 되었다. 하나의 그림 문자가 이처럼 연관되는 여러 의미를 나타내면서 그림 문자는 문자 하나하나가 일정한 의미를 나타내는 '표의 문자(表意文字)'로 발전되었다. 그리고 이러한 과정에서 문자의 모양도 점차 간소화되었다.

1

위 글의 제목으로 알맞은 것은?

① 그림 문자의 생성
② 문자 생성의 이유
③ 문자의 추상화 과정
④ 그림과 그림 문자의 차이
⑤ 그림 문자에서 표의 문자로

2

㉠의 이유로 알맞은 것은?

① 독자적인 부호가 아니어서
② 그림이 의미를 지니지 않아서
③ 무엇을 나타냈는지 불분명해서
④ 대상을 있는 그대로 묘사한 것이어서
⑤ 사람들이 약속으로 인정하는 과정이 없어서

경제 성장과 인간의 행복

세계의 여러 나라는 경제 성장이 국민 소득을 높여주고 물질적인 풍요를 가져다주는 것으로 보고, 이와 관련된 여러 지표를 바탕으로 국가를 경영하고 있다. 만일, 경제 성장으로 인해 우리의 소득이 증가하고 또 물질적인 풍요가 이루어진다면 우리는 행복한 생활을 누리게 되는 것일까?

이러한 의문을 처음 제기한 사람은 미국의 이스털린 교수이다. 그는 여러 국가를 대상으로 다년간의 조사를 실시하여 사람들이 느끼는 행복감을 지수화(指數化)하였다. 그 결과 한 국가 내에서는 소득이 높은 사람이 낮은 사람에 비해 행복하다고 응답하는 편이었으나, 국가별 비교에서는 이와 다른 결과가 나타났다. 즉, 소득 수준이 높은 국가의 국민들이 느끼는 행복 지수와 소득 수준이 낮은 국가의 국민들이 느끼는 행복 지수가 거의 비슷하게 나온 것이다. 아울러 한 국가 내에서 가난했던 시기와 부유해진 이후의 행복감을 비교해도 행복감을 느끼는 사람의 비율이 별로 달라지지 않았다는 사실을 확인했다.

이처럼 최저의 생활수준만 벗어나 일정한 수준에 다다르면 경제 성장은 개인의 행복에 이바지하지 못하게 되는데, 이러한 현상을 가리켜 '이스털린의 역설'이라 부른다.

만일 행복이 경제력과 비례한다면 소득 수준이 높을수록 더 행복해져야 하고 또 국민 소득이 높을수록 사회 전체가 행복해져야 할 것이다. 그러나 이스털린의 조사에서 확인할 수 있듯이, 행복과 경제력은 비례하지 않는다. 즉, 사회 전체의 차원의 소득 수준이 높아진다고 해서 행복하게 느끼는 사람의 비율이 함께 증가하지 않는 것이다.

이스털린 이후에도 많은 학자들은 행복과 소득의 관련성에 관심을 갖고 왜 이러한 괴리 현상이 나타나는지 연구했다. 이들은 우선 사람들이 행복을 자신의 절대적인 수준이 아닌 다른 사람과 비교한 상대적인 수준에서 느끼는 것으로 보았다. 그리고 시간이 지나면서 늘어난 자신의 소득에 적응하게 되면 행복감이 이전보다 둔화된다고 보았다. 또 '인간 욕구 단계설'을 근거로 소득이 높아지면 의식주와 같은 기본 욕구보다 성취감과 같은 자아실현 욕구가 강해지므로 행복의 질이 달라진다고 해석했다. 이러한 연구 결과를 바탕으로 이들은 부유한 국가일수록 경제 성장보다는 분배 정책과 함께 자아실현의 기회를 늘려주는 정책을 펴야 한다고 주장하고 있다.

1인당 국민소득이 1만 달러에서 2만 달러로 올라간다고 해도 사람들이 그만큼 더 행복해진다고 말하기는 어렵다. 즉, 경제 성장이 사람들의 소득 수준을 전반적으로 향상시켜 경제적인 부유함을 더 누릴 수 있게 할 수는 있어도 행복감마저 그만큼 더 높여줄 수는 없는 것이다. 한 마디로 [㉠]

1

위 글의 내용과 일치하지 않는 것은?

① 이스털린은 사람이 느끼는 행복감을 지수로 만들었다.

② 이스털린 이후에도 행복과 소득의 상관성에 대한 연구가 이루어졌다.

③ 이스털린의 국가별 비교 조사에서는 가난한 국가의 국민일수록 행복감이 높음을 보여주고 있다.

④ 이스털린과 같은 관점의 연구자는 부유한 국가일수록 분배 정책을 기본으로 삼아야 한다고 주장한다.

⑤ 이스털린은 한 국가 안에서 소득 수준이 서로 다른 두 시기의 행복감이 별다른 차이가 없다고 보았다.

2

글의 흐름을 고려할 때, ㉠에 들어갈 말로 가장 적절한 것은?

① 행복은 소득과 꼭 정비례하는 것은 아니다.

② 개인은 자아를 실현할 때 행복을 얻게 되는 것이다.

③ 국가가 국민의 행복감을 좌우할 수 있는 것은 아니다.

④ 개개인의 마음가짐이 행복을 결정한다고 말할 수 있다.

⑤ 행복은 성장보다 분배를 더 중시할 때 이루어질 수 있다.

첨단 과학이 우리 인간에게 제공해 줄 수 있는 것은 물질적인 풍요와 편리함이다. 인터넷의 발달로 우리는 안방에 앉아 직장의 모든 일을 할 수 있게 되었다. 안방 근무 시대가 열린 것이다. 귀찮고 힘든 일은 모두 로봇에게 맡기고, 우주 저 쪽에 또 다른 인간 세상이 건설되는 것도 시간 문제이다.

이처럼 과학 기술의 발달은 세상을 온통 바꿔 놓고 있으며, 그 속도는 더욱 빨라지고 있다. 그러나 첨단 과학이 그 무한한 가능성에 비하여 인간과 인간 사이의 관계를 개선하는 데에는 거의 이바지하지 못한다는 것은 비극이 아닐 수 없다. 아니, 오히려 과학 기술이 발달해 갈수록 사람과 사람 사이는 멀어질 가능성이 크다.

과학 기술의 발달은 더욱더 인간과 인간 사이를 멀어지게 하고 있다. 그 사이에 기계가 끼어들기 때문이다. 예를 들어, 인터넷의 발달로 인간이 안방 근무 시대에 들어간다고 해서 편하고 좋다고만은 말할 수가 없다. 매일 회사에 나가 함께 차도 마시고, 부딪치며, 경쟁해 가며 사는 데에 인간다운 맛이 있는 것이라면, 안방 근무는 이런 본능적인 인간 관계의 수정을 강요하기 때문이다.

사이버 범죄가 크게 걱정되는 것도 ㉠같은 이유에서이다. 인간의 죄의식이란 오랜 인간 사회의 발달 과정에서 생겨난 것으로, 우리는 한 사람이 다른 사람에게 직접적인 피해를 주었을 경우에는 죄의식과 가책을 느끼게 된다. 그러나 컴퓨터 조작으로 큰돈을 훔칠 경우, 그 피해자는 어떤 개인도 아니며, 그 피해의 성격이 전통적인 사고의 틀로는 쉽게 가늠되지도 않는다. 이웃의 돈은 10원도 훔치지 않을 사람이 눈도 꿈쩍하지 않고, 컴퓨터 조작으로 10억 원을 날치기할지도 모른다. 첨단 과학이 발달하여 인간과 인간 사이에 기계 장치가 많이 끼어들수록 사람 사이는 벌어질 수밖에 없다.

사람 사이가 가까워지는 것은 사람 사이의 마음의 거리가 가까워지는 것이다. 과학 기술의 발달로 기계와 도구가 더욱더 사람 사이에 끼어들고, 사회가 더욱 조직화될수록 사람들은 피부와 피부를 서로 맞대고 살 기회를 잃게 되는 것이다. 마음의 거리가 점점 멀어져만 가고 있는 현실을 걱정해야 할 때이다.

1

위 글에서 답을 찾을 수 있는 물음을 〈보기〉에서 있는 대로 고른 것은?

> 〈보기〉
>
> ㄱ. 첨단 과학의 양면성은 무엇일까?
> ㄴ. 과학 기술의 발달 속도가 빨라지는 이유는 무엇일까?
> ㄷ. 과학 기술의 발달이 직장 근무 형태를 어떻게 바꿀까?
> ㄹ. 과학 기술이 발달하면 인간의 삶이 어떤 면에서 편리해질까?

① ㄱ, ㄴ   ② ㄱ, ㄷ   ③ ㄱ, ㄷ, ㄹ
④ ㄴ, ㄷ, ㄹ   ⑤ ㄱ, ㄴ, ㄷ, ㄹ

2

글의 흐름상 ㉠의 의미로 가장 적절한 것은?

① 컴퓨터가 세상을 온통 바꾸어 놓기 때문
② 사람과 사람 사이를 멀어지게 하기 때문
③ 다른 사람에게 직접적인 피해를 주기 때문
④ 안방 근무가 인간 관계를 달라지게 하기 때문
⑤ 인간의 죄의식은 사회의 발달 과정에서 생겼기 때문

(가) 세계 각국은 다가올 우주 시대를 주도하기 위해 노력하고 있다. 그러기 위해서는 우주선 개발이 필수적이나 그리 만만한 일은 아니다. 우주선을 작동시키기 위해서는 대단히 많은 양의 에너지가 필요하기 때문이다. 더군다나 제한된 공간에서 그 많은 에너지를 만들어내야 하며, 그 과정에서 발생되는 오염물질은 없어야 한다는 어려움까지 있다. 이런 까다로운 조건을 해결한 것이 연료전지다. 연료전지는 이러한 장점을 갖고 있어 꿈의 전지라 불리고 있다.

(나) 지금 우리가 사용하고 있는 대부분의 전기는 석탄·석유·천연가스 등의 화석연료를 연소시켜 발전하는 방식으로 얻는다. 이러한 방식은 연료의 화학에너지를 열에너지로 바꾼 다음 기계적 에너지로, 이를 다시 전기에너지로 변환하는 3단계의 과정을 거치는 것이다. 그러나 연료전지는 천연가스나 메탄올 등의 연료에서 얻어낸 수소와 공기 중의 산소를 반응시켜 전기에너지를 직접 얻는 방식이다. 즉, 중간 과정 없이 화학에너지에서 바로 전기에너지로 변환되는 것이다. 그렇기 때문에 효율이 훨씬 좋다. 또한 생성물이 물밖에 없어 무공해이고, 기계적 에너지 변환 단계가 생략되어 소음이 없음은 물론이다. 그래서 연료전지는 환경 친화적이다.

(다) 현재의 자동차 엔진은 가솔린, 디젤, LPG 등의 연료를 고온, 고압 상태에서 연소·폭발시켜 화학에너지를 열에너지로, 다시 기계적 에너지로 바꾸어 차를 움직이는 내연기관*이다. 소음과 공해는 바로 이 연소 과정에서 발생되는 것이다. 그러나 자동차에 연료전지를 사용한다면 이러한 문제를 해결할 수 있다. 연료전지를 사용하는 자동차가 연료로 메탄올을 사용할 경우, 시동을 걸면 연료탱크에 있는 메탄올이 연료변환기를 거치면서 수소를 발생시키고, 이 수소가 연료전지로 들어간다. 동시에 공기압축기로부터 연료전지로 공기가 유입된다. 이 과정에서 생긴 물은 물탱크로 들어간다. 연료전지에서 발생된 전기는 인버터*에 의해 변환되어 모터를 움직여서 바퀴를 돌리기 때문에 소음과 공해가 발생하지 않는다.

(라) 만약에 연료전지발전소를 만든다면, 규모가 크고 공해로 인해 도심과 멀리 떨어진 곳에 설치되던 일반적인 발전소와 달리 도심에 설치할 수 있다. 발전소가 도심에 설치되면 송·배전 설비를 절약하고 전기가 필요한 곳에 바로 전기를 공급할 수 있다. 통상 화력발전이나 원자력발전과 같이 규모가 큰 발전소는 에너지 소비량에 따라 그 규모를 쉽게 조절할 수 없기 때문에 효율이 낮다. 하지만 연료전지발전소는 에너지 소비량에 따라 그 규모를 쉽게 조절할 수 있고, 또한 설비의 규모에 관계없이 효율이 비슷하므로 연료전지를 소형·대형 발전소에 다같이 사용할 수 있다. 전력을 공급하는 발전소 쪽에서는 소규모 설비로 건설할 수 있어 적은 투자비로 전기를 공급할 수 있다는 이점이 있다.

(마) 꿈의 전지라고 불리는 연료전지가 실용화된다면 일상생활에서 군사적인 목적에 이르기까지 그 활용 가능성이 무한하다. 앞으로 우리는 출퇴근길에 연료전지발전소에서 생산된 전력으로 움직이는 전철을 이용하게 될 것이며, 가정에 설치된 가정용 연료전지에서 나오는 전력으로 생활할 것이다.

또 우리의 바다는 연료전지 잠수함에 의해 수호될 것이다. 따라서, 우리나라를 비롯한 선진국들은 미래의 에너지원이 될 이 기술의 실용화를 위해 활발히 연구하고 있다. 머지않아 본격적인 연료전지 시대가 올 것이다.

*내연기관(內燃機關): 실린더 속에 연료를 집어넣고 연소 폭발 시켜서 생긴 가스의 팽창력으로 피스톤을 움직이게 하는 원동기를 통틀어 이르는 말.
*인버터: 직류 전력을 교류 전력으로 바꾸는 장치.

1

(가)~(마)의 중심 내용으로 적절하지 않은 것은?

① (가) : 연료전지의 탄생 배경
② (나) : 연료전지의 문제점과 해결 과정
③ (다) : 연료전지 자동차의 작동 원리와 장점
④ (라) : 연료전지발전소의 이점
⑤ (마) : 연료전지 시대에 대한 전망

2

위 글의 내용과 일치하지 않는 것은?

① 천연가스 · 석유 등을 화석연료라고 한다.
② 현재의 자동차는 내연기관을 사용하고 있다.
③ 연료전지는 상당히 광범위한 영역에서 활용될 전망이다.
④ 연료전지는 우주선을 작동시키는 과정에서 우연히 개발되었다.
⑤ 화석연료를 연소시켜 전기를 생산하는 현재의 발전 방식은 소음이 발생한다.

(가) 우리 한국 사람들은 우리 강토에서 먼 조상 때부터 내내 조국의 흙이 되어 가면서 순박하게 살아 왔다. 한국의 미술, 이것은 한국 강산의 마음씨에서, 그리고 이 강산의 몸짓 속에서 벗어날 수는 없다. 쌓이고 쌓인 조상들의 긴 옛 이야기와도 같은 것, 그리고 우리의 한숨과 웃음이 뒤섞인 한반도의 표정 같은 것, 마치 묵은 솔밭에서 송이버섯들이 예사로 돋아나듯이 이 땅 위에 예사로 돋아난 초가 지붕들 같은 것, 한국의 미술은 이처럼 한국의 마음씨와 몸짓을 너무나 잘 닮아 있다. 한국의 미술은 언제나 담담하다. 그리고 욕심이 없다. 없으면 없는 대로의 재료, 있으면 있는 대로의 솜씨가 별로 꾸밈없이 드러난 것, 다채롭지도 수다스럽지도 않은 그다지 슬플 것도 즐거울 것도 없는 덤덤한 매무새가 한국 미술의 마음씨다.

(나) 대궐이나 절간, 그리고 성문이나 문묘 같은 큰 건축물에도 물론 한국 미술의 아름다움이 스며 있다. 그러나 우리가 먹고 쉬고 하는 살림집처럼 우리 미술의 고유한 체취를 강하게 발산하는 곳은 없다. 이 요람 속에서 한국의 멋과 미가 오랫동안 자라온 것이다. 기와집은 기와집대로 초가집은 초가집대로, 크면 큰 대로, 작으면 작은 대로 정말 분수에 맞는 한국의 정서가 스며 있다. 한국의 주택은 일본의 주택처럼 아기자기한 그리고 신경질적인 짜임새나 구조적 기교미를 자랑하지는 않는다. 인위적인 쩨쩨한 조산(造山)이나 이발한 정원수로 뜰을 가꾸지는 않는다. 그리고 중국의 집처럼 호들갑스럽지도 않다. 한국의 주택은 조촐하고 의젓하며 한국의 자연 풍광과 그 크기가 알맞다.

(다) 우리의 미술 중에 무엇이 제일 한국적이냐 할 때 우선 우리는 도자기를 들 수 있다. 말이 없지만 우리는 우리의 강산과 여기에 서린 조상들의 입김과 메아리치는 아련한 민요와 오랜 역사가 얼버무려진, 말하자면 민족 교향시 같은 애틋한 소리를 우리는 우리네의 도자 공예에서 듣고 있다. 길고 가늘고 가냘픈, 그리고 때로는 도도스럽기도 하고 슬프기도 한, 따스하기도 하고 부드럽기도 한 곡선의 조화, 그 위에 적당히 호사스러운 무늬를 안고 푸르고 맑고 총명한 푸른 빛너울을 쓴 아가씨, 이것이 고려의 청자다. 의젓하기도 하고 어리숭하기도 하면서 있는 대로의 양심을 털어놓은 것, 선의와 소박한 천성의 아름다움, 그리고 못생기게 둥글고 솔직하고 정다운, 또 따뜻하고도 희기만 한 빛, 여기에는 흰 옷 입은 한국 백성들의 핏줄이 면면이 이어져 있다. 말하자면 향기가 순한 진국 약주 맛일 수도 있고 털털한 막걸리 맛일 수도 있는 것, 이것이 조선 시대 자기의 세계이며, 조선 백자 항아리의 예술이다.

(라) 이러한 고려 자기나 조선 자기를 싣기 위해서 한국 사람들은 참으로 멋진 목공 가구들을 많이 남겼다. 찬장과 사방탁자·문갑과 서안 등 조선 시대 목공 가구류의 단순미, 소박미들은 한국의 주택미와 직접 연결되는 아름다움이다. 있는 대로의 재료, 즉 잡목은 잡목대로 오동이면 오동대로 그 재료들의 아름다운 생명들이 착실한 공작 과정을 거쳐 제작된 조선 목공예가 공예 미술의 올바른 궤도 위에 서 있음을 보여 주고 있는 것은 얼마나 다행한 일이냐. 양실에도 한실에도 다같이 조화되는 조

선 가구, 이것은 아직도 새롭고 또 앞으로도 새로울 수 있는 새 시대 한국 공예의 갈 길을 훤히 비춰 주는 하나의 지표이다.

(마) 흔히 지식인으로 자처하는 인사들의 입에서 한국화는 하잘 것 없다는 말을 가끔 듣게 된다. 이것은 그리 간단하게 수긍이 가는 말도 아니며 기실 그렇게 쉽사리 할 말이 못되는 것이다. 실로 한국의 회화는 중국 그림에서나 일본 그림에서는 볼 수 없는 야릇한 매력을 지니고 있다. 기교를 넘어선 너그러운 아름다움, 때로는 촌스러운 느낌을 주기도 하지만 이러한 자유 분방한 감각은 한국 회화의 좋은 작품 위에 항상 소탈한 아름다움으로 곁들여진 정취를 돋우어 준다고 할까. 한국 전통 그림에는 서민적이고 해학적인 한국적 미감이 스며 있다. 또한 현대의 추상 화가를 뺨칠 만치 멋진 추상을 항아리 장식 그림으로 욕심 없이 그려낸 무명 도공들의 조형 정신이, 그리고 일본인들이 숭상하는 한국 민요산(民窯産)*의 서민적 용기들, 즉 다완(茶碗)*의 풍류미를 창조한 조형 감각이 조선 시대 화가들 가슴속에서도 작용하고 있다.

*민요산(民窯産): 민간에서 사사로이 도자기를 굽는 가마에서 생산한 것.
*다완(茶碗): 차를 마시는 그릇

1

위 글의 내용을 이끌어 낼 수 있는 물음으로 가장 적절한 것은?
① 한국 미술의 특징은 무엇인가
② 한국의 회화는 어떤 계층이 주도했는가
③ 한국 주택의 구조적인 우수성은 무엇인가
④ 한국의 도자기 문화를 어떻게 세계화하였는가
⑤ 한국의 자연은 어떤 아름다움을 가지고 있는가

2

(가)~(마)의 내용 조직 방식에 대한 설명으로 가장 적절한 것은?
① (가) : 다양한 예를 들어 한국의 미술을 설명하고 있다.
② (나) : 일본, 중국과 대조하여 한국 주택의 특징을 설명하고 있다.
③ (다) : 시간의 흐름에 따른 도자기의 발전 과정을 진술하고 있다.
④ (라) : 공간의 변화를 기준으로 가구류의 배치 양상을 서술하고 있다.
⑤ (마) : 일정한 기준에 따라 한국 회화의 기교를 설명하고 있다.

(가) 웃음을 연구한 학자들에 따르면 인간은 일생 동안 50만 번 이상 웃는다고 한다. 성인은 하루 평균 8번 웃고, 어린이는 평균 400번쯤 웃는다. 성인이 되면서 웃음이 사라지는 것이다. 이러한 인간의 웃음에는 몇 가지 특징이 있다.

(나) 사람은 혼자 있을 때보다 다른 사람들과 함께 있을 때 30배쯤 더 웃는다. 특히 웃음에는 강한 전염성이 있어서, 남이 웃으면 따라 웃고 다른 사람의 웃음에 내 마음이 덩달아 즐거워진다. 이처럼 인간의 웃음은 사회적인 것이다.

(다) 그런데 이 부분에서 인간의 웃음은 동물과는 큰 차이를 보인다. 과학자들의 연구에 따르면 침팬지나 쥐들도 웃는다. 쥐들은 간지럼과 같은 특수한 자극을 받을 때 웃음 소리를 낸다. 과학자들은 특수 기계를 이용해 쥐들이 간지러울 때 내는 초음파 소리를 감지해 냈는데, 이 소리가 바로 쥐의 웃음 소리이다.

(라) 또한 인간의 웃음은 뇌 활동에 의한 것이다. 뇌에 웃을 수 있는 회로가 갖춰져 있기 때문이다. 뇌는 우스운 소리만 들어도 웃을 준비를 한다고 한다. 웃음의 실행 단계는 뇌의 '웃음보'에서 맡고 있다. 1988년 3월 미국 캘리포니아 대학의 이차크 프리트 박사는 고단위 단백질과 도파민으로 형성된 4cm² 크기의 웃음보를 발견했다. 그 웃음보를 자극하자 우습지 않은 상황인데도 웃음을 터뜨렸다. 또 웃음보가 뺨의 근육을 움직이며 즐거운 생각을 촉발해 웃음 동기를 부여했다.

(마) 웃음은 인간의 면역 체계와도 밀접한 관계를 지닌다. 웃으면 면역 기능이 높아지고, 심장 박동수가 2배로 늘어나며, 폐 속에 남아 있던 나쁜 공기가 신선한 공기로 빨리 바뀐다. 또한 웃을 때는 암과 세균을 처리하는 세포들이 증가한다. 스트레스는 면역 체계를 무너뜨리지만, 편하고 밝은 마음은 면역 체계를 강하게 하여 우리 몸을 건강하게 유지시킨다. 미국 루이빌 대학 심리학과의 클리포드 컨 교수에 따르면 일부러 웃는 웃음도 자연스러운 웃음과 똑같은 효과를 낸다고 한다. '행복해서 웃는 것이 아니라 웃기 때문에 행복'하다는 의미이다.

1

위 글의 내용과 일치하지 않는 것은?

① 일반적으로 어른보다 어린이가 더 많이 웃는다.

② 인간은 다른 사람이 웃으면 같이 웃는 경향이 있다.

③ 쥐들도 간지럼 같은 특수한 자극을 받으면 웃음 소리를 낸다.

④ 인간의 웃음을 만드는 일은 뇌 속에 있는 '웃음보'가 맡고 있다.

⑤ 일부러 웃을 때보다 자연스럽게 웃을 때 훨씬 운동 효과가 높다.

2

내용 전개를 고려하여 위 글을 수정하려 할 때 가장 적절한 것은?

① (가)에 '사람에 따라 다른 웃음의 모습을 자세히 묘사하는 내용'을 추가해야 한다.

② (나)에 '남성과 여성이 각각 주로 웃어야 하는 상황을 정리한 내용'을 추가해야 한다.

③ (다)에 '인간의 웃음과 동물의 웃음의 차이에 관한 내용'을 추가해야 한다.

④ (라)에 '암에 걸리는 원인을 분석한 내용'을 더 써야 한다.

⑤ (마)는 '웃음이 부족한 현대 사회를 비판하는 내용'으로 바꾸어야 한다.

　　현대인은 타인의 고통을 주로 뉴스나 영화 등의 매체를 통해 경험한다. 타인의 고통을 직접 대면하는 경우와 비교할 때 그와 같은 간접 경험으로부터 연민을 갖기는 쉽지 않다. 더구나 현대 사회는 사적 영역을 침범하지 않도록 주문한다. 이런 존중의 문화는 타인의 고통에 대한 지나친 무관심으로 변질될 수 있다. 그래서인지 현대 사회는 소박한 연민조차 느끼지 못하는 불감증 환자들의 안락하지만 황량한 요양소가 되어 가고 있는 듯하다.

　　연민에 대한 정의는 시대와 문화, 지역에 따라 가지각색이지만, 다수의 학자들에 따르면 연민은 두 가지 조건이 충족될 때 생긴다. 먼저 타인의 고통이 그 자신의 잘못에서 비롯된 것이 아니라 우연히 닥친 비극이어야 한다. 다음으로 그 비극이 언제든 나를 엄습할 수도 있다고 생각해야 한다. 이런 조건에 비추어 볼 때 현대 사회에서 연민의 감정은 무뎌질 가능성이 높다. 현대인은 타인의 고통을 대부분 그 사람의 잘못된 행위에서 비롯된 필연적 결과로 보며, 자신은 그러한 불행을 예방할 수 있다고 생각하기 때문이다.

　　그러나 현대 사회에서도 연민은 생길 수 있으며 연민의 가치 또한 커질 수 있다. 그 이유를 세 가지로 제시할 수 있다. 첫째, 현대 사회는 과거보다 안전한 것처럼 보이지만 실은 도처에 위험이 도사리고 있다. 둘째, 행복과 불행이 과거보다 사람들의 관계에 더욱 의존하고 있다. 친밀성은 줄었지만 사회·경제적 관계가 훨씬 촘촘해졌기 때문이다. 셋째, 교통과 통신이 발달하면서 현대인은 이전에 몰랐던 사람들의 불행까지도 의식할 수 있게 되었다. 물론 간접 경험에서 연민을 갖기가 어렵다고 치더라도 고통을 대면하는 경우가 많아진 만큼 연민의 필요성이 커져 가고 있다. 이런 정황에서 볼 때 ㉠연민은 그 어느 때보다 절실히 요구되며 그만큼 가치도 높다.

　　진정한 연민은 대부분 연대로 나아간다. 연대는 고통의 원인을 없애기 위해 함께 행동하는 것이다. 연대는 멀리하면서 감성적 연민만 외치는 사람들은 은연중에 자신과 고통받는 사람들이 뒤섞이지 않도록 두 집단을 분할하는 벽을 쌓는다. 이 벽은 자신의 불행을 막으려는 방화벽이면서, 고통받는 타인들의 진입을 차단하는 성벽이다. '입구 없는 성'에 출구도 없듯, 이들은 성 바깥의 위험 지대로 나가지 않는다. 이처럼 안전지대인 성 안에서 가진 것의 일부를 성벽 너머로 던져 주며 자족하는 동정도 가치 있는 연민이다. 그러나 진정한 연민은 벽을 무너뜨리며 연대하는 것이다.

1

위 글을 이해한 내용으로 적절하지 않은 것은?

① 사회가 위험해지면 연민은 많아진다.

② 동정으로 끝나는 연민도 가치가 있다.

③ 현대인은 타인의 고통에 무관심한 경향이 있다.

④ 연민은 가까운 사람에게만 느끼는 것은 아니다.

⑤ 연민은 동양과 서양에서 다르게 규정할 수 있다.

2

㉠의 주장을 뒷받침하는 정황으로 제시할 수 없는 것은?

① 자연 환경이 파괴되면서 피부암 환자가 많아졌다.

② 행위 결과에 스스로 책임지지 않는 사람이 많아졌다.

③ 뉴스를 통해 이주민의 고통을 알게 된 사람이 많아졌다.

④ 사람들 간의 이해관계가 이전보다 복잡하게 연결되어 있다.

⑤ 공장 이전으로 직장을 얻는 사람이 있으면 잃는 사람도 있다.

고대 서양 의학을 대표하는 인물 중 가장 유명한 사람은 히포크라테스다. 그에 비해 갈레노스를 아는 사람은 많지 않다. 하지만 히포크라테스가 의학의 상징이라면, 갈레노스는 약 1400년 동안이나 서양 의학을 실제로 지배한 인물로 현대 의학사에서 매우 중요한 위치를 차지한다. 그는 2세기 경 그리스에서 태어났으며, 아버지의 영향으로 의학에 입문했다. 그는 여러 지역을 돌아다니며 의학 공부를 하였고, 다양한 학파의 스승들로부터 철학적 가르침을 받아서 유연한 사고방식을 가질 수 있었다. 유학을 마치고 로마에 정착한 그는 해부학과 의학 강연을 시작했다.

갈레노스는 동물 해부와 실험을 통해 의학적 지식을 얻는 방법론을 세웠다. 그는 주로 원숭이, 돼지 등의 동물 해부와 실험을 통해 여러 장기의 기능을 밝혔고, 근육과 뼈를 구분했으며, 7쌍의 뇌신경을 구분했다. 심장을 해부해 심장 판막을 묘사하고, 정맥과 동맥의 차이점도 관찰했다. 또한 뇌가 목소리를 조절한다는 사실을 증명하기 위해 되돌이 후두 신경*을 묶는 실험을 했다. 근육의 조절 기능을 설명하기 위해 척수를 자르고, 소변이 방광에서 만들어지는 것이 아니라는 사실을 보이기 위해 수뇨관*을 묶기도 했다. 이처럼 그는 자신의 의학 이론을 대부분 해부와 실험을 통해 증명하려 했다. 특히 갈레노스는 사람의 혈액이 혈관을 통해 신체 말단까지 퍼져나가며 신진대사를 조절하는 물질을 운반한다는 사실을 알아냈다. 그가 살던 시대를 감안한다면 실로 놀라운 발견이 아닐 수 없었다.

그러나 갈레노스의 의학에는 문제점 또한 분명히 있었다. 일례로 그는 살모사의 머리, 염소 똥 등을 넣고 끓인 만병통치약을 만들었는데, 어이없게도 그 약은 18세기까지도 매우 중요한 약으로 통용됐다. 또한 그는 혈액에 영혼적인 요소가 있어 병든 사람의 피를 뽑아내면 병이 치료된다고 믿었기 때문에 피를 뽑아 치료하는 사혈법(瀉血法)을 사용하기도 했다. 그의 의학 이론은 인체를 직접 해부할 수 없었던 로마 시대의 제약으로 인해 많은 오류를 범했다. 그럼에도 불구하고 중세 시대 종교와 결합해 의학계를 지배하는 절대적인 '교리'처럼 여겨지게 되었다. 갈레노스에 의해 만들어진 '교리'는 16세기까지 악영향을 끼치기도 했다. 하지만 갈레노스는 그때까지 비합리적인 방법에 의존하던 의학계를 동물 해부와 실험이라는 합리적인 방법으로 연구하도록 이끌었다는 점에서 그 의의를 찾을 수 있다.

*되돌이 후두 신경: 성대문을 열고 닫는 근육을 지배하는 신경.
*수뇨관: 콩팥에서 방광으로 오줌을 보내는 가늘고 긴 관.

1

위 글을 통해 해결할 수 있는 질문이 아닌 것은?

① 갈레노스가 일궈 낸 의학적 성과는 무엇인가?

② 갈레노스는 어떤 방법으로 의학을 연구했는가?

③ 갈레노스는 왜 의학에 철학을 접목시키려 했는가?

④ 갈레노스의 의학적 오류를 드러내는 사례는 무엇인가?

⑤ 갈레노스가 유연한 사고방식을 지니게 된 이유는 무엇인가?

2

갈레노스가 의학적 지식을 얻기 위해 한 일을 〈보기〉에서 있는 대로 고른 것은?

〈보기〉

ㄱ. 근육의 조절 기능을 알기 위해 척수를 절단하는 실험을 했다.

ㄴ. 혈액에 영혼적인 요소가 있다는 것을 밝히기 위해 동맥과 정맥을 묶는 실험을 했다.

ㄷ. 뇌가 목소리를 조절한다는 사실을 증명하기 위해 되돌이 후두 신경을 묶는 실험을 했다.

ㄹ. 소변이 방광에서 만들어지는 것이 아니라는 사실을 보이기 위해 수뇨관을 묶는 실험을 했다.

① ㄱ   ② ㄴ, ㄷ   ③ ㄴ, ㄹ

④ ㄱ, ㄷ, ㄹ   ⑤ ㄴ, ㄷ, ㄹ

다래끼를 짜다가 죽을 수도 있다는 것이 20세기 초까지만 해도 있을 수 있는 사실이었다. 외과 수술에는 성공했지만, 수술 부위가 균에 감염되어 환자가 사망하는 일도 빈번했다. 균이 혈액을 타고 온몸으로 퍼져 사망하게 되는 것이다. 다래끼나 상처를 노랗게 곪게 만드는 주범은 바로 포도상 구균이었다. 이처럼 무서운 포도상 구균으로부터 인류를 구원한 것은 페니실린이었다. 20세기 의학의 눈부신 발전은 감염성 질병을 정복한 페니실린이 없었다면 불가능했을 것이다.

그러나 20세기 말 인류는 페니실린의 발견이 신의 가호였는지 재앙의 씨앗이었는지 의심할 수밖에 없는 상황에 처하고 말았다. '슈퍼바이러스'가 등장했기 때문이다. 슈퍼바이러스는 1996년 일본에서 처음으로 발견되었다. 다른 항생제가 모두 ㉠듣지 않을 때 최후의 수단으로 사용해 온 강력한 항생제인 반코마이신에 내성을 가진 포도상 구균이 발견된 것이다. 슈퍼바이러스라는 말은 특정한 균을 지칭하는 것이 아니라, 항생제에 내성을 가진 여러 균들을 총칭하는 말이다. 포도상 구균 외에 방광염을 일으키는 대장균 등 다른 균에서도 내성이 강한 변종이 점차 늘어나고 있다.

폐렴이나 중이염 등을 일으키는 폐렴 구균의 페니실린에 대한 내성률은 일본, 미국, 유럽의 각국에서 1980년대 초에 비해 크게는 30~60%까지 증가했다. 항생제에 내성을 가진 슈퍼바이러스의 등장으로, 간단한 투약으로 치료됐던 환자가 중환자실에 입원해 고가의 항생제를 쏟아 부어야 간신히 낫거나, 그도 듣지 않아 사망하는 경우가 늘고 있다.

세균은 노화로 약해지면 다른 세균으로부터 자신을 보호하기 위해 스스로 독성 물질을 만들어 낸다. 항생제는 세균이 스스로 만든 독성 물질을 기반으로 만들어진다. 다시 말하면, 세균에게는 항생제를 만들 수 있는 능력과 이에 대항할 수 있는 능력이 동시에 있는 것이다. 따라서 한번 항생제 투여를 받은 세균은 DNA 변이를 통해 다음에 그 항생제를 다시 만났을 때 견뎌 낼 수 있도록 진화한다. 무분별한 항생제 투여가 21세기 새로운 재앙이 될지 모를 슈퍼바이러스의 출현을 부추긴 것이다.

현재까지 개발된 항생제 중 내성균이 발견되지 않은 것이 하나도 없다. 1928년 페니실린의 개발로 포도상 구균과의 전쟁에서 승리한 것처럼 보였으나, 대량으로 사용되기 시작한 지 1년이 지난 1941년 페니실린에 내성을 지닌 포도상 구균(PRSA)이 발견되었고, 다시 1년 뒤인 1942년에는 전체 포도상 구균의 30%, 1950년엔 70%가 내성을 갖게 되었다. 의학계는 여러 항생제의 복합 투여 방식으로 균에 대항해 왔으나 이미 1950년대 후반에 치료 불가능한 균이 등장했다. 이후 개발된 메티실린에 대해서도 내성을 가진 포도상 구균이 보고되었고, 1960년대 후반엔 유럽을 중심으로 확산되어 갔다. 이후 오래 전에 개발해 놓고도 그 부작용에 대한 우려 때문에 사용하지 않던 반코마이신을 이용해 치료를 해 왔으나 이제는 이에 내성을 지닌 슈퍼바이러스가 발견된 것이다.

이제 인류는 지금까지의 항생제와는 전혀 다른 방식으로 작동하는 새로운 '항생제'를 필요로 하게 되었다. 그러나 막대한 시간과 비용이 드는 항생제 개발에 비해 내성을 가진 바이러스의 생장 속도가 훨씬 빠르기 때문에 장기간에 걸쳐 개발한 항생제가 무용지물이 될 우려도 높은 것이 엄연한 사실이다. 바이러스와의 물고 물리는 싸움에서 인류는 과연 승리할 수 있을까?

1

위 글의 내용과 일치하지 않는 것은?

① 세균은 자기 방어 능력이 뛰어나다.
② 항생제 사용 초기에는 세균 치료 능력이 뛰어났다.
③ 세균은 외부의 자극에 민감하고 신속하게 대응한다.
④ 항생제의 오남용은 다양한 세균을 만들어낼 가능성이 높다.
⑤ 현재의 슈퍼바이러스는 한 종류이나 앞으로 더 많이 출현할 것이다.

2

㉠의 문맥적 의미와 유사한 것은?

① 학교에 가면 선생님 말씀을 잘 들어라.
② 이 자전거는 브레이크가 잘 듣지 않는다.
③ 정치가는 국민의 소리를 들을 줄 알아야 한다.
④ 비명 소리를 듣고 밖으로 나갔지만 아무도 없었다.
⑤ 그렇게 게을러서는 나한테서 좋은 소리 듣기 어렵다.

(가) 문학 작품을 읽는 과정에서 벌어지는 대화는 처음에는 보잘것 없는 것 같지만, 사회성이 큰 작품일수록 대화의 의미를 되울리는 폭이 점점 넓어져서 마침내 그 대화의 소통이 끝없이 확장되어 나갈 수 있다. 그렇게 확장된 대화의 소통은 우리 사회를 움직이는 힘이 되고, 우리의 생활 방식, 즉 문화를 반성하는 데로 나아가게 된다.

(나) 문학 작품을 읽는 것과 더불어서 대화적 의사 소통을 실천할 수 있는 장소와 방법은 다양하다. 작가에게 직접 편지를 보내는 방식도 있겠지만, 자신의 생각을 글로 발표하여 신문이나 잡지 등에 투고하면 그 자체가 사회적 대화에 참여한 것이 된다. 내가 투고한 글을 읽는, 신문과 잡지의 많은 독자들이 대화의 상대방이 되어 그 작품과 관련된 대화에 참여하게 되는 것이다.

(다) 이렇게 하는 것이 문학 작품 읽기를 통해서 독자들 간에 형성된 생각을 사회적으로 널리 소통시키는 것이 된다. 문학 독서를 통한 사회적 실천이란 거창한 것이 아니다. 바로 이러한 활동을 두고 말하는 것이다. 이것이야말로 개인이 문학 작품 읽기를 통해서 사회와 문화에 참여하는 과정이 된다.

(라) 우리는 앞에서 문학 작품을 읽는 것이 사회적, 문화적 대화를 나누는 한 과정이 될 수 있음을 확인하였다. 그런데 문학 작품 읽기에서 이러한 사회적, 문화적 대화 나누기가 제대로 이루어지려면 ㉠독자들은 작품 자체가 지니고 있는 사회적, 문화적 배경을 잘 이해할 필요가 있다. 문학은 그 작품이 만들어진 시대의 사회적, 문화적 상황을 반영하기 때문이다.

(마) 문학 작품을 읽으면서 우리는 알게 모르게 그 작품에 반영된 사회 상황을 상상하면서 그것에 대해서 비판을 하기도 하고, 어떤 현상을 합리화하기도 한다. 또, 그 작품 세계와 관련된 문화에 대해서 공감하기도 하고 저항하기도 한다.

1

다음 글이 들어가기에 적합한 곳은?

요즘은 문학을 다루는 여러 인터넷 웹 사이트의 게시판에 문학 독자들이 네티즌의 자격으로 참여하여 자기의 생각을 올리고 다른 사람들의 생각을 묻는 방식으로 대화를 할 수도 있다.

① (가) 뒤   ② (나) 뒤   ③ (다) 뒤   ④ (라) 뒤   ⑤ (마) 뒤

2

㉠을 고려하여 〈토끼전〉을 읽은 것은?

① 판소리 〈수궁가〉를 들으며 〈토끼전〉의 내용과 비교하였다.
② 토끼가 용궁에서 탈출하는 과정을 시간에 따라 요약해 보았다.
③ 공간의 이동에 따라 달라지는 별주부의 태도를 파악해 보았다.
④ 자가사리와 같은 인물 유형을 친구들 가운데서 찾아 보았다.
⑤ 약자를 희생시키려는 용왕과 당시 통치자의 모습을 비교해 보았다.

과거에는 성인이 된다는 것을 큰 의미로 받아들였다. 그래서 우리나라를 포함하여 대부분의 문화권에서 '성년식'을 매우 중시했다. 옛 문헌을 보면 마한 지역에서는 소년들이 등에 상처를 내고 통나무를 끌어 공동체 생활을 할 집을 지었다는 기록이 있다. 우리 조상들은 어른이 되기 위해 겪는 고통을 어머니의 태내에서 세상으로 나올 때의 고통과 유사한 것으로 여겼고, 이 고통을 참아내야만 새로운 삶을 살 수 있는 것으로 생각했기 때문이다.

우리의 성년식 중 가장 대표적인 것은 조선 후기에 성행한 관례(冠禮)이다. 관례는 머리를 묶어 올려 상투를 틀고 관(冠)을 쓰는 의식이다. 관례를 치르기 위해서는 성품이 어질고 예법을 잘 아는 사람을 빈(賓)으로 초청했는데, 빈은 관례의 주인공에게 관(冠)을 씌워주고 새로운 이름인 자(字)를 지어주는 중요한 역할을 맡았다. 이때 ㉠새로운 이름을 지어주는 것은 그 사람이 이전과는 다른 사람이 되었다는 의미를 부여하기 위한 것이다. 관례의 절차 중에는 어른들과 술로써 예를 나누거나 어른들의 축사를 듣는 것도 있는데, 이는 성인이 된 것을 인정하고 축하해주는 의미로 볼 수 있다.

관례를 올린 사람은 댕기 대신 상투를 틀고 의관을 정제하여 성인으로서 품위 있는 모습을 갖춰야 했고, 자신의 말과 행동에 책임을 질 수 있도록 노력해야 했다. 그리고 관례를 올린 사람에게는 이름 대신 자(字)를 불러주어 성인이 된 것을 인정하고 그에 합당한 예우를 해주었다. 관례는 이런 과정을 통해 성인이 된 개인에게 사회적 책임과 역할에 대한 인식을 갖게 하고 그들에게 사회적 관심을 보여주는 의미 있는 의식이었다.

그러나 관례는 조혼의 영향으로 혼례의 일부로 흡수되면서 사회적 의의가 점차 약화되었고, 단발령이 내려지면서 상투를 틀 수 없게 되자 설 자리를 잃고 말았다. 관례가 사라지고 난 뒤, 어른의 세계에 진입하면서 가져야 할 정신이나 마음가짐을 새롭게 하는 상징적인 장치가 없어지고 만 것이다. 관례가 사라진 것이 안타까운 것은 아니다. 한 개인이 어른이 되는 순간을 의미 있게 해주는 계기가 없다는 것, 중요한 시기를 맞은 청소년에 대한 사회적 관심을 나타내는 문화적 표현이 없다는 것이 안타까울 뿐이다.

1

위 글의 내용과 일치하지 않는 것은?

① 관례의 영향으로 혼례가 간소화되었다.

② 상투가 사라지면서 관례도 사라지게 되었다.

③ 대부분의 문화권에서 성년식을 중요하게 여겼다.

④ 관례에는 성인이 된 것을 축하해 주는 절차가 있다.

⑤ 예법을 잘 아는 사람이 관례에서 중요한 역할을 맡았다.

2

위 글의 내용으로 볼 때 ㉠과 가장 유사한 것은?

① 친한 친구에게 별명을 지어 부른다.

② 나이가 들면 아빠를 아버지라 부른다.

③ 아이가 태어나면 이름을 지어 부른다.

④ 삼촌이 결혼하면 작은아버지라 부른다.

⑤ 이름이 마음에 들지 않아 개명해 부른다.

다이어트 열풍

오늘날 여성들은 체중에 상관없이 스스로를 뚱뚱하다고 생각하는 경우가 많다. 빈부, 노소를 떠나서 하나같이 날씬해지기를 원하고 그러한 욕망은 다이어트 열풍으로 이어진다. 몸이 우리의 다양한 욕구나 자기 표현과 관련된다는 점에서 다이어트 열풍은 우리 사회를 읽어 내는 하나의 거울이 될 수 있다.

몸에 대한 관심은 어제오늘의 일이 아니다. 한 사회학 보고서에 따르면, 미국에서 1930년대에는 바싹 마른 몸매의 여성이, 1950년대에는 마릴린 먼로와 같이 풍만한 몸매의 여성이 인기를 끌었다고 한다. 대공황으로 경제 사정이 좋지 않았던 1930년대에는 일하는 여성이 필요했기에 민첩해 보이는 마른 여성이 매력의 상징이 되었다. 하지만 경제 사정이 좋아지기 시작한 1950년대에는 여성이 행복한 가정을 꾸리기를 바라는 풍조로 바뀌면서 사람들은 풍만한 곡선미를 지닌 여배우의 이미지를 선호하였다.

소비 사회에서 몸은 자연스럽게 자기 표현의 중심이 된다. 산업의 발달로 물질이 풍요해지자 인간은 다양한 소비를 통해 자신의 욕구를 충족할 수 있게 되었고 소비를 통해 자신을 표현한다고 믿게 되었다. 오늘날 소비는 대중 매체에 의해 조정되고 조절되는 경향이 짙다. 또한 인간은 영상 매체에서 본 이미지를 모방하여 자신을 표현하고자 한다. 이러한 점에서 소비를 통한 자기 표현은 타인의 시선에 의해 규정된다고 할 수 있으며, 주체적이고 능동적인 자기 이미지를 만드는 과정으로 보기 어렵다. 결국 소비를 통해 자신의 이미지를 형성하려는 행위는 자신의 상품 가치를 높이는 것에 불과할 뿐이다.

날씬한 여성의 이미지를 선호하는 것도 이와 밀접하게 닿아 있다. 모든 유형의 다이어트가 오늘날과 같은 이유로 행해진 것은 아니다. 중세에 다이어트는 종교적 생활 양식에서 영혼을 통제하려는 훈육(訓育)의 한 방법이었고, 18세기에는 특정 집단에 속한 사람들이 음식의 양과 유형을 조절하는 방식이었다. 이와 달리 오늘날의 다이어트는 대부분 날씬한 몸매를 만들어서 자신의 상품 가치를 높이려는 목적에서 이루어진다. 외모에 대한 그릇된 인식은 이러한 다이어트 열풍을 부추겼으며, 대중 매체를 통해 점점 더 확대되고 재생산되고 있다.

㉠자기를 표현하는 수단으로서의 몸에 대한 관심은 자본주의의 상품화 논리에 지배되면서 오히려 자기 몸을 소외시키고 있다. 대중 매체를 통해 확산되는 상품으로서의 몸 이미지와 외모 지향적 가치관은 매력적인 몸에 대한 강박 관념을 강화하고, 사람들을 다이어트를 통한 날씬한 몸매 만들기 대열에 합류시킨다. 이처럼 대중 매체 속에서 만들어진 획일화된 몸 이미지는 우리에게 더 이상 몸은 없고 몸 이미지만 남게 한다.

1

위 글의 내용과 일치하지 않는 것은?

① 1950년대 미국에서는 풍만한 몸매의 여성이 인기를 끌었다.

② 사람들이 선호하는 몸의 이미지는 시대에 따라 변화해 왔다.

③ 경제 상황이 사람들의 몸 이미지 형성에 영향을 미친다.

④ 소비 사회에서 사람들은 영상 매체에서 얻은 몸의 이미지를 모방한다.

⑤ 18세기의 여성들은 날씬한 몸매로 자신의 상품 가치를 높이고자 하였다.

2

㉠의 구체적인 사례로 가장 거리가 먼 것은?

① 요즘은 왜 이리 바쁜지 모르겠어. 세수할 시간은커녕 밥 먹을 시간도 없어.

② 몸매 가꾸기 방송 봤니? 그 방송만 보면 압박감이 느껴져. 난 매번 다이어트에 실패하는데.

③ 너희들, 어제 저녁 방송에서 그 가수가 입고 나온 옷 봤니? 나도 그 가수와 똑같은 옷을 사 입었어.

④ 예전에는 개인의 집단적 가치와 의식을 강화하기 위해 화장을 했대. 지금 화장의 의미는 다른데 말야. 요즈음 남자들도 화장을 하잖아.

⑤ 난 랩을 좋아해. 빠른 지껄임, 그리고 경쾌한 율동과 몸놀림이 있어 좋아. 그래서 노래를 들을 때는 물론이고 평소에도 랩의 모든 것을 따라 해.

물에 녹아 단맛이 나는 물질을 일반적으로 '당(糖)'이라 한다. 각종 당은, 신체의 에너지원으로 쓰이는 탄수화물의 기초가 된다. 인류는 주로 과일을 통해 당을 섭취해 왔는데, 사탕수수에서 추출한 설탕이 보급된 후에는 설탕을 통한 당 섭취가 일반화되었다. 그런데 최근 수십 년 사이에 설탕의 과다 섭취로 인한 유해성이 부각되면서 식품업계는 설탕의 대체재로 액상과당에 관심을 갖기 시작했다.

포도당이 주성분인 옥수수 시럽에 효소를 넣으면 포도당 중 일부가 과당으로 전환된다. 이때 만들어진 혼합액을 정제한 것이 액상과당(HFCS)이다. 액상과당 중 가장 널리 쓰이는 것은 과당의 비율이 55%인 'HFCS55'이다. 설탕의 단맛을 1.0이라 할 때 포도당의 단맛은 0.6, 과당의 단맛은 1.7이다. 따라서 액상과당은 적은 양으로도 강한 단맛을 낼 수 있다.

그런데 액상과당은 많이 섭취해도 문제가 없는 것일까? 이에 대한 답을 찾기 위해서는 포도당과 과당의 대사*를 살펴볼 필요가 있다.

먼저 포도당의 대사를 살펴보자. 음식의 당분이 포도당으로 분해되면 인슐린과 함께 포만감을 느끼게 하는 호르몬인 ㉠렙틴(leptin)이 분비된다. 렙틴이 분비되면 식욕을 촉진하는 호르몬인 ㉡그렐린(ghrelin)의 분비는 억제된다. 그렐린의 분비량은 식사 전에는 증가했다가 식사를 하고 나면 렙틴이 분비되면서 자연스럽게 감소하게 된다. 한편 과당의 대사는 포도당과는 다르다. 과당은 인슐린과 렙틴의 분비를 촉진하지 않으며, 그 결과 그렐린의 분비량이 줄지 않는다. 게다가 과당은 세포에서 포도당보다 더 쉽게 지방으로 축적된다. 이런 이유로 사람들은 과당의 비율이 높은 액상과당을 달갑지 않게 생각한다.

설탕과 액상과당은 어떤 차이점이 있는 것일까? 설탕은 과당과 포도당이 1:1로 결합한 구조이다. 반면 액상과당은 과당과 포도당이 각자의 구조를 유지한 채 섞여 있는 혼합액이다. 설탕이 분해되면 50%의 과당이 만들어진다. 과당으로 인해 발생하는 문제는 설탕이나 액상과당이나 별반 차이가 없다.

요즘에는 아주 적은 양으로도 단맛을 낼 수 있는 인공 감미료를 많이 쓰는데, 이것은 복잡한 화학 처리 과정을 통해 만들어진다. 아미노산 계열 감미료이면서 설탕보다 200배나 단맛이 강한 아스파탐, 설탕을 화학 처리하여 설탕보다 600배나 단맛이 강한 수크랄로스 등이 대표적이다. 그런데 이 새로운 인공 감미료도 천연적으로 생성된 물질이 아니기 때문에 유해성 논란에서 자유롭지 못하다.

*대사: 생물체가 생명 유지를 위해 필요한 것을 섭취, 소화, 배설하는 일련의 과정.

1

위 글을 통해 해결할 수 있는 의문이 아닌 것은?

① 설탕과 액상과당의 다른 점은 무엇인가?

② 액상과당은 어떤 과정을 통해 제조되는가?

③ 사람들은 무엇을 통해 당을 섭취해 왔는가?

④ 포도당과 과당의 대사는 어떤 차이가 있는가?

⑤ 설탕과 포도당의 단맛 차이가 생기는 이유는 무엇인가?

2

㉠, ㉡에 관한 설명으로 적절한 것은?

① ㉠이 분비되지 않으면 식사량이 늘어나게 된다.

② ㉠은 인슐린의 분비량이 증가할 때 적게 분비된다.

③ ㉡의 분비가 식후에도 줄어들지 않으면 식욕이 떨어진다.

④ ㉠의 분비량과 비례하여 ㉡의 분비량이 증가한다.

⑤ ㉠과 ㉡의 분비가 정상적으로 이루어지면 자연히 살이 빠진다.

(가) 자연염색이란 무엇인가? 이 물음에 대한 가장 간단한 대답은 '자연물을 이용하여 자연의 색을 만들어 내는 작업'이다. 그렇다면 인간이 색을 만들어 사용하기 시작한 것은 언제부터일까? 가장 먼저 기본적인 의식주에서 시작되었을 것이다. 생활하면서 과일 같은 음식물을 먹다가, 사냥을 하다가 자연스럽게 색을 발견했을 것이다. 색을 발견하는 것에서 자연염색이 시작되었다고 해도 지나친 말은 아닐 듯싶다. 원래 자연 염색은 식물에서, 동물에서, 광물에서 그 재료를 얻는다. 그러기에 인류가 색을 만들어 이용하게 된 것은 모두 생활의 경험에서 비롯한 것이다.

(나) 자연염색으로 만들어진 색은 색감이 참으로 오묘하고 깊이가 있다. 세월이 흘러 색이 바래더라도 그 자체가 자연색의 또 다른 멋이다. 화학 염색은 자극적이고 선명하기는 하나, 자연의 빛깔이 주는 그윽함이 없다. 자연의 빛깔을 뽑아낸 자연염색은 색감의 오묘함도 오묘함이지만 다른 색깔들과도 잘 어울린다. 이런 자연염색은 천연 재료에서 염료를 추출하고 잔여물을 다시 자연으로 돌려보낸다. 이렇게 자연의 순환 원리에 따르는 자연염색은 자연에서 염료를 얻어 모든 것을 다시 자연으로 환원하는 과정인 것이다.

(다) 자연으로 돌아가자는 바람이 부는 이유는 자연 속에서 건강하게 살고 싶은 인간의 본능에서 비롯된 현상이다. 자연 속에서 인간의 신체는 자체적으로 질병을 치유하고 예방할 수 있었다. 이러한 자연 치료 방식 중, 의류나 색채에 대한 대안으로 제시된 것이 바로 자연염색이다. 얼마 전까지도 시골에서는 피부에 부스럼이 생기면 쪽으로 염색한 옷을 입혔으며, 상처가 나면 쪽으로 만든 청대*를 상처에 발랐다. 청대가 피부에서 발생하는 열을 빼내 상처를 아물게 하기 때문이다.

(라) 사람들은 보통, 자연염색이 매우 어려울 것이라고 생각한다. 그런데 자연염색은 일상 생활에서 쉽게 경험할 수 있다. 손톱에 봉숭아 꽃물을 들여 본 경험이 있거나, 과일을 먹다가 옷에 든 물이 잘 빠지지 않아 걱정을 해본 적이 있을 것이다. 자연염색은 바로 여기에서 시작한다.

(마) 자연염색을 하기 위해서는 우선 염색통이 필요하다. 염색통은 물을 들이거나 매염할 때 쓰는 것으로 철이나 주석 등 금속성 용기는 성분이 녹아 나와서 염색이 뜻하지 않은 대로 나올 수 있으므로 사용하지 않는 것이 좋다. 염색할 때 사용할 천연 재료 즉, 염재는 구하기 쉽고 색소가 많이 들어 있는 것으로 골라 재료를 잘게 잘라서 물에 하루 정도 불린다. 이때 염재는 물들이고자 하는 섬유와 같은 양이나 2배 정도가 필요하지만 말린 재료라면 절반 정도의 양이면 된다. 이 염재를 물에 넣고 끓여서 염액을 만들고, 만들어진 염액에 매염제를 넣어 옷감에 물을 들이면 된다. 매염제는 염착*률이 낮은 섬유와 염료를 이어주는 고리 역할을 하는 것으로 이 단계를 거치지 않으면 옷감에 물이 들어도 쉽게 빠지고 만다. 염색과 매염이 모두 끝나면 마지막으로 물에 헹구기를 하는데 이때 억지로 비비면 얼룩이 생길 수 있기 때문에 비비지 않도록 주의해야 한다. 헹구기가 끝나면 통풍이 잘 되는 곳에서 말린다.

1

(가)~(마)의 중심 내용으로 적절하지 않은 것은?

① (가) : 자연염색의 개념과 기원

② (나) : 자연염색의 장점과 단점

③ (다) : 자연 치료 방식으로 사용되는 자연염색

④ (라) : 생활에서 접할 수 있는 자연염색

⑤ (마) : 자연염색의 방법과 과정

2

위 글을 읽고 이해한 내용으로 적절한 것은?

① 자연염색된 옷은 세월이 지나도 색상이 변하지 않는다.

② 자연염색한 의류를 착용하면 인간의 치유 능력은 저하된다.

③ 자연염색의 재료는 주변에서도 쉽게 구할 수 있는 것을 사용한다.

④ 화학 염료의 문제점을 보완하기 위해 자연염색 방법을 개발하였다.

⑤ 자연염색을 한 옷감은 오묘한 느낌은 있으나 다른 색과 조화를 이루지 못한다.

구전민요

(가) 구전민요는 민속음악의 한 갈래이자 구비(口碑)문학의 일부분으로 우리 민족의 정체성을 드러내는 중요한 자료이다. 민요는 오랜 세월 동안 보통 사람들에 의해 집단적으로 만들어지고 다듬어진 것이기 때문에 그 민족의 밑바닥에 깔린 보편적 정서를 가장 뚜렷이 드러낸다. 또한 민요는 그 속성상 중심 문화의 영향을 거의 받지 않은 문화요소로, 그 민족의 저변에 있는 생활 정서와 사고방식을 가장 확실히 보여준다. 우리가 다른 민족과 견줄 우리 민족의 특징을 말할 때 민요를 거론하는 이유가 바로 여기에 있다.

(나) 민요는 다수의 후렴꾼이 뒷소리를 받쳐주는 가운데 몇 명의 소리꾼들이 하나씩 나서서 독창을 하는 방식이 일반적이다. 소리를 전적으로 앞소리꾼에게 맡기면 그 사람에게 많은 부담이 된다. 이럴 때 다른 사람들이 중간 중간에 노래를 한 곡씩 불러주면 앞소리꾼의 부담이 훨씬 줄어든다. 민요의 후렴이 길게 늘어지는 현상도 이런 맥락에서 이해할 수 있다. 또한 민요 전체를 놓고 보면 거의 모든 노동에 노래가 있었고, 거의 모든 의례(儀禮)에도 노래가 따랐다. 술 마시고 놀 때는 물론이고, 신세한탄마저도 곡조를 넣어서 노래로 하고, 옛날 이야기도 노래로 만들어 불렀다. 이 중 노동에 관한 민요가 가장 많고 그 안에서도 농사에 관한 노래가 주를 이룬다. 이러한 이유는 농사일의 고됨을 낙천적 태도로 이겨내려는 것에 있었다. 이러한 선후창과 후렴의 방식이나 노동요가 많은 것은 바로 우리 민요가 공동체 문화의 산물임을 말해 주는 것이다.

(다) 그런데도 우리는 그 동안 우리 민요에 관한 기록과 연구를 너무나 소홀히 해왔다. 우리 민족의 가장 큰 단점이 '기록을 하지 않는 것'이라고 할 정도로, 우리는 우리의 전통 문화를 기록하고 보존·연구하는 데 거의 신경을 쓰지 않았다. 더욱이 일제시대를 겪으면서 외세로 인한 근대사의 단절로 우리 사회에는 우리의 역사와 전통 문화를 열등한 것으로 여기는 일종의 패배주의적 문화의식마저 만연되어 있었다. 또한 해방 후에는 서구 문화의 유입 속도가 더욱 빨라지면서 전통 문화에 대한 무시와 홀대가 심화되었고, 산업사회로 접어들면서 상황은 더욱 악화되었다.

(라) 민요를 찾는 일은 잃어버린 역사와 더불어 민족의 자긍심을 되찾는 일이다. 우리는 민요를 통해서 때묻지 않은 우리 민족의 본래 모습을 새롭게 확인할 수 있다. 우리 민족은 본래 여럿이 어울려 부지런히 일하는 가운데 틈틈이 놀기를 무척이나 즐겼던, 즉 근면하고도 신명 넘치는 사람들이다. 지금까지의 우리 역사가 왕조사 위주의 기록이었다면, 민요를 비롯한 민중 문화에 관한 연구는 비어 있는 사회·문화사를 채워 우리 역사를 온전하게 복원시키는 작업이 될 것이다.

(마) 또 다른 측면에서 보면, 우리의 토종 음식인 김치가 세계적인 건강식품으로 인정받고 있듯이, 우리 민요를 꾸준히 연구하고 다듬어서 현대 음악으로 발전시키면 국악의 세계화라는 가능성도 얼마든지 열려 있다. 그런 점에서 음악과 문학의 토종 유전자를 담뿍 간직한 민요가 풍부하게 남아 있다는 사실은 우리에게 더 없는 축복이다.

1

위 글로 미루어 알 수 있는 내용이 아닌 것은?

① 민요는 사회·문화적 토양 위에서 민족의 정서를 담고 있다.

② 예로부터 우리나라 사람들은 노래를 생활의 일부로 여기며 살았다.

③ 민요가 푸대접받은 이유는 우리 스스로 민요를 업신여긴 태도에서 비롯되었다.

④ 일제시대에 만들어진 민요는 전통적 가락과 형태에서 벗어난 노래로 만들어졌다.

⑤ 앞으로 우리에게는 우리 민요를 더 발굴하고 연구해야 하는 과제가 남아 있다.

2

문단 (다)에 나타난 상황을 표현한 것은?

① 설상가상(雪上加霜)

② 점입가경(漸入佳境)

③ 사면초가(四面楚歌)

④ 백년하청(百年河淸)

⑤ 진퇴양난(進退兩難)

(가) 백두산은 넓은 의미로 우리 나라의 북부와 만주의 남동부 지역에 걸쳐 있는 산지와 고원을 통틀어 가리키기도 하고(동서 310km, 남북 200km, 총면적 약 7만km²), 좁은 의미로 백두산 주봉만을 가리키기도 한다. 그러나 일반적으로 백두산은 백두산체와 백두산 기슭까지를 포괄하는 범위를 말한다. 이렇게 볼 때, 백두산은 우리 나라 함경도의 삼지연, 보천, 백암, 대흥단군과 중국 길림성의 안도, 무송, 장백조선족 자치현의 넓은 지역에 놓이게 된다. 백두산의 전체 넓이는 약 8,000km²로 전라 북도의 넓이와 비슷하다.

(나) 백두산이 이루어지기까지는 만장의 세월이 흘렀다. 백두산은 수십억 년 전에 기저가 이루어지고 지대가 발육한 뒤, 지금으로부터 약 1천만 년 전부터 화산 활동으로 형성되어 왔다. 오늘날의 백두산 일대는 본래 그리 높지 않은 언덕벌이었다. 그러다가 화산 분출로 현무암이 흘러내려 방패 모양의 용암 대지가 형성되고 다시 용암이 여러 차례 분출되어 종 모양의 기본 산체가 이루어졌다. 천지도 이 무렵에 화산 마루의 윗부분이 꺼져내려 형성되었다.

(다) 백두산은 원시 시대부터 오늘날에 이르기까지 우리 겨레의 역사와 깊은 관계를 맺어 왔다. 백두산 품에서 흘러내린 두만강가에는 원시인들이 모여 살았고, 백두산의 정기를 받은 고구려와 발해 사람들은 백두산에서 씩씩함과 슬기를 배워 찬란한 문화를 창조했으며, 백두산에 대한 수많은 전설과 설화가 우리 겨레의 생활 속에 녹아들었다. 그런가 하면 백두산은 우리 겨레가 북방 오랑캐 등 외적의 침입을 받을 때마다 안타까워하기도 하고, 봉건 통치배들의 억압과 수탈을 못이겨 두만강을 건너야 했던 조선 민중들을 어루만져 주기도 했다.

(라) 나라의 조종산(祖宗山)으로 일컬어져 왔던 백두산은 근대에 들어와 의병과 독립군, 항일 전사들에게 민족 해방 투쟁의 장을 마련해 줌과 동시에 그들에게 민족 해방의 꿈을 심어 주었다. 그리하여 백두 밀림과 만주 벌판은 일제 침략자들과 맞서 싸우는 격전장이 되었다. 1930년대 후반기에 이르러 항일 전사들은 백두산 기슭의 보천보와 대흥단벌에 진출하여 일제 침략자들을 격파했고, 그 일로 백두산은 식민지 민중에게는 별과도 같은 존재였다.

(마) 오늘날 백두산은 남북으로 헤어져 사는 겨레에게 하나된 조국의 상징으로 비쳐지고 있다. 사시 장철 머리에 흰눈을 인 백두산은 통일의 비원(悲願)을 안고 남녘의 지리산까지 달음박질쳐 백두대간을 이루고 있다. 백두산과 백두대간에 대해 나날이 높아지는 관심은 백두산에 우리 겨레의 지향과 요구가 반영되어 있음을 잘 보여 준다.

1

(가)~(마)의 중심 화제로 알맞은 것은?

① (가) : 백두산의 명칭
② (나) : 백두산의 형성 과정
③ (다) : 백두산에 얽힌 전설
④ (라) : 백두산의 전략적 가치
⑤ (마) : 백두산과 백두대간의 관계

2

위 글의 내용과 일치하는 것은?

① 우리 겨레는 백두산에서 많은 북방 오랑캐들을 섬멸하였다.
② 백두산에 대한 보편적인 의미는 백두산 주봉과 백두산체이다.
③ 백두 밀림과 만주 벌판은 항일 운동의 치열한 무대가 되었다.
④ 백두산은 화산 활동으로 형성된 뒤 지대가 발육하여 형성되었다.
⑤ 백두산에서 한라산까지의 백두대간은 통일의 희망을 나타내고 있다.

은행이나 농협이라고 하면 알겠는데, 제1금융권, 제2금융권이라는 말은 왠지 낯설다. 저축은행, 새마을금고 등 여러 금융 기관이 있다고 하는데, 이러한 금융 기관들은 어떻게 다른 걸까.

먼저 은행에는 중앙은행과 일반은행, 특수은행이 있다. 이 중, 중앙은행으로는 금융제도의 중심이 되는 한국은행이 있다. 한국은행은 우리가 사용하는 돈인 한국 은행권을 발행하고, 경제 상태에 따라 시중에 유통되는 돈의 양, 곧 통화량을 조절한다.

일반은행의 종류에는 큰 도시에 본점을 두고 전국적인 지점망을 형성하는 시중은행과 지방 위주로 영업하는 지방은행, 외국은행의 국내 지점이 있다. 일반은행은 예금은행 또는 상업은행이라고도 하며, 예금을 주로 받고 그 돈을 빌려주어서 이익을 얻는 상업적 목적으로 운영된다.

특수은행은 정부가 소유한 은행으로서, 일반은행으로서는 수지가 맞지 않아 자금 공급이 어려운 경제 부문에 자금을 공급하는 것이 주요 업무이다. 국가 주요 산업이나 기술 개발용 장기 자금을 공급하는 한국산업은행, 기업이 수출입 거래를 하는 데 필요한 자금을 공급해주는 한국수출입은행, 중소기업 금융을 전문으로 하는 기업은행이 이에 해당한다. 농업과 축산업 금융을 다루는 농업협동조합중앙회, 또는 수산업 금융을 다루는 수산업협동조합중앙회도 특수은행에 포함된다. 이 중에서 일반적으로 일반은행과 특수은행을 제1금융권이라고 한다.

제2금융권은 은행은 아니지만 은행과 비슷한 예금 업무를 다루는 기관으로, 은행에 비해 규모가 작고 특정한 부문의 금융 업무를 전문으로 한다. 저축은행, 신용협동기구, 투자신탁회사, 자산운영회사 등이 이에 해당한다.

저축은행은 도시 자영업자를 주요 고객으로 하는 소형 금융 기관이다. 은행처럼 예금 업무가 가능하고 돈을 빌려주기도 하지만 이자가 더 높고, 일반은행과 구별하기 위해서 저축은행이라는 이름을 쓴다. 신용협동조합, 새마을금고, 농협과 수협의 지역 조합을 통틀어 신용협동기구라고 하는데, 직장 혹은 지역 단위로 조합원을 모아서 이들의 예금을 받고, 그 돈을 조합원에게 빌려주는 금융 업무를 주로 담당한다.

투자신탁회사, 자산운영회사는 투자자들이 맡긴 돈을 모아 뭉칫돈으로 만들어 증권이나 채권 등에 투자해 수익을 올리지만, 돈을 빌려 주지는 않는다.

이외에도 여러 금융 기관들이 있는데, 이를 기타 금융 기관이라고 한다. 기타 금융 기관으로는 여신전문금융회사가 있는데, 신용카드회사와 할부금융회사, 기계 등의 시설을 빌려주는 리스회사 등이 포함된다. 그리고 증권사를 상대로 돈을 빌려주는 증권금융회사도 기타 금융 기관에 해당한다.

1

위 글을 쓴 목적으로 가장 적절한 것은?

① 대상에 새로운 역할이 부여되어야 함을 주장하기 위해

② 대상의 특성을 설명하여 독자에게 정보를 제공하기 위해

③ 대상의 기능을 강조하여 독자의 인식 전환을 촉구하기 위해

④ 대상의 장점을 부각시켜 대상에 대한 관심을 유도하기 위해

⑤ 대상과 관련된 미담을 제시하여 독자에게 감동을 주기 위해

2

위 글을 바탕으로 할 때, 〈보기〉의 상황에 대해 제시할 수 있는 의견으로 적절하지 않은 것은?

〈보기〉

• 국회의원인 A씨는 물가 상승의 원인이 통화량이 지나치게 많기 때문임을 파악하고, 이를 해결할 수 있는 방법을 찾고자 한다.

• 농부인 B씨는 이번에 새롭게 버섯농사를 시작하려 했으나, 자금이 부족하여 금융 기관에서 일정 금액을 대출받으려 한다.

• 중소기업의 사장인 C씨는 제품의 생산량을 늘리기 위해 새로운 기계를 구입하려 했으나, 그 돈은 예금으로 맡겨 놓고 기계를 임대하는 것이 더욱 이익임을 알게 되었다.

① A씨가 해결 방법을 찾기 위해서는 한국은행 측에 자문을 구해 보는 것이 좋을 거야.

② B씨는 농업 관련 금융을 주로 다루는 농업협동조합중앙회에서 대출을 받을 수 있을 거야.

③ B씨가 좀더 낮은 이자로 대출 받기를 원한다면 투자신탁회사를 이용할 수도 있어.

④ C씨는 기타 금융 기관인 리스회사를 통해서 필요한 기계를 빌릴 수 있을 거야.

⑤ C씨는 여유 자금을 제1금융권뿐만 아니라 제2금융권에 예금할 수도 있어.

(가) 대부분 곤충들의 언어처럼 개미의 언어도 기본적으로 화학 언어이다. 먹이를 물고 집으로 돌아가는 개미를 발견하면, 배를 땅에 깐 채 눈 높이를 최대한 낮추고 개미의 옆모습을 관찰해 보라. 아마도 개미가 배의 끝 부분을 땅에 끌며 걸어가는 모습을 관찰할 수 있을 것이다. 그것은 개미가 먹이가 있는 곳에서부터 집까지 냄샛길을 그리고 있는 모습이다.

(나) 개미는 집으로 돌아오다가, 또는 집에 돌아와서 다른 동료를 만나게 되면, 우선 자기가 물고 온 먹이를 시식(試食)하게 한다. 그러면 먹이의 맛을 본 다른 일개미들이 곧바로 냄샛길을 따라 먹이가 있는 곳으로 향한다. 아무리 사소한 일이라도 흔적이 남는다는 뜻으로 "개미도 기어간 자취가 있다."라는 속담이 있다. 아마도 옛 사람들은 이미 냄샛길을 그려 놓는 개미의 습성(習性)에 대해 알고 있었는지도 모를 일이다.

(다) 개미가 냄샛길을 그릴 때에 사용하는 화학 물질은 일종의 페로몬이다. 개미의 페로몬은 종류가 무척 다양하다. 이는 개미의 몸 속에 수많은 페로몬을 생산하는 크고 작은 온갖 화학 공장들이 있기 때문이다. 그래서 개미는 마치 걸어다니는 페로몬 공단과도 같다.

(라) 냄샛길을 그릴 때 사용되는 페로몬은 대개 배 끝에 있는 외분비샘에서 만들어진다. 정확히 어느 분비샘에서 만들어진 페로몬으로 냄샛길을 그리는지 찾아 내는 일은 그리 어렵지 않다. 가능성이 있는 몇몇 분비샘들을 따로 해부한 후, 각 분비샘에서 나온 페로몬들로 각각 다른 방향의 냄샛길을 그려 본다. 그리고 개미들에게 먹이를 찾아가게 해 보면 어느 분비샘의 페로몬을 따라가는지 쉽게 알 수 있다. 그러나 때로 명확한 결과가 나오지 않는 경우도 있는데, 그것은 개미가 그 페로몬을 합성(合成)할 때에 둘 이상의 외분비샘에서 생성된 물질들을 섞어 칵테일을 만들기 때문이다.

(마) 개미가 사용하는 화학 언어는 어떤 점에서 보면 우리 인간의 음성 언어에 비해 훨씬 경제적이다. 잎꾼개미의 냄샛길 페로몬은 독침샘에서 분비되며, 화학적으로 매우 복잡한 구조를 가지고 있다. 그런데 이 화학 물질은 매우 민감하여 1mg만으로도 지구를 세 바퀴 반이나 돌 만큼 긴 냄샛길을 만들 수 있다. 또, 냄샛길 페로몬은 휘발성이 매우 강한데, 그 또한 경제적이다. 먹이를 다 거둬들이고 난 후에도 오랫동안 냄샛길이 없어지지 않는다면, 그만큼 많은 일개미들이 아직도 먹이가 남아 있는 줄 알고 헛걸음질을 할 것이 아닌가? 그래서 먹이를 물고 돌아오는 개미들이 이미 희미해지기 시작한 냄샛길 위에 페로몬을 더 뿌려 길의 모습을 유지한다. 그러다가 맨 나중에 먹이가 없어 빈 입으로 돌아오는 개미는 더 이상 페로몬을 뿌리지 않아 냄샛길은 자연스럽게 사라져 버린다.

1

(가)~(마)의 서술상의 특징으로 적절하지 않은 것은?

① (가) : 대상을 관찰하는 상황을 가정하여 호기심을 끌고 있다.

② (나) : 속담을 인용하여 내용의 이해를 돕고 있다.

③ (다) : 비유를 활용하여 대상의 속성을 드러내고 있다.

④ (라) : 대상을 한 가지 기준에 따라 나누어 설명하고 있다.

⑤ (마) : 예를 들어 대상의 특성을 구체화하고 있다.

2

위 글의 내용과 일치하지 않는 것은?

① 개미는 배의 끝 부분을 끌면서 냄샛길을 그린다.

② 개미는 동료가 찾은 먹이의 냄새를 맡으며 냄샛길을 찾는다.

③ 잎꾼개미는 적은 양의 페로몬으로도 긴 냄샛길을 만들 수 있다.

④ 개미는 두 가지 이상의 화학 물질을 합하여 냄샛길을 만들기도 한다.

⑤ 개미는 다른 개미가 이미 그려놓은 냄샛길 위에 페로몬을 더 뿌리기도 한다.

분무기는 물이나 살충제와 같은 액체 물질을 뿜어내는 기구이다. 아이들이 가지고 노는 물총도 분무기의 일종이라고 할 수 있다. 우리는 분무기를 사용하여 화초에 수분을 보충하거나, 유리창을 닦기 위한 세제를 뿌리기도 한다.

일반적으로 액체나 기체 같은 유체는 압력이 높은 곳에서 낮은 곳으로 이동하는데, 우리가 흔히 사용하는 '보통 분무기'는 이러한 유체와 압력의 관계를 이용하여 용기 속의 액체를 용기 밖으로 뿜어낸다. 이를 위해 '보통 분무기'는 피스톤 펌프의 원리를 이용하여 압력을 조절(調節)하는데, 분무기에 달린 손잡이가 피스톤을 움직이게 하는 역할을 한다.

분무기의 손잡이를 잡아 압축시키면 아래 그림 (가)와 같이 피스톤이 안으로 밀리게 된다. 이로 인해 펌프 내부의 압력이 증가하여 유입 밸브가 닫히면서 액체 유입(流入)이 차단된다. 동시에 유출 밸브가 열려 펌프 내부의 공기가 빠져 나가게 된다. 그리고 분무기의 손잡이를 놓으면 그림 (나)처럼 스프링에 의해 피스톤이 제자리로 돌아가 펌프 내부 압력이 낮아진다. 이때 유출 밸브와 유입 밸브의 개폐는 그림 (가)와 반대가 되어 용기 속의 액체가 펌프 내부로 유입된다. 다시 분무기의 손잡이를 잡아 압축하면 피스톤이 그림 (다)처럼 안으로 밀려 펌프 내부에 차 있던 액체의 압력을 높여 유출관 쪽으로 액체를 밀어 올리게 된다.

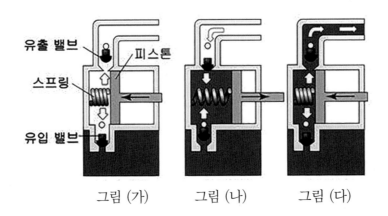

유출 밸브
피스톤
스프링
유입 밸브

그림 (가)　　　그림 (나)　　　그림 (다)

유출관으로 올라온 액체를 작은 입자(粒子)로 분사하기 위해서는 좁은 구멍의 노즐이 필요하다. 노즐의 구멍은 좁기 때문에 액체가 노즐을 빠져 나가기 위해서는 높은 압력이 필요하다. 이렇게 높은 압력에 밀린 액체를 좁은 구멍으로 보내면, 액체는 공기와 부딪치면서 안개처럼 작은 방울로 뿜어진다. 분무되는 양과 분무 형태는 분무기 노즐 내부나 끝 모양, 구멍 크기, 구멍 수, 분사 압력 등에 따라 다양하게 결정된다.

한편, '압축 분무기'는 기화가 쉬운 가압제를 첨가하여 용기 내의 기체 압력을 높여서 액체를 밖으로 밀어낸다. 우리가 주변에서 흔히 볼 수 있는 탈취(脫臭)용 스프레이, 소화기 등이 대표적이다. '압축 분무기'에서 사용하는 액체 가압제는 용기 내에서 기화하여 내부를 고압 상태로 만들고, 분무기의 노즐부를 누르면 용액에 담긴 튜브 입구가 열리면서 압축된 액체를 분사하도록 만든다. 가압제로는 프레온, 아산화질소 등을 주로 사용하는데, 특히 프레온 가스는 환경오염 문제를 일으킬 수 있기 때문에 대체(代替) 물질이나 공기를 이용하는 방법이 연구되고 있다.

1

위 글에 적용된 전개 방식을 〈보기〉에서 골라 바르게 묶은 것은?

〈보기〉

ㄱ. 대상의 제작 원리를 비유적으로 보여준다.

ㄴ. 대상과 관계있는 실생활의 사례를 소개한다.

ㄷ. 대상의 작동 원리 및 과정을 분석적으로 설명한다.

ㄹ. 대상이 발전해 온 과정을 시간 순서에 따라 제시한다.

① ㄱ, ㄴ   ② ㄱ, ㄷ   ③ ㄴ, ㄷ   ④ ㄴ, ㄹ   ⑤ ㄷ, ㄹ

2

위 글을 읽고 알 수 있는 내용으로 적절하지 않은 것은?

① 노즐의 형태에 따라 분무되는 모양이 달라진다.

② 보통 분무기는 손잡이를 이용하여 압력을 조절한다.

③ 보통 분무기는 유체와 압력의 관계를 이용하여 분무한다.

④ 압축 분무기는 보통 분무기와 달리 분무량이 항상 일정하다.

⑤ 압축 분무기의 가압제 중에는 환경 문제를 유발하는 것도 있다.

(가) 사진을 찍는다는 것, 카메라를 들고 무엇인가를 필름에 담는다는 것은, 사진을 찍는 사람이 그 대상이 되는 사건이나 사물에 개입하지 않는다는 것을 전제로 한다. 전쟁에 직접 참여하는 종군 기자나 사진 작가들의 경우에도 전쟁에 실제 참여하는 것이 아니라 전쟁의 실상을 기록하는 데 그 목적이 있다. 이처럼 현실에 개입하지 않은 채 사실을 기록한다는 성격 때문에 사진은 카메라를 든 사람을 열외의 인물로 만든다. 장례식이나 결혼식은 물론, 국가적인 행사가 진행되는 엄숙한 순간에도 카메라를 든 사람들은 플래시를 터뜨리며 식장 여기저기를 자유롭게 돌아다닌다.

(나) 그래서 흔히 우리는 적어도 보도 사진이나 화보 잡지의 사진만은 연출한 것이 아닐 거라는 믿음을 갖는다. 그러나 사진이 아무런 조작 없이 세계를 있는 그대로 담아 내는 것은 결코 아니다. 사진을 찍는 사람은 어떤 목적에 따라 의도적으로 상황을 설정하기도 하고, 피사체가 되는 사람이 의식적인 포즈를 연출하기도 한다. 결국 사진기를 들고 무엇인가를 찍는다는 것은, 겉으로 보기에는 사건에 개입하지 않는 것 같지만 본질적으로는 사건에 개입하는 것이다.

(다) 미국 영화 〈특종(원제: Public Eye)〉은 사진이 갖고 있는 이러한 성격을 잘 드러내 주는 영화이다. 주인공 '번지'는 제2차 세계 대전이 한창일 때 뉴욕 시가지를 누비며 찍은 사진을 신문에 팔아 생계를 유지하는 프리랜서 사진 작가이다. 영화 첫머리에서, 경찰의 통화 내용을 도청하여 경찰보다 먼저 현장에 도착한 번지는 총을 맞고 죽은 마피아의 사진을 찍어 특종을 잡게 된다. 그는 피살자의 팔과 다리를 움직여 적절한 구도를 만든 다음 플래시를 터뜨린다. 나중에 도착한 경찰에게는 신문 독자들이 피살자의 모자를 보는 것을 좋아한다는 점에 착안하여 피살자의 얼굴 앞에 모자를 놓아달라는 주문까지 한다.

(라) 때로는 사진이 그것을 찍은 사람의 본래 의도와는 전혀 다른 목적에 사용되기도 한다. 그 가장 적절한 예는 영화 〈프라하의 봄〉에 나온다. 사진가를 지망하는 여주인공은 1968년 봄, 탱크를 앞세우고 프라하를 점령한 소련군이 시민들에게 저지른 만행을 사진에 담는다. 그의 의도는 물론 그 사진들을 서방 세계에 보내서 소련의 행위를 고발하는 데 있다. 그러나 그 사진들은 당초의 목적과는 달리 소련을 배후로 둔 경찰의 손에 들어가 시위에 참가한 사람들을 체포하는 데 이용된다.

(마) 사진은 또한 시간의 흐름에 대한 저항이다. 모든 초상화가 그렇듯이 사진으로 찍힌 그 시간은 사진이 없어질 때까지 하나의 기호 형태로 저장된다. 그런데 그 기호는 영상의 형태를 하고 있기 때문에 사람이 사용하는 언어와는 아주 다르다. 주어도 서술어도 없으며 단지 단 하나의 장면으로 구성되어 있기 때문에 사진은 서술적이라기보다는 단편적이다.

따라서 아무런 설명도 붙지 않은 상태의 사진은 사진을 찍기 이전과 이후의 자세한 사정을 말해 주지 못한다. 어떤 과정을 거쳐 그 사진이 있게 되었는지, 그 속에 어떤 인과 관계가 숨겨져 있는지에 대해서도 침묵한다. 이런 사진의 성격 때문에 똑같은 사진에 전혀 상반되는 설명이 붙을 수도 있다.

이러한 서술성의 부족은 사진을 다른 매체의 보조 수단으로 머물게 하는데, 특히 신문, 잡지 등의 저널리즘에 쓰이는 사진에는 반드시 설명을 붙여 사진의 성격을 규정해 준다. 그렇게 함으로써 사진은 기사의 내용을 보조하는 한편, 기사에 사실성을 더해 주는 역할을 하게 된다. 또한 서술성의 부족 때문에 사진은 보는 사람을 기만하는 증거물로 그릇되게 이용되기도 한다.

1

위 글을 통해 알 수 있는 사진의 성격과 거리가 먼 것은?

① 특별한 행사를 기념하게 해 준다.

② 현실 고발의 목적을 띠는 경우가 있다.

③ 찍는 사람의 의도가 영상 형태로 반영된다.

④ 한 장의 사진에 피사체의 변화 과정을 담아 낸다.

⑤ 찍은 사람의 의도와 다른 목적으로 쓰일 경우가 있다.

2

위 글을 읽는 과정에서 독자가 다음과 같은 의문을 품게 될 만한 문단은?

> 과연 사진은 현실에 개입하지 않는 것일까?

① (가)　　　② (나)　　　③ (다)　　　④ (라)　　　⑤ (마)

　유교를 통치 이념으로 정립한 조선 시대에 들어오면서, 선비는 사회의 지도 계층으로서 그 지위가 확립되었다. '선비'라는 말은 '사대부(士大夫)'의 신분에 속하면 아무에게나 붙여 주는 것이 아니라, 학식과 덕망을 갖춘 인물에게 존경의 뜻을 실어서 부르는 호칭이다. 그러므로 '선비'는 타고나는 것이 아니라 오랜 세월 동안 갈고 닦은 학문과 수양을 통해 만들어지는 것이라고 할 수 있다.

　선비는 벼슬길에 나가든 산림에 은거하든 상관없이 항상 자신을 선비로서 다듬어야 하는 임무를 지닌다. 선비는 조정에서 임금의 정치를 보좌할 때 선비다운 기개를 발휘하여, 권세와 지위를 이용한 부당하고 불법적인 태도에 맞서, 그 사회를 정의롭게 만들어야 한다. 혹 벼슬하려는 뜻을 버리고 산림(山林) 속에 은거하여 '처사(處士)'로서 살아가더라도 유교의 도를 강론(講論)하여 밝히고 수호하는 임무를 지닌다. 그리고 선비는 자신이 어디에 있건 상관없이 항상 안빈낙도(安貧樂道)를 생활의 신조로 삼아 세속적·물질적 욕심을 버리고, 그 사회의 가치 기준을 확인하고 제시하며 이를 실천하는 것을 임무로 삼는다. 선비는 이렇게 유교적 도덕 규범을 실천하는 모범을 보임으로써 대중들을 교화하는 사회적 책임을 수행하는 존재인 것이다.

　선비의 임무가 이렇게 중대하니 선비는 선비로서 자신을 다듬어 나가기 위해 비상한 노력을 기울이지 않으면 안 되었다. 선비가 자신을 다듬어 가는 방법은 크게 두 가지가 있는데, 하나는 학문을 통해 자신의 식견(識見)을 깊고 바르며 확고하게 정립해 가는 것이다. 즉 선비는 독서를 통해 이치와 의리를 깨닫고 밝혀서 마음에 깊이 젖어들게 함과 동시에 이를 자신의 판단과 행위에 활용해야 한다. 이처럼 선비의 학문은 결코 지식의 양적 축적만을 목적으로 하지 않고 실천의 힘, 행동의 원리로 작용해야 하는 것이었다. 다른 하나는, 수양을 통해 그 마음을 부드러우면서도 굳세고 흔들리지 않게 확립하는 것이다. 선비는 봄바람처럼 온화한 인품과 가을 서리처럼 엄격한 신념, 즉 외유내강(外柔內剛)의 자세를 지녀야 한다. 이러한 선비의 인품과 판단력은 오랜 시간에 걸쳐 마음을 다스리는 수양 공부를 통해 비로소 얻을 수 있는 것이다.

　이와 같이 선비의 자기 수련 과정으로서 학문과 수양은 일시적인 단계가 아니라 평생을 지속해 가는 과업이다. 따라서 선비는 평생 동안 독서를 쉬지 않는 '독서인'이며, 독서를 통해 진리의 근원을 통찰하고 현실에 대한 대응 방법을 발견해 내는 '지성인'이라고 할 수 있다.

1

위 글의 중심 내용으로 적절한 것은?

① 선비의 이상과 한계
② 선비 의식의 역사적 배경
③ 선비의 임무와 수련 방법
④ 선비 정신의 현대적 의의
⑤ 선비의 역사 의식과 실천 방법

2

위 글을 통해 이끌어 낸 내용으로 적절한 것은?

① 선비는 학문적 탐구와 육체적 수련을 병행하였다.
② 선비가 한번 성취한 명성은 일생 동안 지속되었다.
③ 선비의 지도적 지위는 통치 권력의 이념과 관련이 없다.
④ 선비는 도덕적 수양보다 사회적 실천을 중요하게 여겼다.
⑤ 선비는 대중의 교화를 위해 솔선수범의 생활 태도를 실천했다.

(가) 역사가 옛날로 올라갈수록 개인의 비중이 사회보다도 컸던 것 같다. 사회 구조가 개인 중심으로 이루어졌고, 산업과 정치가 현대와 같은 복잡 사회를 필요로 하지 않았기 때문이다. 개인이 모여서 사회가 되므로, 마치 사회는 개인을 위해 있으며, 개인이 사회의 주인들인 것같이 생각되어 왔다.

(나) 그러나 현대 사회로 접어들면서는 정치, 경제를 비롯한 사회의 모든 분야가 개인보다도 사회를 중심으로 운영되는 성격을 띠게 되었다. 영국을 출발점으로 삼는 산업 혁명은 경제의 사회성을 강요하게 되었고, 프랑스 혁명은 정치적인 사회성을 강조하기에 이르렀다.

(다) 19세기 중엽에 탄생된 여러 계통의 사회 과학을 보면, 우리들의 생활이 급속도로 사회 중심 체제로 변한 것을 실감케 된다. 그러므로 옛날에는 개인이 중심이고 사회가 그 부수적인 현상같이 느껴졌으나, 오늘에 이르러서는 사회가 중심이 되고 개인은 그 사회의 부분들인 것으로 생각되기에 이르렀다. 특히, 사회가 그 시대의 사람들을 만든다는 주장이 대두되면서부터 그 성격이 점차 굳어졌다. 실제로, 현대를 살고 있는 우리들의 생활을 살펴보면, 내가 살고 있다기보다는 '우리'가 살고 있으며, 이 때의 '우리'라 함은 정치, 경제 등의 집단인 사회를 가리키고 있는 것이 오늘의 현실이다.

(라) 현대가 그렇게 되었다고 해서 그것이 그대로 정당하며, 또 그렇게 되어야 하는가 함은 별개의 문제이다. 일찍이 키에르케고르나 니체 같은 사람들은, 개인의 존엄성과 가치를 강하게 호소한 바 있다. 오늘날까지도 사회와 개인에 대한 대립된 견해는 여전히 지속되고 있다. 그렇다고 해서 사회가 전부이며 개인은 의미가 없다든지, 개인의 절대성을 주장한 나머지 사회의 역할을 약화시키는 것도 모두 정당한 견해가 되지 못한다. 오히려, 오늘날 우리는 개인 속에서 그가 소속되어 있는 사회를 발견하며, 그 사회 속에서 개인을 발견한다. 사회와 개인은 서로 깊은 상호 작용을 일으키고 있다. 개인이 없는 사회는 존재할 수 없으며, 사회에 속하지 않는 개인을 생각한다는 일 자체가 불가능하다.

(마) 그러면 개인과 사회의 관계는 어떠한가? 어떤 사람들은 둘 사이의 관계를 원자와 물질의 역학적 관계와 같이 생각하는 것 같다. 원자가 없는 물질은 존재하지 않으며, 물질이 없다면 원자의 존재는 문제가 되지 않는다. 그 존재성만을 중심으로 본다면, 개인과 사회의 관계도 이와 비슷할 것이다. 그러나 그것으로 개인과 사회의 관계가 다 설명될 수는 없다. 다른 어떤 사람들은 개인과 사회의 관계를 세포와 유기체의 관계와 같이 생각한다. 생명적 존재를 위한 생성의 원리가 내포되어 있기 때문이다. 찰스 다윈의 영향을 받은 스펜서도 이와 비슷한 생각을 가지고 있었다. 그러나 진정한 의미의 개인과 사회의 관계는 존재나 생성의 과정에 그치지 않는 보다 높은 차원에 속하는 것이다. 그것은 존재하면서 생성하며, 생성하면서 문화 역사를 창조해 가는 관계인 것이다. 그러므로 그 관계는 발전과 비약을 가능하게 하는 변증법적 관계로 보는 편이 타당할 것이다.

1

각 단락의 성격을 바르게 설명한 것은?

① (가) – 문제 해결의 방법을 제시하고 있다.

② (나) – 이 글을 쓰는 이유를 밝히고 있다.

③ (다) – 여러 가지 관점들을 비교하고 있다.

④ (라) – 글쓴이의 관점을 제시하고 있다.

⑤ (마) – 주장을 구체적 현실에 적용하고 있다.

2

다음 〈보기〉는 위 글의 내용을 요약하기 위해 꼭 필요한 말들이다. 빈 칸에 들어갈 말로 적절한 것은?

〈보기〉

개인, 사회, (   ), (   )

① 중심, 발

② 발견, 창조

③ 현대, 비약

④ 관계, 상호 작용

⑤ 주인, 변증법적

보통, 해일은 태풍이나 저기압에 의해 생기는 경우가 대부분인데, 이 해일을 폭풍 해일 또는 저기압 해일이라고 한다. 이와 달리 해저 지진이나 해저 지형의 융기와 침강 등에 의해 해수면이 변화하면서 발생한 해파(海波)에 의한 해일도 있다. 이를 쓰나미 혹은 지진 해일이라 한다.

쓰나미(tsunami)는 나루[津]와 파도[波]가 합쳐진 일본말로 '항구의 파도'를 의미한다. 지진 해일을 쓰나미라고 부르자고 지진 관련 학회나 국제 회의 등에서 합의한 적은 없지만, 1946년 '알래스카 지진 해일' 이후 세계적으로 통용되고 있다. 이는 태평양에 인접한 일본이 이런 지진 해일의 피해를 많이 받았다는 사실과 관련이 깊다.

쓰나미는 대부분 해저판 경계 지역에서 발생하는 큰 지진에 의한 단층 운동, 해저 화산 분출, 해저 산사태 때문에 발생한다. 지진에 의해 바다 밑바닥 지층이 수직 방향으로 갑작스레 이동하면 이 때 방출되는 에너지가 바로 위의 바닷물에 전해져 바닷물이 갑자기 상승 또는 하강하면서 지진 해일파가 발생한다. 2004년 12월, 인도네시아, 스리랑카 등을 강타한 수마트라 해저 지진도 안다만-순다 해구(trench)에서 인도-호주판이 유라시아판 아래로의 갑작스런 이동, 즉 단층 운동에 의해 발생한 것으로 추정되고 있다.

외해(外海)에서 쓰나미가 발생하게 되면 파고는 1m정도이지만 파장이 100km 이상이므로 근처에 있는 배에서는 이를 관측하기 어렵다. 쓰나미의 이동 속도는 약 시속 900km로 매우 빠르다. 그런데 해안에 가까이 올수록 수심이 얕아지기 때문에 파(波)의 속도는 느려지고 파고는 높아질 수밖에 없다.

쓰나미의 발생과 피해에 대한 가장 오래된 기록은 기원전 1500년 에게 해의 산토리니 화산섬의 폭발로 쓰나미가 발생해 지중해 동부와 크레타 섬을 광범위하게 황폐화했다는 것이다. 우리나라도 쓰나미로부터 자유롭지 못하다. 실제 1900년 이후 우리나라에서 관측된 쓰나미는 1983년과 1993년 두 차례이며 모두 동해안에서 발생하였다. 그 당시 일본 서쪽 해저에서 발생한 강력한 지진의 여파로 1시간 30분~3시간 동안 10분 주기로 쓰나미가 몰려와 동해안의 여러 지역에 많은 피해를 주었다.

쓰나미는 다른 해일과 발생 원인이 다르므로 대처 방법도 달라야 한다. 먼저, 해안 가까운 곳에서 발생한 쓰나미는 몇 분 이내에 해안으로 밀려오므로 지진 경보를 듣고 대피할 여유가 없다. 따라서 땅이 심하게 흔들리면 무조건 해안 지역의 주민은 높은 지대로 대피하여야 한다. 해안에서 먼 거리에서 발생한 쓰나미에 대해서는 기상청이 해일 특보를 사전에 발표하므로 재해 대책 요원의 안내에 따라 대피하면 된다.

1

위 글을 과학 잡지에 싣는다고 할 때, 제목으로 가장 적절한 것은?

① 쓰나미의 두 얼굴

② 쓰나미의 탄생과 죽음

③ 대양의 폭군, 쓰나미의 정체

④ 여름철 불청객, 쓰나미의 모든 것

⑤ 역사 속으로의 여행, 자연 재해 쓰나미

2

위 글을 쓰기 위한 메모라고 할 때, 글을 쓰는 과정에 반영된 것을 골라 바르게 묶은 것은?

> ㄱ. 쓰나미의 의미 및 유래
>
> ㄴ. 쓰나미를 예방하기 위한 노력
>
> ㄷ. 쓰나미와 폭풍 해일의 피해 비교
>
> ㄹ. 쓰나미에 대한 역사적 기록 및 피해 사례

① ㄱ, ㄴ   ② ㄱ, ㄹ   ③ ㄴ, ㄷ   ④ ㄴ, ㄹ   ⑤ ㄷ, ㄹ

발명가의 임무 중에 하나는 인간을 보다 편리하게 만드는 것이다. 여기에는 인간의 고민을 해결하는 일도 포함된다. 그러나 발명의 아이디어가 아무리 좋다고 해도 사용자가 인간이라는 점을 고려하지 않을 경우에는 거부 반응이 생겨 보급되지 않을 수도 있다. 그 대표적인 예가 냄새 없는 마늘과 씨 없는 수박이다. 전세계적으로 가장 많이 사용되는 조미료 중에 하나는 마늘이다. 마늘은 아시아 거의 전지역과 유럽의 지중해연안은 물론 미국, 오스트레일리아 등지에서도 많이 재배된다.

마늘에는 아미노산의 일종인 알리닌이 들어있다. 마늘을 다져 알리닌을 파괴하면 알리신으로 바뀌는데, 이것이 힘을 만드는 비타민 B1과 결합한다. 따라서 마늘은 강장제 효과를 나타내고, 신경 안정 작용도 있어 피로 회복에 도움이 된다. 또한 마늘에 있는 알릴설파이드는 살균 효과는 물론 동맥경화나 암을 예방하는 효과가 있다. 한편 마늘은 고기의 비린내를 없애고 맛을 좋게 하며 단백질을 응고시켜, 위에 대한 자극을 적게 해 소화를 도와주는 작용도 한다.

그러나 마늘은 알리신의 특유한 냄새 때문에 많은 사람들이 멀리하는 비운의 조미료이기도 하다. 서양인들이 싫어하는 김치 냄새의 원인 중 하나가 바로 마늘이다. 또 독일인은 이탈리아나 프랑스, 스페인 남부 사람들을 경멸할 때 마늘을 먹는다고 비아냥거린다. 독일이 제2차 세계대전을 일으킨 이유가 마늘을 유럽에서 사라지게 하기 위해서라는 말이 있을 정도이다.

그러나 마늘이 지구상에서 사라지지 않는 이유가 있다. 냄새 못지 않은 장점이 있기 때문이다. 마늘은 몸에 좋은 데다가, 음식의 맛을 내는 데도 일품이다.

발명가가 이 사실에 눈독을 들이지 않을 리 없다. 바로 냄새가 나지 않는 마늘을 개발하는 것이다. 이 아이디어는 결국 일본인에 의해서 실현됐다. 처음 냄새 없는 마늘이 일본 시장에 나왔을 때, 가격이 일반 마늘의 5~10배나 됐음에도 폭발적으로 판매됐으며 전세계를 석권하는 것은 시간문제로 보였다. 그러나 현재 냄새 없는 마늘이 냄새나는 마늘을 쫓아냈다는 말은 없다.

그 이유는 가격이 비싼 점도 있지만 사람들이 오히려 거부반응을 일으켰기 때문이다. 마늘의 독특한 냄새가 없으면 음식 맛이 제대로 나지 않는다. 더구나 냄새 없는 마늘의 효과를 확신하기도 어렵다. 냄새를 없앤 대가로 몸에 좋다는 효력까지 없어지지 않을까 걱정하는 것은 당연한 일인지 모른다.

씨 없는 수박도 비슷한 경우다. 한참 더울 때 시원하게 먹어야 할 수박의 씨는 여러모로 불편하다. 그러므로 씨 없는 수박은 그야말로 획기적인 아이디어다. 그러나 씨 없는 수박도 보급에 실패했다. 시중에서 씨 없는 수박을 쉽게 볼 수 없다는 사실이 그 증거다. 씨 없는 수박은 씨가 없으므로 '자연산' 씨 없는 수박을 만들 수 없다. 즉 씨 없는 수박은 여러 차례의 인공적인 접종을 통해 만드는데, 매번 씨 없는 수박을 만들 때마다 접종을 해야 하는 불편함이 따른다. 그만큼 생산 단가가 높다는 뜻이다.

그러나 보다 큰 문제는 사람이다. 씨 없는 수박이 먹기에 편리하므로 가격이 비싸더라도 사겠다는 사람이 많다면 문제가 없다. 그러나 거의 대부분의 사람들은 씨가 다소 있지만 가격이 싼 수박을 사 겠다고 한다. 즉 시장성이 없다는 뜻이다. 더욱이 수박 씨는 먹기에 불편하지만 막상 수박에서 빠지 면 서운하게 느끼는 사람들이 많다.

냄새 없는 마늘이나 씨 없는 수박이 외면당하는 이유는 간단하다. 발명품을 사용하는 대상은 사람 이라는 점이다. 사람의 심리와 습성, 그리고 생활여건을 고려하지 않은 발명품은 아무리 아이디어가 좋아도 결국 실패하고 만다. 발명가는 자신의 제품이 생산됐을 때의 고객 심리까지 읽어야 한다는 뜻 이다. 발명은 역시 어렵다.

1

위 글의 내용과 일치하는 것은?

① 이탈리아, 프랑스, 스페인 사람들은 마늘을 먹지 않는다.

② 마늘 성분인 알리닌과 결합한 비타민 B1은 강장제 효과가 있다.

③ 알릴설파이드는 마늘에 있는 아미노산으로 음식의 맛을 좋게 한다.

④ 알리신은 위에 대한 자극을 적게 해 소화를 도와주는 작용을 한다.

⑤ 마늘 냄새의 단점에 착안한 발명가들은 '냄새 없는 마늘'을 발명하였다.

2

위 글의 중심 내용을 발전시킨 것은?

① 질이 뛰어난 제품이 경쟁력이 있어. 고품질의 제품을 개발해야겠어.

② 제품의 생명은 획기적인 아이디어야. 참신한 아이디어 상품을 개발해야겠어.

③ 가격이 비싼 제품은 시장성이 없어. 값싼 제품을 만들어 소비자를 공략해야지.

④ 제품은 역시 편리함을 갖추어야 해. 소비자가 편리하게 사용할 수 있는 제품을 개발해야겠어.

⑤ 아이디어보다 더 중요한 것은 고객의 선택이야. 고객에게 호감을 주는 제품을 개발해야겠어.

동양화의 특징은 여러 가지가 있겠지만 그 중 여백의 미를 빼놓을 수 없다. 여백의 미를 살리지 않은 그림은 동양화라 할 수 없을 정도로 여백은 동양화에서 흔히 볼 수 있는 특징이다.

이 여백은 다양하게 표현된다. 화면 한쪽을 넓게 비워 놓는 큰 여백이 있는가 하면, 화면의 형체 사이사이에 좁게 비워 놓는 작은 여백도 있다. 또한 여백은 아무것도 그리지 않은 빈 공간으로 표현하는 것이 보통이지만, 물이나 하늘, 안개나 구름과 같은 어떤 실체를 표현하기도 한다. 그리고 빽빽함에 대비되는 성김으로, 드러남에 대비되는 감춤으로 여백 표현을 대신하기도 한다.

여백이 어떤 역할을 하는지 조선 후기의 화가 김홍도의 〈관폭도(觀瀑圖)〉를 통해 살펴보자. 그림을 보면 선비들이 모여 있는 곳과 산(山)의 일부를 제외하고는 구석 구석이 비어 있다. 심지어 산에서 떨어지는 폭포조차도 형체를 그리는 대신에 여백으로 표현하였다. 이렇듯 화면의 여러 부분을 비워 둠으로써 여백은 화면에 여유와 편안함을 주고 이로 인해 감상자는 시원함을 느끼게 된다. 동양화 속의 일부 경물들이 세밀하고 빽빽하게 그려  져 있더라도 그리 복잡하거나 산만하게 보이지 않는 것은 바로 이 여백이 있기 때문이다. 특히 산수화에서의 여백은 세밀하게 표현된 경물들을 산만하지 않게 잘 정리해 주어 화면 전체에 안정감을 제공한다.

여백은 상상력을 발휘할 수 있는 바탕이 되기도 한다. 여백은 아무것도 없지만, 오히려 자세히 그린 것보다 더욱 많은 것을 표현해 주고 암시해 준다. 그림에서 선비들이 바라보는 곳에 주목해 보자. 폭포 건너편에 있는 선비들은 그림의 오른쪽에 있는 무언가를 바라보는 모습으로 처리되어 있는데, 작가는 선비들이 바라보는 대상을 여백으로 처리하였다. 선비들이 바라보는 대상은 그림 속 공간 안에 있을 수도 있고, 그림 바깥에 저 멀리 있을 수도 있다. 만약 작품의 오른쪽에 봉우리를 그렸다면 선비들이 봉우리를 바라보고 있는 것으로 단정 짓게 되지만, 여백으로 남겨 두었기 때문에 나무, 집, 바위 등 더 많은 것들을 생각할 수 있다. 그래서 ㉠여백은 일종의 적극적 표현이다.

여백은 화면에 여유와 안정감을 주면서 독자의 상상력을 자극하는 효과를 갖는다. 여백이 지닌 이러한 효과들로 동양화의 감상자는 운치와 여운을 느낄 수 있다. 이처럼 여백은 다 그리고 난 나머지로서의 여백이 아니라, 저마다 역할이 있는 의도적인 표현이다. '동양화의 멋은 여백에서 찾을 수 있다'고 할 정도로 여백은 동양화의 특징을 잘 드러내는 중요한 표현 방법이다.

1

위 글의 중심 내용으로 적절한 것은?

① 동양화의 여백의 특징과 역할

② 여백이 지닌 의미가 변해온 과정

③ 동양화에서 여백을 사용하게 된 기원

④ 동양화에서 여백이 나타나는 사상적 배경

⑤ 여백을 바라보는 동양과 서양의 관점 차이

2

글쓴이가 ㉠과 같이 말한 이유로 적절한 것은?

① 경물에 담긴 의미를 명확하게 보여 주기 때문에

② 작품 속 경물들을 산만하지 않게 정리해 주기 때문에

③ 화면에 표현된 것 이외의 것들을 상상할 수 있게 해 주기 때문에

④ 경물을 세밀하게 묘사하여 작가의 예술적 능력을 보여 주기 때문에

⑤ 현실의 속박에서 벗어나고자 하는 작가의 의지를 강조해 주기 때문에

　　세종 대왕이 만든 한글은 당시의 사상과 지식이 녹아 있는 고도의 발명품이다. 한글 모음의 경우 하늘, 땅, 사람을 뜻하는 천지인(天地人)을 본떠서 '·, ㅡ, ㅣ'의 기본 글자를 만들고, 이 기본 글자를 합쳐서 나머지 모음을 만들었다. 한글 자음의 경우 발음 기관의 모양을 본떠서 'ㄱ, ㄴ, ㅁ, ㅅ, ㅇ'의 기본 글자를 만들고, 이 기본 글자에 획을 더하여 나머지 자음을 만들었다. 세종 대왕은 이런 방법으로 모음 11자와 자음 17자, 모두 28자를 만들었는데, 오늘날에는 이 가운데 모음 10자와 자음 14자만 쓰고 있다.

　　이와 같이 동양 사상의 핵심을 이루는 하늘[天], 땅[地], 사람[人]의 모양과 발음 기관의 모양을 본떠서 기본 글자를 만든 다음, 그것에 획을 더하거나 기본 글자를 합쳐서 새로운 문자를 만들었던 것이다. 한글은 발음의 원리를 글자 모양에 반영한 과학적인 문자인 것이다. 또한 한글은 기존의 어떤 문자를 모방하거나 변형한 것이 아니고 독자적인 원리를 적용하여 만든 것이라는 점에서 매우 독창적이다.

　　이러한 특성 때문에 한글은 세계에서 가장 배우기 쉬운 문자로 꼽힌다. 유럽 여러 나라를 중심으로 국제적으로 널리 쓰이는 로마자를 배우려면 글자 하나하나를 무조건 외워야 한다. 반면, 한글은 모음 3자와 자음 5자의 기본 글자만 익히면 다른 글자도 쉽게 익힐 수 있다. 그렇기 때문에, 문자를 배우는 데 드는 시간이 다른 문자를 배우는 것에 비해 놀랄 만큼 절약된다. 우리나라가 문맹이 거의 없는 나라가 된 것은 이러한 한글의 특성 때문이다.

　　오늘날 우리가 휴대 전화로 아주 간단히 문자를 보낼 수 있고, 인터넷 강국으로 발전할 수 있었던 것도 한글 덕분이다. 자음과 모음을 모아 음절 단위로 묶어서 글자를 쓰게 하고, 무한한 소리를 표현한다는 점에서 한글은 컴퓨터, 휴대 전화 문자 등에 매우 적합한 문자이다.

1

위 글의 내용과 일치하지 않는 것은?

① 우리나라는 문맹이 거의 없다.

② 한글 자음은 발음 기관의 모양을 본떴다.

③ 창제된 28자를 오늘날까지 그대로 쓰고 있다.

④ 한글은 독자적인 원리를 적용하여 독창적이다.

⑤ 한글에는 창제 당시의 사상과 지식이 녹아 있다.

2

위 글에서 제시한 한글의 우수성을 〈보기〉에서 찾아 바르게 묶은 것은?

〈보기〉

ㄱ. 배우기 쉽다.

ㄴ. 세계 최초의 문자이다.

ㄷ. 정보화 시대에 적합하다.

ㄹ. 국제적으로 널리 쓰인다.

① ㄱ, ㄷ   ② ㄱ, ㄹ   ③ ㄴ, ㄷ   ④ ㄴ, ㄹ   ⑤ ㄷ, ㄹ

(가) 현대 사회에서 많은 국가들이 정치적으로는 민주주의를, 경제적으로는 시장경제를 지향하고 있다. 이런 상황에서 경제활동의 주된 내용인 자원의 배분과 소득의 분배는 기본적으로 두 가지 형태의 의사 결정에 의해서 이루어진다. 하나는 시장 기구를 통한 시장적 의사 결정이며, 다른 하나는 정치 기구를 통한 정치적 의사 결정이다. 이와 관련하여 많은 사람들이 민주주의와 시장경제를 한 가지인 것처럼 이해하고 있거나 이 둘은 저절로 조화되는 제도라고 인식하는 경우가 많다. 그러나 이 둘은 의사 결정 과정에서부터 분명한 차이를 보인다.

(나) 민주주의 사회에서 정치적 의사 결정은 투표에 의해서 이루어진다. 이 경우 구성원들은 자신의 경제력에 관계없이 똑같은 정도의 결정권을 가지고 참여한다. 즉 의사 결정 과정에서의 민주적 절차와 형평성을 중시하는 것이다. 그러나 시장적 의사 결정에서는 자신의 경제력에 비례하여 차별적인 결정권을 가지고 참여하며, 철저하게 수요-공급의 원칙에 따라 의사 결정이 이루어진다. 경제적인 효율성이 중시되는 것이다.

(다) 정치적 의사 결정은 다수결과 강제성을 전제로 하지만 시장적 의사 결정은 완전 합의와 자발성을 근간으로 한다. 투표를 통한 결정이든 선거에 의해 선출된 사람들의 합의에 의한 결정이든 민주주의 제도 하에서 의사 결정은 다수결로 이루어지며, 이 과정에서 반대를 한 소수도 결정이 이루어진 뒤에는 그 결정에 따라야 한다. 그러나 시장적 의사 결정에서는, 시장 기구가 제대로 작동하는 한, 거래를 원하는 사람만이 자발적으로 의사 결정에 참여하며 항상 모든 당사자의 완전 합의에 의해서만 거래가 이루어진다.

(라) 물론 민주주의와 시장경제가 전적으로 상치되는 것은 아니다. 이 둘은 공통적으로 개인의 자유, 책임, 경쟁, 참여, 법치 등의 가치를 존중하는 자유주의 사상에 바탕을 두고 있기 때문에 병행하여 발전하는 속성도 지니고 있다. 민주주의는 정치권력의 남용을 차단하고 자유로운 분위기를 조성함으로써 시장경제의 성장과 발전에 기여한다. 또한 시장경제는 각자의 능력과 노력에 따라 정당한 보상을 받게 함으로써 민주주의의 발전에 필요한 물적 기반을 제공하며 정치적 안정에도 기여한다.

(마) 우리나라의 경우도 민주주의와 시장경제가 정치와 경제의 기본 골격이다. 따라서 민주주의와 시장경제를 조화롭게 결합시키는 일이 매우 중요하다. 그러기 위해서는 둘 사이의 차이점과 공통점에 대한 올바른 인식이 선행되어야 한다. 민주주의의 근간인 자율과 타협과 참여의 정신에 대해 제대로 인식하고 이를 실천하려는 노력이 필요하며, 시장경제의 기본 원리인 자유 경쟁, 수요와 공급에 따른 자원 분배 등의 중요성에 대해 바르게 이해해야 한다. 그런 바탕 위에 민주주의와 시장경제를 뒷받침하는 각종 제도를 새로이 구축하는 것이 필요하다. 그래야만이 효율성과 형평성이라는 두 마리 토끼를 잡는 일이 가능해질 것이다.

1

위 글의 내용과 일치하지 않는 것은?

① 정치적 의사 결정은 다수결과 강제성을 전제로 한다.

② 민주주의와 시장경제는 자유주의 사상을 토대로 한다.

③ 시장경제에서는 개인의 능력과 노력의 결과를 존중한다.

④ 일반적으로 다수결에 의한 결정이 경제적인 효율성도 크다.

⑤ 좋은 경제정책은 효율성과 형평성을 모두 만족시키는 것이다.

2

(가)~(마)에 대한 설명으로 적절하지 않은 것은?

① (가) : 일반적 인식의 문제점을 들어 논의를 시작하고 있다.

② (나) : 두 방식의 차이를 밝혀 논의의 기초를 마련하고 있다.

③ (다) : 두 방식의 장단점을 분석하여 결론의 방향을 암시하고 있다.

④ (라) : 논의를 전환하여, 결론을 이끌어내기 위한 추가 정보를 제시하고 있다.

⑤ (마) : 앞에서 논의한 내용을 우리의 경우에 적용하여 결론을 도출하고 있다.

지구 온난화

　　지구의 대기는 열을 흡수함으로써 지상의 생물을 보호하는 역할을 한다. 태양은 지구를 따뜻하게 할 에너지를 공급해 주고, 지구는 태양 에너지를 우주 공간으로 반사하여 되돌려 보낸다. 그런데 대기를 이루고 있는 성분 중에서 수증기나 이산화탄소 같은 성분은 지구가 우주로 복사하는 열의 일부를 지표면으로 되돌린다. 마치 열을 가두어 농작물을 한파로부터 보호하는 온실(溫室)과도 같은 기능을 하는 것이다. 대기의 이러한 작용을 온실 효과라고 하고, 이런 효과를 유발하는 대기 중의 성분을 온실 기체라고 한다. 생물이 살아가기에 적당한 온도를 지구가 일정하게 유지하는 것은 대기 중에 온실 기체가 있기 때문이라고 할 수 있다.

　　그런데 온실 기체는 인위적으로 대량 배출될 수도 있다. 인류의 산업 활동이 늘어나면서 이에 필요한 에너지의 수요도 늘어나게 되었다. 에너지의 상당 부분은 석탄, 석유와 같은 화석 연료를 연소시켜 얻는다. 이 과정에서 발생하는 이산화탄소는 그 농도가 산업 혁명이 시작될 무렵보다 30%나 늘어났다. 메탄이나 질소 산화물의 농도도 마찬가지로 높아졌다. 이러한 대기 성분의 변동은 대기의 열을 가두는 능력을 자연 상태보다 훨씬 높게 만들었다.

　　온실 기체의 과도한 증가는 대기의 온난화를 유발한다. 이미 지금의 지구 평균 온도는 1860년에 비해 0.4~1.2℃ 높다. 현재 추세로 산업 활동이 계속된다고 하면, 대표적인 온실 기체인 이산화탄소의 양은 22세기까지 현재보다 30~150%가 늘어나고, 이에 따라 지표 온도는 1.5~3.5℃ 높아질 것이라고 한다.

　　이러한 지구의 온난화는 인간의 자연 환경에 어떤 변화를 불러 올 것인가? 우선, 극지방의 빙하와 만년설이 녹아서 바닷물의 양이 늘어나면, 해수면이 50~90cm 이상 상승할 것이다. 그 결과 지구상의 많은 저지대, 예를 들어 태평양의 여러 섬들은 '뭍'으로서의 지위를 위협 받게 될 것이다. 또한 기습적인 집중 호우 등의 극단적인 기후 변화가 훨씬 자주 일어나고 아프리카의 열대 지방에서는 극심한 가뭄이 발생할 것이다. 지금 지구에 80억의 인구가 살고 있는 현실을 감안하면, 이러한 자연 환경의 변화는 얼마든지 정치적·사회적 혼란과도 직결될 수 있다.

　　온난화로 인해 기후 체계가 손상되고 기상 재해가 발생하는 일을 막기 위해서는 온실 기체를 감축하는 일이 시급하다. 여기에는 ㉠일종의 박애주의(博愛主義)가 절실히 요구된다. 즉, 국가 차원이 아니라 지구 공동체 차원에서 인류 전체의 미래를 생각해야 한다는 것이다. 우리는 단기적이고 단편적인 목표를 추구할 것이 아니라 우리 후손들의 안녕과 복지를 추구해야 한다. 우리는 과거의 기후 변화를 통해서 인간이 기후 앞에서 얼마나 약한 존재인지 보았고, 이 기후 변화로 인해 어떤 피해가 발생할지 알고 있다. 그렇다면 옳다고 믿는 일을 행동으로 옮기는 실천적 자세가 필요하다.

1

위 글의 논지와 관련된 과학 강연회를 개최하고자 할 때, 강연회의 제목으로 적절한 것은?

① 지구 생명을 돌보는 온실 기체 – 온실 기체, 지구의 마지막 버팀목입니다.

② 과학 기술과 인류의 산업 활동 – 과학은 산업 활동의 든든한 기초입니다.

③ 대기 과학과 기후 변동 – 변화무쌍한 기후, 과학만이 예측할 수 있습니다.

④ 지구 온난화와 인류의 자세 – 온실 기체 감축, 우리 모두가 나설 때입니다.

⑤ 기후 조절을 위한 인류의 노력 – 인류의 역사는 기후를 길들여 온 과정입니다.

2

㉠의 관점에서 〈보기〉의 '선진국들'을 비판하는 말로 가장 적절한 것은?

〈보기〉

온실 기체 배출을 줄이는 것을 목적으로 체결된 교토 협약에 대해 선진국들이 미온적인 반응을 보이고 있다. 지구 온실 기체의 절반 이상을 배출하는 이들 나라들은 자국 기업의 부담은 과중한 반면, 신흥 개발도상국에 대한 규제는 미약하다며 협약의 공정성에 이의를 제기했다.

① 애초부터 온실 기체 배출량을 줄일 생각이 없었군.

② 국가의 도덕성에 흠이 생겨도 개의치 않겠다는 뜻이군.

③ 인류 전체의 장래보다 자국 기업의 이익을 더 중시하는군.

④ 힘이 있다고 개발도상국의 내정에 부당하게 간섭하고 있군.

⑤ 원리 원칙을 내세울 뿐 도무지 융통성이라고는 찾아볼 수 없군.

조상들은 더운 여름에 얼음을 이용하기 위해 석빙고를 활용하였다. 석빙고는 겨울철에 입구를 개방하여 내부를 냉각시킨 후 얼음을 저장한 냉동 창고로, 내부의 낮아진 온도가 장기간 지속되는 구조를 통해 다음 해 가을까지 얼음을 보관하였다. 석빙고에서 얼음을 어떻게 보관할 수 있었는지 알아보자.

우선 석빙고를 낮은 온도로 유지하는 데에는 얼음이 중요한 역할을 한다. 에너지는 항상 높은 쪽에서 낮은 쪽으로 이동하여 평형을 이루려고 하고 에너지의 이동은 물질의 온도를 변화시킨다. 하지만 물질이 고체, 액체, 기체로 변화하는 상태변화가 일어나는 동안 온도는 변하지 않고 물질이 주변에서 에너지를 흡수하거나 주변으로 방출하는데 이때의 에너지를 숨은열이라고 한다. 예를 들면 얼음이 녹아 물이 될 때는 주변에서 융해열을 흡수하고, 거꾸로 같은 양의 물이 얼어 얼음이 될 때는 같은 양의 응고열을 방출한다. 그러므로 같은 양의 0℃ 얼음보다 0℃ 물이 더 큰 에너지를 갖게되는 것이다. 석빙고 안에서 얼음이 상태변화가 일어날 때, 더 큰 에너지를 가진 물질로부터 에너지를 전달받을 수밖에 없다. 따라서 주변 공기로부터 에너지를 흡수하여 일부의 얼음이 물이 되면서 주변 공기는 차가워지고, 이는 다른 얼음이 녹지 않을 수 있게 한다. ㉠이 과정에서 생긴 물은 빨리 제거되어야 하므로 조상들은 석빙고 바닥을 경사면으로 만들어 물이 원활하게 배수되도록 하였다.

내부를 차갑게 만들고 최대한 밀폐된 구조를 만들더라도 석빙고는 외부와 에너지 및 공기를 주고받아 내부의 온도는 올라갈 수밖에 없다. 이를 해결하기 위해 조상들은 석빙고 천장의 상단에 통풍구를 설치하였다. 공기와 같은 유체는 온도가 올라가면 분자 사이의 거리가 멀어지면서 밀도가 낮아져 에너지를 동반하여 위로 이동한다. 밀도가 낮은 공기가 상승하면 밀도가 높은 공기, 즉 온도가 낮은 공기가 아래로 이동하게 된다. 석빙고 내부에서는 이와 같은 공기의 흐름에 따라 에너지의 이동이 나타나며, 상승한 공기는 아치형 천장의 움푹 들어간 공간을 통해 그 위의 통풍구로 빠져나가 내부의 차가움을 유지하게 된다. 더불어 통풍구에는 얼음에 영향을 줄 수 있는 직사광선이나 빗물을 차단하기 위해 덮개돌을 설치하였다.

또한 얼음이 최대한 녹지 않을 수 있도록 얼음과 얼음 사이에 일종의 단열재 역할을 하는 짚을 채워 넣어 보관하였다. 접촉하고 있는 두 물질의 분자들 사이에서는 에너지 교환이 일어나는데, 물질의 한쪽 끝에 에너지가 가해지면 해당 부분의 분자들이 에너지를 얻어 진동하게 되고 그 진동은 옆 분자를 다시 진동시키며 순차적으로 에너지가 이동한다. 이러한 에너지 전달의 정도는 물질마다 서로 다르다. 짚은 얼음에 비해 에너지가 잘 전달되지 않는데, 이 때문에 얼음끼리 쌓아 놓는 것보다 짚을 활용하여 쌓는 것이 얼음 보관에 훨씬 효율적인 방법이라고 할 수 있다. 또 짚은 스티로폼처럼 미세한 공기구멍을 많이 포함하고 있어 단열 효과를 높일 수 있었다.

이 밖에도 석빙고 외부에 흙을 덮어 내부로 유입되는 에너지가 잘 차단되도록 하였고 풀을 심어 태양의 복사 에너지로 인해 내부의 온도가 상승하는 것을 최대한 막고자 하였다. 또한 얼음을 저장하는 빙실은 온도 유지를 위해 주변 지반에 비해 낮게 만들었다.

석빙고는 조상들의 지혜가 집약된 천연 냉장고로, 당시 다른 나라의 장치에 비해서도 기술이 떨어지지 않는 건축물이다.

1

위 글의 내용과 일치하지 않는 것은?

① 석빙고 외부의 풀은 내부의 온도 상승을 막는 데 도움을 준다.
② 석빙고에 얼음을 저장하기 전에 우선 내부를 차갑게 하는 과정이 필요하다.
③ 석빙고의 아치형 천장은 외부 공기를 이용하여 내부의 차가움을 유지하게 한다.
④ 빙실을 지반보다 낮게 만든 것은 석빙고 내부의 낮아진 온도를 지속하기 위해서이다.
⑤ 석빙고의 통풍구에 덮개돌이 없으면 햇빛이 석빙고 내부로 들어와 온도를 높일 수 있다.

2

㉠의 이유로 가장 적절한 것은?

① 물이 얼음으로부터 에너지를 전달받아 얼음을 녹이기 때문이다.
② 에너지가 높은 쪽에서 낮은 쪽으로 이동하는 것을 물이 방해하기 때문이다.
③ 물이 상태변화가 시작되어 석빙고 내부의 온도를 상승시킬 수 있기 때문이다.
④ 상태변화가 일어나 생긴 물이 얼음보다 더 큰 에너지를 가지고 있기 때문이다.
⑤ 물이 내부 공기와 에너지 평형을 이루어 석빙고 내부의 온도를 변화시킬 수 없기 때문이다.

　다양한 문화 체험을 제공해 주는 소설과 만화는 이야깃거리를 좋아하는 현대인에게 많은 사랑을 받고 있다. 우리는 이 두 장르가 지닌 장르상 특징을 살펴보면서 이 두 장르가 빚어내는 이야기의 세계에 한 발 더 다가갈 필요가 있다.

　두 이야기 갈래는 모두 시간적 서술의 범주 안에서 공간적 서술이 이루어지는 특성을 갖는다. 그러나 문자 매체인 소설이 선조적(線條的)인 질서* 속에서 이루어지는 시간적 구성을 특징으로 하는 반면, 시각 매체인 만화는 이미지를 배치하는 공간적 구성을 그 특징으로 한다는 점에서 다소 차이가 있다. 소설의 서술은 공간적 표현에 상대적인 어려움이 있는데, 이것은 소설이 공간보다는 시간을 처리하는 데 더 수월한 이야기 갈래이며, 시간의 경과를 압축적으로 제시할 수 있다는 것을 의미한다. 이에 비해 만화는 여러 인물을 동시적으로 포착하는 공간 구성이 자유롭다. 만화 텍스트의 한 칸은 시간과 공간을 분절한 이야기 단위에 해당하는데, 이는 그만큼 많은 이야기 요소를 동시적으로 배치할 수 있음을 뜻한다. 동시적인 제시가 가능한 만큼 다른 차원의 시간과 공간 역시 동시적으로 보여 줄 수도 있다.

　한편 소설은 이미지를 언어로 형상화해야 한다는 점에서 작가에게는 절망에 가까운 고뇌를, 독자에게는 고도의 집중력과 상상력을 요구한다. 그것은 작가와 독자 양쪽이 언어를 매개체로 하여 주고받는 작업으로서 작가의 머릿속에 있는 것과 독자의 그것이 반드시 일치하지는 않으며 그 불일치는 소설 읽기의 매력이 되기도 한다. 이에 비해, 만화는 형상을 그림으로 전달하기 때문에 그 수용이 손쉽고 빠르다. 더욱이 문자화된 지문을 삽입하기 때문에 보여주기(showing) 기법만 사용되었을 때 나타날 수 있는 단점을 극복할 수 있다. 소설을 만화화할 때, 작가는 소설을 읽는 독자의 입장에서 고도의 상상력을 발휘하고, 그에 가장 걸맞은 형상을 창조해 내며, 사건의 진행이 가장 효과적으로 전달될 수 있도록 다양한 방안을 연구하는 것이다. 그래서 만화를 읽는 독자의 입장에서 본다면 서사물에 대한 수용은 상대적으로 편하고 빠르게 이루어진다.

　인물의 묘사와 관련해서도 소설과 만화는 뚜렷한 대비를 보인다. 만화의 칸은 인물이 보이는 표정과 동작의 특징적 순간이 선택된다. 즉 칸은 이야기 단위인 다른 칸과 불연속적으로 접합하게 되면서 칸 안의 요소를 시간에 구애받지 않고 핵심적인 시각적 요소를 드러내는 방향으로 구성되는 것이다. 그 결과 불필요한 부분이 생략되고 필요한 부분은 과잉에 가깝게 보태지면서 다른 칸과 상대적으로 독립된 시간과 공간으로 존재하게 된다. 이러한 속성으로 인해 ㉠만화의 경우 인물의 외양은 전형성(典型性)을 띠게 되거나 단순화될 확률이 높으며 때로는 의미 작용의 효율성을 위해 과장과 비약을 담게 되기도 한다.

　요컨대 소설의 공간은 불확정적으로 제시되는 관념적 공간임에 비해, 만화의 공간은 확정적으로 제시되는 구상적 공간이므로, 동일한 서사물을 다루는 데 있어서도 각각은 자신의 매체적 성격과 특성에 합당한 텍스트의 구축을 요구하게 되는 것이다.

*선조적(線條的)인 질서: 구성 요소들이 연결되어 이루어진 질서

1

위 글의 논지 전개 방식으로 적절한 것은?

① 구체적 사례를 제시하여 독자의 이해를 돕고 있다.

② 두 대상의 단점을 제시한 후 이를 보완하는 방식을 취하고 있다.

③ 기존의 통념에 대하여 반박을 한 후 새로운 견해를 제시하고 있다.

④ 두 대상의 공통점과 차이점을 중심으로 대상의 특징을 밝히고 있다.

⑤ 한 분야의 특징을 다른 분야의 특징으로부터 유추하여 서술하고 있다.

2

㉠의 예로 적절하지 않은 것은?

① 탐정 만화의 주인공은 영특한 느낌이 나도록 머리 부분을 확대한다.

② 순정 만화의 여주인공은 순수함이 드러나도록 눈을 맑고 크게 그린다.

③ 코믹 만화의 주인공은 웃음을 유발하도록 신체의 일부분을 변형한다.

④ 풍자 만화의 주인공은 평범한 인상이 느껴지도록 사실적인 모습으로 그린다.

⑤ 무협 만화의 주인공은 구원자의 이미지가 드러나도록 균형 잡힌 신체와 의지가 강해 보이는 얼굴로 묘사한다.

　　조선 시대 과거는 왕이 유교적 정치 이념을 실현하기 위해 필요한 인재를 선발하는 중요한 시험이었다. 과거는 여러 단계로 진행되는데, 시험의 최종 단계인 전시(殿試)에서는 왕이 직접 등용될 인재들에게 당대의 현안들을 책제(策題)로 제시하고, 그 해결책을 묻는 시험을 치렀다. 책제로 제시된 현안은 당시의 정치, 경제, 군사, 문화 등 사회의 거의 모든 분야에 걸쳐 있었다. 이 시험에서 예비 관리들은 현안 해결을 위한 다양한 대책들을 글로 썼는데, 이 글을 책문(策文)이라 한다.

　　책문은 왕이 제시한 책제에 답하는 글이기 때문에 일정한 형식에 따라 짓는다. 책문은 "신은 다음과 같이 대답합니다[臣對]."라는 말로 시작하여 "식견이 부족한 저희를 불러, 조금이나마 나라에 도움이 될 말을 들을까 하며 시험을 내시니, 죽을 각오를 하고 말씀드리겠습니다."와 같이 장황하면서도 공손하게 왕에 대한 찬사와 자신을 낮추는 겸사(謙辭)를 한다. 본문에서는 다양한 근거를 들어 책제에 대한 대책을 제시한다. 그리고 "보잘것없는 말들이지만 죽기를 각오하고 솔직한 말씀을 드립니다."라는 식의 겸사를 반복하면서 "신이 삼가 대답합니다[臣謹對]."라는 예를 갖춘 말로 마무리한다.

　　또한 책문을 작성할 때 글쓴이는 유교 경전과 역사서에서 근거를 찾아 답한다. 선비들에게 유교 경전은 보편적 이념을 제시한 문헌이었고, 역사서는 그 이념의 현실적 성패를 기록한 문헌이었다. 그들은 이러한 문헌들을 인용하여 이상적인 사회는 어떠해야 하며, 왕에게 필요한 것이 무엇인지를 드러내었다.

　　조선 선비들은 유학을 익히고 인격을 수양하면서 경륜을 쌓고, 때가 되면 과거를 통해 자신의 포부를 세상에 펼치고자 하였다. 당시 지식인 계층이었던 선비들의 출사(出仕)는 유교적 이상을 실현하기 위한 실천적 행동이었던 것이다. 책문은 출사의 최종 단계에서 왕에게 그동안 쌓아온 자신의 학식과 포부를 마음껏 펼치는 장이었다. 따라서 책문은 때로는 당대의 시대적 현안을 고민하고, 때로는 시대의 부조리를 고발하면서 새로운 시대를 열어 가려는 ㉠선비들의 포부가 담긴 글이라 할 수 있다.

1

위 글에 대한 설명으로 가장 적절한 것은?

①책문의 개념과 형식을 설명하고 책문의 의의를 밝히고 있다.

②책문에 반영되어 있는 다양한 시대의 모습을 제시하고 있다.

③책문의 성격이 역사적으로 변천되어 온 과정을 설명하고 있다.

④책문의 유래를 언급하며 책문이 출현한 배경을 소개하고 있다.

⑤책문이 사회에 미친 영향을 분석하여 그 한계를 언급하고 있다.

2

'책문'을 ㉠과 같이 말할 수 있는 근거로 가장 적절한 것은?

①책문은 일정한 형식으로 서술되어 있기 때문에

②책문에는 글쓴이의 공손한 태도가 잘 드러나기 때문에

③책문은 시대의 부조리를 고발하는 데 효과적이기 때문에

④ 책문은 권위가 있는 유교 경전과 역사서에 근거하여 쓴 글이기 때문에

⑤책문에는 유교적 이상 사회를 실현하기 위한 선비들의 구상이 담겨 있기 때문에

『성경』에는 강도를 만나 상처를 입고 죽어가는 사람을 보고 제사장과 레위인은 그냥 지나쳐 갔지만, 당시에 경멸의 대상이었던 사마리아인만이 걸음을 멈추고 돌봐주었다는 이야기가 있다. 이 이야기에서 '선한 사마리아인법'의 명칭이 유래되었다. 그런데 수많은 사람들은 이 이야기를 받아들이는 데 있어 두 가지 오류를 범하고 있다. 하나는 우리 사회에서 이 이야기를 현실 속의 문제가 아니라 옛 이야기로 간주하는 복고주의적 오류이다. 또 하나는 낭만주의적 오류로 사마리아인의 행동을 사회적 책임이 동반되는 행동이 아니라 자선적이고 도덕적인 행동으로만 생각하는 것이다.

과연 이 사마리아인의 이야기가 오늘날 우리에게 현실적 의미가 있으려면 어떻게 받아들여야 할 것인가? 만일 사마리아인의 행동이 정당하다고 생각된다면, 그렇게 행동하지 않은 부당한 사람들을 그냥 그대로 놓아두어도 될 것인가? 이에 대해 많은 나라는 불구조자 혹은 구조 불이행에 대하여 법적 제재를 가하는 장치로 이른바 '선한 사마리아인법'을 제정하고 있다. 그것은 타인이 위험에 처한 것을 알거나 본 경우, 자신이 크게 위험하지 않을 때 타인의 위험을 제거해 줄 의무가 있다는 법률이다.

프랑스의 경우, 형법 제63조 2항에 '위험에 처해 있는 사람을 구조해 주더라도 자기가 위험에 빠지지 않을 것임에도 불구하고 자의로 구조해 주지 않는 자는 3개월 이상 5년 이하의 징역 혹은 360프랑 이상 1만 5000프랑 이하의 벌금에 처한다'라고 명시하여 이 법을 채택하고 있다. 이와 같은 법률은 미국의 각 주 법에서 그 예를 찾을 수 있으며 독일을 비롯한 포르투갈, 스위스, 네덜란드 등 많은 국가들도 비슷한 규정이 있다. 이렇듯 인간성을 위배한 행위를 단지 윤리적인 문제로만 남겨두지 말고 공권력에 의해 처벌해야 한다는 이 법을 채택하는 나라가 점점 늘어나는 추세이다.

많은 나라에서 이 법을 제정하는 이유는 무엇보다도 인간이라면 당연히 해야 할 본분을 저버리는 사람에 대하여 윤리적으로만 비난해 봐야 아무 소용이 없다는 사실에 대한 반성이며, 그러한 비인간적인 사람들이 팽배하여 현대 사회가 점점 냉혹해지고 있다는 사실에 대한 자각이다. 현대 문명사회라는 이름의 이면에는 대낮에 도로에서 강도를 당해도 수십 명의 사람들이 구경만 하지 구조해 주지도 않고 경찰에 신고조차 하지 않는 모습이 있다. 이런 면에서 본다면 '선한 사마리아인법'은 비인간화, 비윤리화된 사회와 법에 대한 '새로운 윤리화'를 요구하는 것이라 할 수 있다. 이에 대해서는 동서양을 막론하고, 폭넓은 공감대를 형성하고 있다.

'선한 사마리아인법' 문제는 근본적으로 법과 도덕의 한계에 관한 논의로 연결된다. ㉠법과 도덕에 관해서는 한편에서는 둘 다 모두 바른 것을 지향하는 동일한 성질의 규범이라고 보는 일원론이 있고, 다른 한편에서는 도덕은 자율적 임의 규범인데 법은 타율적 강제 규범이기 때문에 서로 다른 것이라는 이원론이 주장되기도 한다. 이러한 두 가지 관점에 의해 '선한 사마리아인법'의 찬반도 갈라지게 된다.

1

'선한 사마리아인법'에 대한 설명으로 적절한 것은?

① 성경에 기록된 법률에서 연유되었다.

② 인간의 선한 본성에 대한 믿음에서 기인한다.

③ 프랑스는 벌금형으로 한정하여 처벌하고 있다.

④ 현대 사회에 대한 비판적 인식에서 비롯된 것이다.

⑤ 윤리적 경향이 강한 동양권에서 주로 공감대를 형성한다.

2

㉠의 의미를 바르게 반영하지 못한 것은?

① 남을 상해하지 마라.

② 남의 물건을 훔치지 마라.

③ 남의 명예를 훼손하지 마라.

④ 남에게 함부로 반말하지 마라.

⑤ 남의 명의를 의도적으로 도용하지 마라.

우주 팽창 이론

아인슈타인은 우주는 정적인 상태로 존재해야 한다는 믿음을 가지고 있었다. 그러나 수학적 지식을 바탕으로 연구한 후, 그는 우주는 정적인 것이 아니라 팽창하거나 수축하는 동적인 것이라는 결과를 얻었다. 이런 결과를 아인슈타인은 받아들일 수 없었다. 그래서 우주가 정적인 상태로 존재하는 것처럼 보이게 하는 요소를 의도적으로 그의 이론에 삽입했다.

그러나 허블이 우주가 팽창하고 있다는 사실을 발견하고 난 후, 아인슈타인이 의도적으로 삽입한 요소는 의미가 없어졌다. 허블은 자신의 망원경으로 우주를 관측해 은하들이 지구로부터 멀어지는 속도가 지구와 은하 사이의 거리에 비례한다는 사실을 밝혀냈다. 허블의 연구 이후 우주의 팽창을 전제로 하는 우주론들이 등장했다. 가장 폭넓은 지지를 받은 이론은 가모프와 앨퍼가 제안한 대폭발 이론이다. 그들은 150억 년 전과 200억 년 전 사이의 어느 시점에 한 점에 모여 있던 질량과 에너지가 폭발하면서 우주가 시작되었다고 주장했다. 그러나 그들의 주장은 많은 논쟁을 불러일으켰다. 대폭발 이론이 정말로 옳다면 우주배경복사*가 관찰되어야 하는데 그것을 찾을 수 없었기 때문이다. 우주배경복사는 1960년대 펜지어스와 윌슨의 관측에 의해 비로소 발견되었고 이로 인해 대폭발 이론은 널리 받아들여지게 되었다.

대폭발 이론이 입증되면서 과학자들은 우주가 과거에 어떤 속도로 팽창했고 앞으로 어떻게 팽창해 종말을 맞게 될 것인지에 관심을 갖게 되었다. 우주의 팽창에 영향을 주는 힘은 중력이다. 중력이란 물질 사이에 서로 끌어당기는 힘이기 때문에 우주의 팽창을 방해한다. 만약 우주에 존재하는 물질의 질량이 우주의 팽창에 영향을 줄 정도로 충분히 크다면 어떻게 될까? 큰 중력에 의해 팽창 속도는 급격히 줄어들고 언젠가는 멈추었다가 다시 수축할 것이다. 과학자들은 우주의 팽창을 멈추게 하는 데 필요한 질량이 얼마인지 계산해 보았다. 그 결과 우주의 질량은 우주의 팽창을 저지할 만큼 충분하지 않다는 사실이 밝혀졌다. 그러나 최근 눈에 보이지는 않지만 우주의 질량을 증가시키는 물질이 있다는 것이 밝혀졌다. 과학자들은 이 물질을 ㉠암흑 물질이라고 불렀다. 암흑 물질이 많으면 우주 전체의 질량이 늘어나 팽창이 멈추게 될 수도 있다.

과학자들은 암흑 물질의 발견으로 우주의 팽창이 느려질 것이라고 추측했다. 이런 추측을 바탕으로 슈미트와 크리슈너는 초신성을 관측해 우주의 팽창 속도 변화를 연구했다. 연구 결과 놀랍게도 우주의 팽창 속도는 느려지는 것이 아니라 빨라지고 있었다. 그것은 질량에 작용하는 중력보다 더 큰 힘이 우주를 팽창시키고 있음을 뜻한다. 이것은 우주 공간이 에너지를 가지고 있다는 것을 의미한다. 과학자들은 이 에너지를 ㉡암흑 에너지라 부르기 시작했다.

*우주배경복사: 우주 탄생 후 최초로 우주 공간으로 자유롭게 퍼진 빛.

1

위 글의 제목으로 가장 적절한 것은?

① 우주 연구가 인류에게 미치는 영향
② 우주의 기원에 관한 연구와 그 의미
③ 우주 팽창에 관한 이론의 전개 양상
④ 우주를 구성하는 물질의 종류와 비율
⑤ 우주 팽창론과 수학적 이론의 학문적 교류

2

㉠과 ㉡에 대한 이해로 적절한 것은?

① ㉠은 새로운 물질을 생성하고, ㉡은 기존의 물질을 파괴한다.
② ㉠은 우주의 팽창 속도를 감소시키고, ㉡은 우주의 팽창 속도를 증가시킨다.
③ ㉠은 우주 전체의 질량을 증가시키고, ㉡은 우주 전체의 질량을 감소시킨다.
④ ㉠은 별과 별 사이의 중력을 감소시키고, ㉡은 별과 별 사이의 중력을 증가시킨다.
⑤ ㉠은 우주 전체를 정적인 상태로 변화시키고, ㉡은 우주 전체를 동적인 상태로 변화시킨다.

(가) 화석 연료에만 의존한 에너지 사용은 국가 간의 분쟁뿐 아니라 전 지구적인 기후 변화를 일으킨다. 지금 지구는 화석 연료로부터 배출된 온실 가스로 인한 온난화 현상으로 골치를 썩고 있으며 기상 이변도 해마다 늘어나 그 피해도 점점 커지고 있다. 따라서 수많은 문제를 일으키는 원인이 되며 머지 않아 고갈될 것으로 추정되는 화석 연료를 계속해서 사용하는 것은 미래의 후손을 고려하지 않는 무책임한 행위이다. 화석 연료를 대신할 방안을 찾아야 한다.

(나) 원자력이 대안이 될 수는 없다. 위험할 뿐만 아니라 역시 언젠가는 고갈되기 때문이다.

(다) 그렇다면 고갈되지 않고 기후 변화도 일으키지 않으며 안전한 에너지 자원을 찾아야 하는데, 그것이 바로 태양열이나 바람과 같은 재생 가능 에너지원이다. 재생 가능 에너지는 대체 에너지와는 다르다. 어떤 에너지원을 대신하는 것으로 우라늄을 이용한다면, 우라늄이 대체 에너지원이 된다. 또 석유 대신 쓰레기를 태워서 에너지를 얻는다면 쓰레기가 대체 에너지원이 된다. 미국에서 북한에 원자력 발전소가 완공될 때까지 공급하겠다고 약속했던 중유도 우라늄을 대신한다는 의미에서는 대체 에너지원이라고 부른다. 그런데 우라늄이나 쓰레기는 쓰면 없어져 버리기 때문에 재생 가능한 것이 아니다.

(라) 이것들과 달리 재생 가능 에너지원은 사용해도 없어지지 않고 다시 생겨난다. 태양열은 태양이 존재하는 한 사라지지 않는다. 풍력도 지구 상에서 바람이 부는 동안은 끊임없이 생겨난다. 이렇게 한 번 쓰면 없어지는 것이 아니라 언제까지든지 계속 쓸 수 있는 것을 '재생 가능 에너지원'이라고 한다. 재생 가능 에너지원은 고갈되지도 않지만 기후 변화도 일으키지 않는다. 태양열, 바람, 지열 같은 재생 가능 에너지원은 이산화탄소를 내놓지 않고, 따라서 기후 변화도 유발하지 않는다.

(마) 재생 가능 에너지원은 지구상에 골고루 존재한다. 태양에서 1년 동안 지구로 오는 태양열은 인류가 1년 간 사용하는 에너지의 1만 배 가량이나 된다. 사하라 사막에는 1년에 1㎡ 당 약 2,100kWh(킬로와트시)의 햇빛이 내리쬐는데, 전 세계 인류가 1년 동안 사용하는 에너지는 사하라 사막 4만㎢에 비치는 햇빛이 담고 있는 태양 에너지와 같은 양이다. 우리가 이 에너지원의 10%만을 열이나 전기 에너지의 형태로 바꾸어 사용한다 해도, 인류 전체에 공급할 수 있는 에너지를 얻는 데 필요한 사하라 사막의 면적은 약 40만㎢가 된다. 즉, 재생 가능 에너지원은 충분히 존재한다.

(바) 재생 가능 에너지원을 이용할 수 있는 기술은 현재 아주 다양하게 개발되어 있다. 햇빛으로 전기를 만드는 태양광 발전 기술과 햇빛을 이용해서 난방열과 온수를 만드는 태양열 집열판 기술, 바람으로 전기를 만드는 풍력 발전 기술과 소수력 발전 기술※은 이미 널리 사용되고 있다. 그리고 지열(地熱)과 바이오매스※를 이용해서 전기와 난방열을 얻는 기술이 개발되어 퍼져 가고 있다.

(사) 화석 연료가 완전히 고갈되고 지구 온난화로 인한 기상 이변이 극심해지는 시점에는 에너지 전환이 완결되어야 한다. 그 시점은 앞으로 약 50년 후가 될 터인데, 그때까지 재생 가능 에너지 이

용을 크게 늘리는 노력을 기울여야만 에너지 전환을 성공적으로 이룩할 수 있을 것이다.

*소수력 발전(小水力發電): 산간벽지의 작은 하천이나 폭포수를 이용하여 낙차의 원리로 전기를 일으키는 일.
*바이오매스(biomass): 에너지 자원으로 이용되는 식물체 및 동물 폐기물.

1

위 글을 신문 기사화할 때, 표제와 부제로 가장 적절한 것은?

① 에너지 고갈 – 원자력이 유력한 대안

② 대체 에너지의 한계 – 에너지 절약만이 살 길

③ 에너지의 오늘과 내일 – 화석 연료에서 재생 가능 에너지로

④ 에너지의 근원인 바람 – 바람을 이용한 신개념 에너지 개발

⑤ 심각한 기후 변화 – 지구 온난화 현상, 시급히 해결해야

2

위 글을 읽은 후의 반응으로 적절하지 않은 것은?

① 후손을 위해 화석 연료 사용량을 줄여야겠군.

② 에너지 문제가 국가 간 분쟁의 원인이 되기도 하는군.

③ 전 지구적 차원의 문제를 우리나라만의 문제인 것처럼 이야기하고 있군.

④ 에너지의 효율적인 사용을 통해 에너지 문제를 해결하려는 노력도 필요하군.

⑤ 무심하게 지나치던 자연 현상 중에서도 훌륭한 에너지 자원을 찾을 수 있겠군.

(가) 영화 미학을 논의함에 있어 영화와 현실과의 대조를 주요한 위치에 놓는 것은 적절한 조치다. 왜냐하면 영화라는 매체는 다른 어떤 예술보다 물리적인 현실을 직접적으로 우리에게 보여주기 때문이다. 영화가 거의 완전한 현실을 보여준다는 사실 때문에 영화를 '토털 아트'라고 부르는 사람도 있으며, 이러한 사실에 힘입어 영화의 경우, 예술적인 완성에 이르는 길은 물리적인 현실에 가능한 한 가까이 접근하는 것이라고 하는 사람도 있다. 그러나 영화는 현실 세계와 엄청나게 다르며, 영화의 예술적인 강점은 바로 이 '다르다'는 사실에 있다는 것이 밝혀졌다. 이 말을 간접 증명법으로 생각해 보자. '토털 아트'의 옹호론자들은 만약 영화가 현실성을 결여하고 있다면 불완전한 것이며, 완전한 영화란 완벽한 현실성을 가지고 있어야 한다고 말한다. 그러나 이렇게 된다면 ㉠_____.

(나) 스크린에 비춰진 세계는 우리가 살고 있는 세계와 아주 다르다. 특히 공간이나 시간은 같은 성질을 가지고 있지 않다. 현실 세계의 시공간은 영화의 그것과 전혀 다른 것이다. 공간 문제에 있어서 스크린은 깊이가 없는 평면이며, 그것도 화면 안으로 국한되어 있다. 대부분의 스크린의 역사는 그 깊이와 색채가 없는 시대였다. 더구나 몽타주와 카메라 이동에 의해, 영화는 현실 세계에서는 불가능한 공간의 이동을 가능케 했다. 시간도 역시 현실의 연속적인 시간과는 달리, 생략되고 연장되고 끊어지고 건너뛰게 되었다. 결국 영화는 음향과 대사를 사용하면서 우리의 일상 경험과는 매우 다른 체험을 주게 되었다.

(다) 이제 우리의 일상 체험과 비교해볼 때, 영화의 세계는 전적으로 인공적이라는 것이 명백해졌다. 영화의 세계를 관객에게 진짜인 것처럼 느끼게 하는 것이 영화 제작자의 기능이다. 영화의 기술이 개발된 것도 이런 스크린의 세계를 '그럴싸하게' 만들어 내는 데서부터였다. 기계의 힘 하나만으로는 그렇게 완벽한 환상을 만들 수는 없다. 여기에 인간적인 요소가 가미됨으로써 또 다른 결과가 생겨났다. 재현된 세계에 주제가 생기게 되었고, 개성 있는 영상이 가능하게 되었다. 이러한 모든 것과 함께, 카메라와 음향 녹음 기구 등의 사용과 숙련된 기술을 통해 영화의 예술성이 고양될 수 있었다.

(라) 현실과 영화 사이의 더욱 중요한 차이점에 대해 잠깐 언급하고자 한다. 그것은 물리적인 것이 아니라 심리적인 차이에 의한 것이다. 영화의 세계는 다른 모든 예술과 공통된 특질을 갖고 있는데, 그 특질은 관객에게 의도적인 감정과 정신적인 효과를 갖게끔 만드는 것이다. 왜냐하면 영화도 다른 예술과 마찬가지로, 만들어질 때 예술가들로부터 이런 내용을 충전받기 때문이다.

(마) 자연 그대로 존재하는 풍경은 어떤 의지를 가지고 우리에게 감동을 주거나 영향을 주기 위해 애쓰지 않는다는 의미에서, 정서적으로나 극적으로 중립적이다. 북극의 오로라가 우리에게 경이의 감정을 일으키고, 태풍이 우리에게 두려움의 감정을 일으키기는 하지만, 그 감정은 우리 자신의 내부에서 오는 것이다. 보는 사람에게 그러한 반응을 일으키려는 의도에서 누가 만들어낸 것은 아니다.

그러나 어떤 영화의 이미지는 영화 작가 자신의 감정과 상상력의 정수로 충만되어 있으며, 그 이미지는 물리적일 뿐만 아니라 정신적인 이미지가 되는 것이다. 그것들은 감각뿐만 아니라 상상력을 사로잡도록 의도되어 있으며, 관객 자신도 내적인 사고의 변화하는 움직임을 교묘하게 따라감으로써 감정을 폭발시키는 다이나믹한 힘을 가지고 있는 것이다.

1

(가)~(마)에 대한 설명으로 적절하지 않은 것은?

① (가) : 반론을 반박함으로써 주장의 타당성을 입증하고 있다.
② (나) : 분석을 통해 대상의 차이점을 드러내고 있다.
③ (다) : 반대 사례들을 제시하면서 논지를 전환하고 있다.
④ (라) : 인과의 방법을 사용하여 대상의 특징을 설명하고 있다.
⑤ (마) : 구체적 사례와 대조를 통해 (라)를 부연·심화하고 있다.

2

〈보기〉를 참고하여 ㉠에 들어갈 문장을 추리한 것으로 적절한 것은?

〈보기〉

간접 증명법 : 결론 이외의 경우가 틀리다는 것을 나타내어 결론이 옳음을 증명하는 방법. 증명해야 될 명제의 결론에 대한 부정을 가설(假說)에 추가하여 모순을 끄집어내는 방법을 배리법(背理法)이라고 하는데, 이것도 일종의 간접 증명법이다.

① 현실과 영화는 서로 통한다
② 현실과 예술은 동일한 것이다
③ 완전한 영화는 불가능한 것이다
④ 영화는 현실이지 예술은 아닌 것이다
⑤ 현실의 재현은 다른 예술을 통해서도 가능하다

학문의 목적

학문의 궁극적 목적은 무엇인가? 학문이 실생활에 유용하고, 그 자체의 추구가 즐거움을 가져오는 것은 모두가 학문이 다름 아닌 진리를 탐구하는 것이기 때문이다. 실용적이니까, 또는 재미가 나는 것이니까 진리요 학문인 것이 아니라, 그것이 진리이기 때문에 인간 생활에 유용한 것이요, 재미도 나는 것이다. 유용하다든지 재미가 난다는 것은 학문에 있어서 부차적으로 따라올 것이요, 그것이 곧 궁극적인 목적이라고까지 말하기는 어려울 것이다.

학문의 목적은 진리 탐구 그것에 있다. 이렇게 말하면 또 진리의 탐구는 해서 무엇하나 할지 모르나, 학문의 목적은 그로써 족한 것이다. 진리 탐구로서의 학문의 목적이 현실 생활과 너무 동떨어져 우원(迂遠)함을 탓함직도 하다. 그러나 오히려 학문은 현실 생활로부터 유리(遊離)된 것처럼 보일 때, 가끔 그의 가장 풍성한 축복을 현실 생활 위에 내리는 수가 많다.

세상에서는 흔히 학문밖에 모르는 상아탑 속의 연구 생활을 현실을 도피한 짓이라고 비난하기가 일쑤지만, 상아탑의 덕택이 큰 것임을 알아야 한다. 모든 점에서 편리해진 생활을 향락하고 있는 현대인이 있기 전에 그런 것이 가능하기 위해서도 오히려 그런 향락과는 담을 쌓고 진리 탐구에 몰두한 학자들의 상아탑 속에서의 노고가 앞서 있었던 것이다. 그렇다고 남의 향락을 위하여 스스로는 고난의 길을 일부러 걷는 것이 학자는 아니다.

학자는 그저 진리를 탐구하기 위하여 학문을 하는 것뿐이다. 상아탑이 나쁜 것이 아니라, 진리를 탐구해야 할 상아탑이 제 구실을 옳게 다하지 못하는 것이 탈이다. 학문에 진리 탐구 이외의 다른 목적이 섣불리 앞장을 설 때, 그 학문은 자유를 잃고 왜곡될 염려조차 있다. 학문을 악용하기 때문에 오히려 좋지 못한 일을 하는 경우가 얼마나 많은가? 진리 이외의 것을 목적으로 할 때, 그 학문은 한 때의 신기루와도 같아 우선은 찬연함을 자랑할 수 있을지 모르나, 과연 학문이라고 할 수 있을까부터가 문제다.

진리의 탐구가 학문의 유일한 목적일 때, 그리고 그 길로 매진할 때, 그 무엇에도 속박됨이 없는 숭고한 학적인 정신이 만난을 극복하는 기백을 길러 줄 것이요, 또 그것대로 우리의 인격 완성의 길로 통하게도 되는 것이다.

학문의 본질은 합리성과 실증성에 있고, 학문의 목적은 진리 탐구에 있다. 위무(威武)로써 굽힐 수도 없고, 영달로써 달랠 수도 없는 학문의 학문으로서의 권위도 이러한 본질, 이러한 목적 밖에서 찾을 수 있는 것이 아니다.

1

위 글의 서술 방법을 바르게 설명한 것은?

① 사실의 대조와 검증을 통해 설득하고 있다.

② 자문자답의 방법으로 논지를 확대하고 있다.

③ 대조와 역설의 방법으로 논지를 전개하고 있다.

④ 부정을 다시 부정함으로써 긍정적 결론에 이르고 있다.

⑤ 예상되는 다른 의견을 비판함으로써 주장을 강화하고 있다.

2

위 글의 내용과 가장 가까운 삶의 태도를 보이는 것은?

① 이런들 어떠하며 저런들 어떠하리. 만수산 드렁칡이 얽어진들 어떠하리. 우리도 이같이 얽어져 백
년까지 누리리라.

② 시대가 금전이면 그만인데 돈이나 몇백 냥 내라고 하야 우리끼리 나누면 샌님도 좋고 나도 돈 냥
이나 벌어 쓰지 않겠소.

③ 누군들 백이숙제(伯夷叔齊)가 되고 싶지 않으랴. 나만 깨끗이 굶어 죽으면 처자는 어쩌느냐. 범의
굴에 들어가야 범을 잡지 않겠느냐.

④ 군자가 배부름과 편안함을 구하지 않으며, 일에 빨리 하며, 말씀을 삼가고, 도(道)에 나아가 질정
(質正)하면 가히 배우기를 즐긴다 할지니라.

⑤ 대장부가 대장인(大將印)을 요하(腰下)에 빗기 차고 동정서벌(東征西伐)하여 국가에 대공을 세우
고 이름을 만대에 빛냄이 장부(丈夫)의 쾌사(快事)라.

은행의 핵심 업무는 여유 자금이 있는 사람들로부터 예금을 유치해 자금이 필요한 사람들에게 대출하는 일이다. 은행은 이 과정에서 대출과 예금의 금리 차이를 통해 수익을 얻으며, 국민 경제 차원에서 자금을 효율적으로 배분하는 사회적 역할도 수행한다. 그러나 고객 관련 정보 부족으로 인해 이 역할이 크게 약화될 수 있다. 고객의 상환 능력에 대한 충분한 정보를 확보하지 못한 상태에서 대출금을 회수하지 못할 위험에 늘 노출되는 것이다. 이런 위험을 줄이기 위해 은행은 확실한 담보가 있거나 신용 등급이 높은 사람들만 상대하는 전략을 채택한다. 요즈음 많은 사람들이 매우 높은 금리에도 불구하고 사금융을 이용할 수밖에 없게 된 상황도 이와 무관하지 않다.

금융의 사회적 역할, 나아가 금융의 공공성을 강조하는 새로운 관점에서 보자면, 금융은 인간다운 생활을 위해 최소한의 이용이 보장되어야 하는 보편적 권리의 대상이자, 우리 사회가 바람직한 방향으로 나아가도록 영향력을 발휘하는 수단이기도 하다. 물론 그것의 실현 가능성에 대해 회의적인 시각도 적지 않다. 가난한 사람일수록 경제 관념이 희박하고 소득 창출 능력 또한 떨어지므로 대출금을 회수하기가 쉽지 않다는 것이다. 하지만 금융 배제층에게 소액의 창업 자금을 무담보로 대출해 주면서도 은행을 무색케 할 정도로 높은 성과를 거두는 사례도 있다. 빈곤층의 자활을 지향하는 '마이크로크레디트(Microcredit)'가 그것이다.

세계적인 마이크로크레디트 단체인 방글라데시의 '그라민은행'은 융자를 희망하는 최저 빈곤층 여성들을 대상으로 ㉠공동 대출 프로그램을 운영하고 있다. 이 프로그램은 다섯 명이 자발적으로 짝을 지어 대출을 신청하도록 해, 먼저 두 명에게 창업 자금을 제공한 후 이들이 매주 단위로 이루어지는 분할 상환 약속을 지키면 그 다음 두 사람에게 돈을 빌려 주고, 이들이 모두 상환에 성공하면 마지막 사람에게 대출을 해 주는 방식으로 운영된다. 이들이 소액의 대출금을 모두 갚으면 다음에는 더 많은 금액을 대출해 준다. 이런 방법으로 '그라민은행'은 99%의 높은 상환율을 달성할 수 있었고, 장기 융자 대상자 중 42%가 빈곤선에서 벗어난 것으로 알려졌다.

마이크로크레디트는 아무리 작은 사업이라도 자기 사업을 벌일 인적·물적 자본의 확보가 자활의 핵심 요건이라고 본다. 한국에서 이러한 활동을 펼치는 '사회연대은행'이 대출뿐 아니라 사업에 필요한 지식과 경영상의 조언을 제공하는 데 주력하는 것도 이와 관련이 깊다. 이들 단체의 실험은 금융 공공성이라는 가치가 충분히 현실화될 수 있으며, 이를 위해서는 사람들의 행동과 성과에 실질적인 영향을 미칠 유효한 수단을 확보하는 일이 관건임을 입증한 대표적인 사례라고 할 수 있다.

1

'마이크로크레디트 운동'의 정신을 나타내기에 적절한 말을 〈보기〉에서 고른 것은?

〈보기〉

ㄱ. 산 입에 거미줄 치랴.

ㄴ. 소도 언덕이 있어야 비빈다.

ㄷ. 궁핍은 매섭지만 좋은 교사이다.

ㄹ. 물고기를 잡아 주기보다는 물고기 잡는 법을 가르쳐야 한다.

① ㄱ, ㄴ   ② ㄱ, ㄷ   ③ ㄴ, ㄷ   ④ ㄴ, ㄹ   ⑤ ㄷ, ㄹ

2

㉠에 관한 추론으로 적절하지 않은 것은?

① 여성들을 대출 대상으로 삼은 것은 창업 교육의 효과가 남성에 비해 크기 때문이겠군

② 매주 조금씩 분할 상환하게 한 것은 대출금 상환에 대한 부담감을 줄이기 위한 것이겠군.

③ 자발적으로 짝을 짓도록 한 것은 자활 의지가 있는 사람을 효과적으로 파악하기 위한 것이겠군.

④ 동료가 돈을 갚아야 대출을 받을 수 있도록 한 것은 구성원 간의 공동 책임을 강화하기 위한 것이겠군.

⑤ 대출금을 모두 갚을 경우 추가 융자를 제공하는 것은 돈을 빌려간 사람들의 상환 의지를 높이기 위한 것이겠군.

(가) 모든 동물에게 공통되는 생명의 특징은 무엇일까? 대표적으로 숨을 쉰다는 사실을 들 수 있다. 숨 쉬기는 동물의 각 기관이 제 기능을 발휘하는 데 없어서는 안 되는 활동이다. 숨을 쉬지 못하면 산소가 세포로 전달되지 못해 세포가 활동하는 데 필요한 에너지를 생산할 수 없게 된다. 이렇게 되면 생명체는 더 이상 생명을 유지할 수 없다. 이처럼 생명 활동에 중요한 호흡은 과학적 개념으로 볼 때 산소를 들이마시고 이산화탄소를 내보내는 것을 의미한다.

(나) 호흡을 통해 폐로 들어온 산소는 폐포에서 적혈구 속의 헤모글로빈과 결합되어 신체의 각 조직세포로 운반된 후 분리된다. 헤모글로빈은 산소를 각 조직세포로 실어 나르는 수송차이다. 헤모글로빈은 철을 포함하고 있는 단백질로 붉은색을 띤다. 헤모글로빈 1분자는 최대로 산소 4분자까지 결합한다. 이처럼 헤모글로빈과 산소가 결합하는 것을 포화반응이라고 하며, 그 결합물을 산소헤모글로빈이라고 한다. 반면에 각 조직세포로 이동한 산소헤모글로빈에서 산소가 분리되는 것을 해리반응이라고 한다.

(다) 포화반응은 산소가 많고 이산화탄소가 적은 환경에서 잘 일어난다. 또한 포화반응은 혈액의 pH(수소이온농도지수)가 높을수록 잘 일어난다. 혈액의 pH는 이산화탄소의 농도가 낮아질수록 높아지기 때문이다. 그래서 혈액의 이산화탄소 농도가 정상치보다 증가하게 되면 포화반응이 일어나는 비율도 줄어들게 된다. 간혹 숨을 헐떡이는 경험을 하게 되는데, 이는 체내의 이산화탄소를 체외로 배출해 포화반응 비율을 정상적인 수준으로 높이기 위한 것이다. 온도도 포화반응에 영향을 미친다. 온도가 낮을수록 포화반응이 잘 일어난다. 해리반응은 포화반응과 반대로, 산소가 적고 이산화탄소가 많으며 pH가 낮고 온도가 높을 때 잘 일어난다.

(라) 산소가 세포로 전달되면 그 안에서 발전소 역할을 하는 미토콘드리아가 산소를 이용하여 포도당과 같은 영양분을 분해해 세포 활동에 필요한 에너지를 생산한다. 이 과정에서 이산화탄소가 발생한다. 이렇게 발생한 이산화탄소는 먼저 혈액 내 적혈구로 들어가서 녹아 탄산이 되었다가 수소양이온과 탄산음이온으로 분리된다. 분리된 탄산음이온은 적혈구를 빠져나와 혈장에 용해되어 폐로 운반된다. 폐에서는 탄산음이온이 다시 적혈구로 들어가 이산화탄소가 된다. 이는 탄산이 녹아 있는 사이다와 콜라에서 이산화탄소가 발생되는 것과 유사하다. 이와 같은 과정을 거친 이산화탄소는 폐에서 체외로 배출된다.

(마) 숨을 쉬지 못하면 체내로 산소가 유입되지 않고 체외로 이산화탄소가 배출되지 않게 된다. 그렇게 되면 체내에서는 혈액의 이산화탄소 농도가 높아져 이를 제거하고 산소를 공급받기 위한 호흡 충동이 나타나게 된다. 이는 호흡을 통해 체내의 산소와 이산화탄소 농도를 정상적인 수준으로 되돌리기 위한 것이다. 이러한 조절 기능은 생명을 유지하는 데 필수적이다. 이와 같은 사실은 산소를 ㉠들이마시고 이산화탄소를 내보내는 일이 생명 유지에 얼마나 중요한 것인지 말해 준다.

1

(가)~(마)에 대한 설명으로 적절하지 않은 것은?

① (가) : 문답 형식을 통해 화제를 제시하고 그 과학적 의미를 언급하고 있다.

② (나) : 헤모글로빈의 역할을 제시한 후 그와 관련 있는 용어를 소개하고 있다.

③ (다) : 포화반응과 해리반응의 결과를 여러 측면에서 분석적으로 설명하고 있다.

④ (라) : 이산화탄소가 발생되어 배출되는 과정을 순차적으로 서술하고 있다.

⑤ (마) : 숨을 쉬지 못할 때 나타나는 현상을 들어 호흡의 중요성을 강조하고 있다.

2

㉠의 의미로 사용되는 것은?

① 흡입(吸入)   ② 흡수(吸水)   ③ 흡착(吸着)

④ 투입(投入)   ⑤ 주입(注入)

배가 심하게 흔들리면 많은 어려움을 겪게 된다. 현재 배의 흔들림을 줄이기 위해 많이 쓰이고 있는 장치는 '빌지킬', '안티롤링 탱크', '핀 안정기' 등 세 가지이다.

'빌지킬'은 흔들림을 줄이기 위해 가장 많이 쓰이는 장치로 군함뿐만 아니라 많은 배들이 사용하고 있다. 빌지킬은 물에 잠기는 배의 측면에 붙이는 얇은 판을 가리킨다. 빌지킬을 갖춘 배는 얇은 판이  배 양쪽에 하나씩 두 개가 설치되어 있다. 빌지킬이 있으면 배가 왼쪽으로 기울기 시작할 때 왼쪽에 있는 빌지킬로 인해 물과 접촉해서 생기는 마찰 저항이 증가하게 되고, 그로 인해 배는 원 위치로 되돌아가게 되므로 배의 흔들림은 줄어들게 된다.

빌지킬이 배의 크기와 관계없이 두루 사용되는 장치라면 '안티롤링 탱크'는 큰 배들이 주로 사용하는 장치이다. 안티롤링 탱크는 커다란 U자형 관을 배 안쪽에 설치하고 그 안에 물을 채워둠으로써 흔들림을 줄여주는 장치이다. 일반적으로 배가 왼쪽으로 기울면 U자형 관 안  에 있는 물도 왼쪽으로 이동하기 시작한다. 하지만 U자형 관을 통해 물이 이동하는 데는 시간이 걸리기 때문에 배의 기울어진 방향과 U자형 관 안의 물의 위치가 항상 일치하진 않는다. 배가 왼쪽으로 기울면 물은 오른쪽에 있고, 배가 오른쪽으로 기울면 물이 왼쪽에 있게 된다. 이렇게 되면 배가 기울어지는 방향과 반대쪽에 있는 물의 무게가 배를 눌러줌으로써 원 위치로 돌리는 역할을 수행한다. 하지만 물이 이동하는 시간 차이를 이용하는 것은 한계가 있어서 배가 기울어지는 방향과 U자형 관 안에 있는 물이 같은 방향에 있게 되면 오히려 배가 뒤집어질 수도 있다. 이런 문제를 없애기 위해서 최근에 설치되는 안티롤링 탱크는 펌프를 이용하여 U자형 관 안에 있는 물의 양과 움직임을 인위적으로 맞추어 배가 흔들리는 것을 줄이고 있다.

빌지킬과 안티롤링 탱크가 오랫동안 사용되어 온 장치라면 최근에 개발된 장치는 '핀 안정기'이다. 배 양쪽에 비행기 날개 모양으로 달려있는 장치가 핀 안정기이다. 물체가 움직일 때 압력이 높은 곳에서 낮은 곳으로 수직으로 작용하는 힘을 양력이라 부르는데 핀 안정기는 날개의 움직임에 의해 발생하는 양력을 이용한다.

 그림에서 보듯 핀 안정기의 앞쪽은 배에 고정되어 있지만 뒤쪽은 위아래로 움직일 수 있다. 배의 앞쪽에서 바라볼 때 배가 왼쪽으로 기울면 왼쪽 핀 안정기의 뒤쪽은 아래로 움직이고, 오른쪽 핀 안정기의 뒤쪽은 위로 움직인다. 그러면 왼쪽 핀 안정기 아래쪽의 물의 흐름은 느려지고 위쪽은 빨라지면서 핀 안정기 아래쪽의 압력이 위쪽보다 높아진다. 이 압력차로 인해 왼쪽 핀 안정기에서는 위로 양력이 작용하고, 반대로 오른쪽 핀 안정기에서는 양력이 아래쪽으로 작용하여 배의 흔들림을 줄일 수 있다.

1

위 글의 내용과 일치하지 않는 것은?

① 빌지킬은 양력을, 핀 안정기는 마찰 저항을 이용한다.

② 빌지킬은 가장 많이 사용되는 흔들림 방지 장치이다.

③ 안티롤링 탱크는 규모가 큰 배들이 사용하는 장치이다.

④ 흔들림 방지 장치 중에 핀 안정기는 최근에 개발된 것이다.

⑤ 안티롤링 탱크는 U자형 관 안의 물이 이동하는 시간을 이용한다.

2

위 글을 읽은 사람이 〈보기〉에 대해 보인 반응으로 가장 적절한 것은?

〈보기〉

파도의 움직임에 따라 배의 흔들림이 시작되자 선장은 선원을 모두 갑판 위로 모이도록 했다. 선장은 선원들에게 배가 오른쪽으로 기울기 시작하면 모두 왼쪽으로 이동하고, 왼쪽으로 기울기 시작하면 오른쪽으로 이동하도록 지시했다.

① 빌지킬이 있었다면 선원들의 움직임은 아무런 효과가 없었겠군.

② 선원들의 움직임이 양력을 발생시켜 배의 흔들림이 줄어들었겠군.

③ 핀 안정기의 역할을 했던 선원들로 인해 배의 속도가 빨라졌겠군.

④ 선원들을 양쪽으로 동시에 고르게 분산시켰다면 배가 뒤집어질 수 있었겠군.

⑤ 선원들이 U자형 관 안의 물과 같은 역할을 하기 때문에 배의 흔들림이 줄어들었겠군.

　　뮤지컬은 오페라의 한 부류인 오페레타(operetta, 작은 오페라)에서 출발했다는 말이 있을 정도로 오페라의 형식을 많이 닮았다. 16세기 말 이탈리아에서 등장한 오페라가 클래식 음악의 대중화를 시도한 공연 예술이라면, 18세기 영국의 서정적인 오페라와 해학적인 오페라를 거쳐 19세기 말에 모습을 드러낸 뮤지컬은 오페라의 대중적인 양식으로 볼 수 있다. 최근 영화로까지 만들어진 뮤지컬 〈오페라의 유령〉은 그 예가 될 수 있다. 이 작품은 극 가운데 극이 있는 형식을 취하고 있는데, 그 속에는 여러 편의 오페라가 등장하고 출연 배우도 성악가에 버금가는 성량과 목소리로 아리아를 소화해 낸다. 이처럼 근대로 넘어가는 시기에 대중화 경로를 거쳐 탄생한 예술이 뮤지컬이다.

　　뮤지컬의 특성을 구성요소와 관련지어 살펴보면 다음과 같다. 뮤지컬 속에 등장하는 노래, 춤, 연기는 극본이 준비되고 그 밑그림 아래서 만들어진다. 음악이 뮤지컬에서 차지하는 위치는 다른 요소들에 비해 상대적으로 높다. 노래뿐 아니라 서곡, 막간곡(2막 서곡), 퇴장 음악, 무용 장면의 반주를 위한 춤곡, 그리고 대사 도중에 울려퍼지는 배경 음악 등이 뮤지컬 전편에 걸쳐 살아 숨쉬고 있기 때문이다. 멜로디에 실려 불려지는 노래 가사는 일반 연극의 대사와 같은 기능을 하여 관객들의 심금(心琴)을 울린다. 그 때문에 뮤지컬의 노래 가사는 쉬우면서도 극의 전체적인 흐름을 대변해 주는 언어로 구성되기 마련이다. 뮤지컬에서 감성적인 분위기를 연출할 때, 춤의 역할 또한 빼놓을 수 없다. 사실 뮤지컬의 흐름 가운데 눈여겨 볼만한 부분은 한두 군데가 아니다. 그 중에서도 배우의 유머러스한 노래나 연기를 삽입하여 극의 흐름에서 일종의 기분 전환 역할을 하고, 관객과도 적극적으로 소통하는 부분을 '쇼 스타퍼(Show Stopper)'라고 한다. 즉, 극의 진행이 잠시 끊어지더라도 관객의 박수나 환호를 유발하여 분위기를 고조시키는 부분이라고 할 수 있다.

　　한편 뮤지컬은 오페라와 같은 공연 예술이지만 몇 가지 차이점이 있다. 오페라의 스토리는 대체로 고전적인 문학을 모태로 삼고 있으며, 음악의 형식은 고전주의 음악에 근거하고 있다. 오페라 홀에 울려 퍼지는 오페라 음악은 관현악의 반주와 노래로 이루어져 있는데, 노래의 경우 독특한 창법을 통해 서정적인 독창곡인 아리아로 불려지거나 중창 혹은 합창된다. 반면에 뮤지컬은 오페라보다 극적 행동이 표현의 줄기가 되며, 배우의 연기에 음악, 노래, 춤, 무대장치 등이 융합, 통일됨으로써 완성미를 추구하는 특징이 있다. 뮤지컬은 배우와 관중의 관계에서도 오페라와 다르다. 뮤지컬 배우는 오페라 배우들에 비해 무대 위에서 끊임없이 관객을 의식하며 공연하는 편이다. 뮤지컬 배우가 극중의 상대보다는 관객을 향해 노래 부르고, 또 관객이 여기에 박수로 답례하는 것을 통해서도 그 예는 확인된다. 이와 같은 뮤지컬의 대중극으로서의 성격은 상업성과 크게 무관하지 않다. 머리보다는 가슴으로 보고 듣고 즐길 거리를 찾는 관객들을 충족시킬 요소를 듬뿍 가진 것이 뮤지컬 공연 예술이라 할 수 있다.

　　이상에서 살펴보았듯이 뮤지컬은 대중 오락적인 음악극이다. 이 공연 예술은, 음악 특히 노래가 중심이 되어 무용과 극적 요소가 조화를 이룬 종합 공연물이다. 육체와 영혼, 자유분방한 감정과 절제된 행동, 사회 생활과 개인 생활 등이 이 공연 예술에 의해 표현되는 것이다.

1

위 글은 전체적으로 어떤 질문에 답하는 글인가?

① 뮤지컬의 특성은 무엇인가?
② 오페라의 구성요소는 무엇인가?
③ 오페라와 뮤지컬의 공통점은 무엇인가?
④ 뮤지컬 배우가 갖추어야 할 자질은 무엇인가?
⑤ 뮤지컬은 어떤 역사적 형성 과정을 거쳐 왔는가?

2

다음은 뮤지컬 〈사운드 오브 뮤직〉의 한 장면이다. 위 글을 바탕으로 뮤지컬에 대해 이해한 내용이 적절하지 않은 것은?

① 뮤지컬에서는 배우들의 동작 하나하나도 중요할 것 같아.
② 노랫말이 관객에게 전달되려면 배우의 성량이 좋아야겠어.
③ 무대 장치가 설치된 것으로 보아 연극적인 요소도 있겠군.
④ 배우들이 일제히 노래 부르는 모습에서 아리아가 연상되는군.
⑤ 앞을 향해 노래 부르는 모습을 보니 관객과의 호응을 중시하고 있군.

묘호(廟號)란 '-조(祖)', 또는 '-종(宗)'을 붙인 임금들의 호칭을 말합니다. 태조, 태종, 세종, 세조, 성종, 선조와 같은 호칭은 사실 왕들의 이름이 아닙니다. 이는 임금들이 죽은 후에 신주를 모시는 종묘의 사당에 붙인 칭호이기 때문에 묘호라고 합니다.

묘호는 왕이 죽은 후 조정에서 의논해 정하는 것으로, 원칙적으로 창업 개국한 왕과 그의 4대조(四代祖)까지만 '할아비 조(祖)'를 붙이고 그 뒤를 이은 왕들에게는 종통(宗統)의 계승자라 하여 '종(宗)'을 붙이는 것이 원칙이었습니다. 그러나 망한 나라를 다시 일으켜 세운 왕의 경우에도 '조(祖)'를 붙이는 경우가 있었습니다.

묘호를 정할 때는 흔히 '조공종덕(祖功宗德)'이니 '유공왈조(有功曰祖), 유덕왈종(有德曰宗)'이라 하여, 공(功)이 많으면 '조(祖)', 덕(德)이 많으면 '종(宗)'을 붙이기도 했습니다. 그러나 공이 많은지 덕이 많은지 판단하는 것은 그야말로 주관적인 것이므로 묘호를 정할 때의 의논에 좌우되기 마련입니다. 이로 인하여 때로는 조정에서 공론이 분열되어 소동이 일어나는 일도 있었습니다. 한편, 대개 '종(宗)'보다 '조(祖)'가 더 명예로운 것으로 생각하였으므로 신하들이 아첨하느라고 억지로 '조(祖)'를 붙이는 경우도 있었습니다.

묘호는 후에 개정(改定)하는 일도 있었습니다. 인조(仁祖)의 묘호는 본래 열종(烈宗)이었는데 효종(孝宗)의 명령으로 고친 것이고, 영조(英祖)와 정조(正祖)의 묘호는 원래 영종(英宗)과 정종(正宗)이었으나 1897년 조선이 국호를 대한제국으로 개정하면서 종(宗)을 조(祖)로 고쳤습니다.

정종(定宗)과 단종(端宗)은 오랫동안 묘호 없이 공정왕(恭靖王)과 노산군(魯山君)으로 불리었으나, 숙종 때 와서 비로소 정하여 올린 묘호입니다. 연산군과 광해군은 반정으로 축출되고 죽은 후 종묘에 들어가지 못하였기 때문에 당연히 묘호가 없습니다. 연산군과 광해군이라는 칭호는 왕자 시절에 받은 봉군(封君) 작호(爵號)입니다.

반면 왕으로 즉위하여 군림하지는 못하였으나 후에 왕으로 추존된 이들에게는 묘호를 올렸습니다. 성종(成宗)의 생부인 덕종(德宗), 인조(仁祖)의 생부인 원종(元宗), 헌종(憲宗)의 생부인 익종(翼宗)이 그들입니다. 이들은 모두 왕자의 신분이었으나 사후에 아들들이 왕이 되어 국왕의 지위로 예우가 격상된 것입니다. 그러나 선조의 생부인 덕흥 대원군(德興大院君)이나 고종의 생부인 흥선 대원군(興宣大院君)은 왕자가 아니었고, 또 계승의 차례에도 맞지 않아 왕으로 추존되지 못하였습니다.

1

위 글을 통해 알 수 있는 내용이 아닌 것은?

① 왕은 자신의 묘호에 대해 관여할 수가 없었다.

② 왕이었지만 묘호가 내려지지 않은 경우도 있었다.

③ 묘호는 아들에게 왕권을 물려준다는 것을 의미한다.

④ 조정에서는 왕의 생전 행적을 기준으로 묘호를 정했다.

⑤ 묘호 선정 원칙은 상황에 따라 다르게 적용되기도 했다.

2

다음 〈보기〉는 위 글을 읽은 학생들의 반응이다. 적절한 것끼리 묶은 것은?

〈보기〉

ㄱ. 태조는 조선을 개국한 왕이기 때문에 묘호에 '조(祖)'가 붙었군.

ㄴ. 효종의 묘호로 볼 때, 왕으로서의 공(功)을 조정에서 인정 받은 것 같아.

ㄷ. 연산군이 묘호를 받지 못한 것으로 보아 죽은 후에 왕자의 지위까지만 인정받은 것이라 할 수 있겠군.

ㄹ. 덕종은 왕으로 즉위하지는 않았기 때문에 종묘에 모셔지지 못했겠군.

① ㄱ, ㄴ   ② ㄱ, ㄷ   ③ ㄴ, ㄷ   ④ ㄴ, ㄹ   ⑤ ㄷ, ㄹ

꿈은 꾸기 위해서만 있는 것이 아니다. 꿈을 먹고 사는 동물들도 있다. 하나는 중국 전설에 나오는 맥이라는 상상 속의 동물이고, 또 하나는 사람이다. 특히 악몽을 즐겨 먹는다는 맥이 꿈을 '어떻게 먹는지'도 궁금하지만 그보다 '사람에게 꿈이 없다면 어떻게 세상을 살아갈까'하는 것은 더욱 궁금하다. 이 꿈이 자본주의와 만나면서, 세상 여기저기에서 화제를 뿌리고 있는 '복권'이 되었다. 그 중에서 로또 복권은 매우 유명하다.

로또 복권은 세계 복권 시장의 40% 이상을 점하고 있는 인기 상품이다. 경우에 따라 복권 당첨 금액이 수천 억 원에 달해 '꿈의 복권' 또는 '황제 복권'이라고도 한다.

이 복권이 정말 꿈을 이루어 주는지, 우리를 황제로 만들어 주는지는 쉽게 분석해 볼 수 있다. 실제 복권을 한 장 샀다고 가정할 경우 복권의 가치를 산출하는 것은 간단하다. 발행된 복권의 모든 당첨금에 당첨 매수를 곱하여 모두 더한 후, 복권 총 발매 수로 나누면 된다. 이 방법에 따르면 5,000원짜리 복권 한 장의 실질 가치는 2,500원이 될 수도 있다. 그러면 나머지 2,500원은 어디로 갈까? 이 수익금은 국가 유공자 등의 복지 증진 사업에 쓰이게 된다. 이것이 바로 복권의 본질이다.

이때 복권의 회수율은 50%라고 한다. 즉 만 원을 주면 오천 원을 되돌려 준다는 뜻이다. 이 금액을 수학적 용어로는 기대값이라고 한다. 그런데 이상한 것은 100원짜리 즉석 복권을 사면 전체적으로 500원만 돌려주고, 5,000원짜리 복권은 2,500원만 되돌려 주는데도 아무도 이의를 제기하지 않는다는 것이다.

이것이 바로 복권이다. 여기에는 복(福)이라는 꿈의 값이 포함되어 있다. 즉석 복권을 샀다면 긁어 보는 그 순간까지 보이지 않는 값이 있는 것이다. 만약 어제 돼지꿈이라도 꾸었다 하면 마음은 더욱 설렌다. 긴가민가하며 가슴 설레는 이 행복한 꿈의 값이 500원이요, 기대되는 복권 값이 500원인 것이다. 달리 말하면 꿈꾸는 값이 500원이요, 꿈 깨는 값이 500원인 것이다.

부자가 주택 복권이라도 많이 사면 꿈이 부족한 그들은 꿈을 많이 가질 수 있어 좋고 상대적으로 가난한 사람들에게 집을 많이 지어줄 수 있어 좋은데, 부자는 바빠서 꿈꿀 시간이 부족하다. 그래서 부자는 복권을 사지 않고, 가난한 사람은 가난하기 때문에 복이라도 받으려고 복권을 산다. 그러다 보니 부자는 더욱 부자가 되고 가난한 사람은 더욱 가난해진다. 결국 가난한 사람이 부자를 도와주는 꼴이다.

이렇게 보면 복권을 산 사람은 반쯤 자선 사업가가 된 셈이다. '기대값' 하나를 앎으로 해서 공동체의 훌륭한 일원이 된 것이다. ㉠꿈도 수학적 기초가 튼튼해야 아름다워진다는 말이다. 수학적 배경이 약한 꿈은 꿈으로서 가치가 떨어진다. 결론적으로 말하면 복권은 복을 주지 않는다. 재미나 남을 도와주는 의미가 아닌 투자의 개념이라면 복권은 복으로서 의미가 없다. 미국 프린스턴 대학 카너먼 교수는 '사람들이 당첨 확률이 극히 낮은 복권을 구입하는 이유는 객관적으로 낮은 당첨 확률을 주관적으로 높게 판단하기 때문'이라는 이론으로 2002년도 노벨 경제학상을 수상하였다. 이 말의 의미를 잘 파악하여야 한다. 벼락을 맞아 죽을 확률이 50만 분의 1이라고 하니 814만 분의 1의 확률인 복권은 벼락을 16번 맞을 각오가 되어 있는 사람만이 사는 것이 좋을 것이다.

1

위 글은 어떤 질문에 대한 답변인가?

① 복권의 수혜자는 누구인가?

② 복권의 기대값은 얼마인가?

③ 복권은 꿈을 이루어 주는가?

④ 복권에 당첨될 확률은 얼마인가?

⑤ 복권과 자본주의의 관계는 무엇인가?

2

㉠의 의미로 가장 적절한 것은?

① 복권에 당첨될 확률을 따져봐야 한다.

② 꿈과 수학적 이론은 서로 관련이 없다.

③ 복권에 당첨될 수 있는 방법을 찾아야 한다.

④ 성실한 태도가 꿈의 실현을 위한 기초가 된다.

⑤ 수학적 기초가 있는 사람만이 복권을 사야 한다.

㉠컵라면 용기에서 '환경 호르몬'이 녹아 나왔다는 기사가 소개되면서 '환경 호르몬'이라는 단어가 순식간에 알려진 적이 있다.

환경 호르몬은 우리 주변 '환경'에 존재하는 물질이 생체 내로 들어와서 기존의 '호르몬'처럼 작용하기 때문에 붙여진 말로서, 학술 용어로는 '내분비계 교란 물질(endocrine disrupters)'이라고 한다. 이런 물질들은 산업 활동의 부산물로 만들어진 것으로, 생태계 내에서 자연적으로는 분해가 거의 되지 않으면서, 생체 내로 유입되면 극히 적은 양으로도 기존 호르몬의 작용을 비슷하게 모방하거나 아예 작용하지 못하게 한다. '내분비계 교란 물질'이란 이런 역할을 하는 화학 물질들을 통칭해서 부르는 말이다.

그런데 환경 호르몬이 왜 문제가 될까? 그것은 이 호르몬이 생체 내에서 성장과 발육에 영향을 미칠 뿐 아니라, 각종 암의 원인이 되기 때문이다.

그 중에서도 가장 문제가 되는 부분은 생식 능력에 미치는 영향이다. 이것은 동물들의 발생 과정이 워낙 미묘해서 아주 작은 영향에도 크게 달라질 수 있기 때문이다. 대개의 동물의 암컷과 수컷은 유전자의 대부분이 같으며, 단지 성염색체에서 차이가 있을 뿐이다. 처음에 난자와 정자가 수정에 성공해서 발생을 시작할 때에는 성의 분화가 일어나지 않는다. 이 상태에서 그대로 발생이 진행된다면 개체는 정상적인 암컷과 수컷이 된다. 그런데 염색체상으로는 분명한 암컷이라도 이 시기에 남성 호르몬에 지나치게 노출되면, 정상적인 암컷으로 성장하는 데에 장애를 받을 수 있고, 아무리 수컷일지라도 이 시기에 남성 호르몬이 부족하면 불완전한 수컷으로 성장하게 된다. 환경 호르몬이 바로 이 순간에 작용하여, 성 분화를 엉망으로 만들어 놓기 때문에 이들 개체에서는 성 기능에 장애가 생겨 수컷들이 암컷들의 구애에 관심도 없이 빈둥거리는 현상이 발생한다. 혹시 수정이 되더라도 허약한 새끼가 태어나게 되어 어린 개체의 사망률이 빠르게 증가한다.

이 밖에도 이들은 신경계와 면역계의 이상을 가져와 각종 질병을 증가시키는 원인이 된다는 의심을 받고 있다. 천식과 알레르기의 증가 및 유방암, 전립선암 등의 증가에 있어서 환경 호르몬이 어느 정도 관여하고 있음은 부인할 수 없는 사실이다. 특히, 다이옥신의 경우를 보면, 생물 농축 현상이 극심해서 더욱 문제를 가중시킨다.

애초에 환경 호르몬은 인간에 의해 세상에 나타나게 되었는데, 그 결과 생물체의 생존에 위협을 가하는 위험한 존재가 되고 말았으며, 인간 역시 그 영향으로부터 자유로울 수 없다. 환경 호르몬은 일단 한 번 만들어지면 자연 분해가 매우 더디기 때문에 처음부터 만들어 내지 않는 방법 외에는 현재로는 뚜렷한 예방법이 없는 실정이다. 따라서, 세계 각국에서는 환경 호르몬 기능을 하는 물질을 사용하지 않도록 규제하고 있으며, 연구를 통해 그 특성을 밝혀 내고 부작용을 예방하는 데 노력을 기울이고 있다.

1

위 글을 통하여 알 수 없는 것은?

① 환경 호르몬은 한번 만들어지면 자연 분해가 거의 안 된다.

② 환경 호르몬으로 규제되는 물질의 종류는 각 나라마다 다르다.

③ 환경 호르몬은 극히 적은 양으로도 생물체에 심각한 영향을 끼친다.

④ 환경 호르몬은 생물체에서 정상적으로 생성·분비되는 물질이 아니다.

⑤ 환경 호르몬은 생물체에 흡수되면 내분비계의 정상적인 기능을 방해한다.

2

㉠에 달았을 표제와 부제로 가장 적절한 것은?

① 암 유발 물질 발견 – 규제 대책 시급

② 호르몬, 생물체에 반드시 필요 – 인공적 생산 불가능

③ 생식 능력 저하, 각종 암의 원인 – 환경 보전만이 치유책

④ 컵라면 용기에서 환경 호르몬 검출 – 생식 능력 저하, 각종 암의 원인

⑤ 산업 활동과 환경 호르몬 – 성비 불균형 초래, 심각한 사회 문제

독일의 발명가 루돌프 디젤이 새로운 엔진에 대한 아이디어를 내고 특허를 얻은 것은 1892년의 일이었다. 1876년 오토가 발명한 가솔린 엔진의 효율은 당시에 무척 떨어졌으며, 널리 사용된 증기 기관의 효율 역시 10%에 불과했고, 가동 비용도 많이 드는 단점이 있었다. 디젤의 목표는 고효율의 엔진을 만드는 것이었고, 그의 아이디어는 훨씬 더 높은 압축 비율로 연료를 연소시키는 것이었다.

일반적으로 가솔린 엔진은 기화기에서 공기와 연료를 먼저 혼합하고, 그 혼합 기체를 실린더 안으로 흡입하여 압축한 후, 점화 플러그로 스파크를 일으켜 동력을 얻는다. 이러한 과정에서 문제는 압축 정도가 제한된다는 것이다. 만일 기화된 가솔린에 너무 큰 압력을 가하면 멋대로 점화되어 버리는데, 이것이 엔진의 노킹 현상*이다.

공기를 압축하면 뜨거워진다는 것은 알려져 있던 사실이다. 디젤 엔진의 기본 원리는 실린더 안으로 공기만을 흡입하여 피스톤으로 강하게 압축시킨 다음, 그 압축 공기에 연료를 분사하여 저절로 착화가 되도록 하는 것이다. 따라서 디젤 엔진에는 점화 플러그가 필요 없는 대신, 연료 분사기가 장착되어 있다. 또 압축 과정에서 공기와 연료가 혼합되지 않기 때문에 디젤 엔진은, 최대 12:1의 압축 비율을 갖는 가솔린 엔진보다 훨씬 더 높은 25:1 정도의 압축 비율을 갖는다. 압축 비율이 높다는 것은 그만큼 효율이 좋다는 것을 의미한다.

사용하는 연료의 특성도 다르다. 디젤 연료인 경유는 가솔린보다 훨씬 무겁고 점성이 강하며 증발하는 속도도 느리다. 왜냐하면 경유는 가솔린보다 훨씬 더 많은 탄소 원자가 길게 연결되어 있기 때문이다. 일반적으로 가솔린은 5~10개, 경유는 16~20개의 탄소를 가진 탄화수소들의 혼합물이다. 탄소가 많이 연결된 탄화수소물에 고온의 열을 가하면 탄소 수가 적은 탄화수소물로 분해된다. 한편, 경유는 가솔린보다 에너지 밀도가 높다. 1갤런의 경유는 약 1억 5,500만 줄(Joule)*의 에너지를 가지고 있지만, 가솔린은 1억 3,200만 줄을 가지고 있다. 이러한 연료의 특성들이 디젤 엔진의 높은 효율과 결합되면서, 디젤 엔진은 가솔린 엔진보다 좋은 연비를 내게 되는 것이다.

발명가 디젤은 디젤 엔진이 작고 경제적인 엔진이 되어야 한다고 생각했지만, 그의 생전에는 크고 육중한 것만 만들어졌다. 하지만 그 후 디젤의 기술적 유산은 이 발명가가 꿈꾼 대로 널리 보급되었다. 디젤 엔진은 원리상 가솔린 엔진보다 더 튼튼하고 고장도 덜 난다. 디젤 엔진은 연료의 품질에 민감하지 않고 연료의 소비 면에서도 경제성이 뛰어나 오늘날 자동차 엔진용으로 확고한 자리를 잡았다. 환경론자들이 걱정하는 디젤 엔진의 분진 배출 문제도 필터 기술이 나아지면서 점차 극복되고 있다.

*노킹 현상: 실린더 안에서 일어나는 비정상적인 폭발.
*줄: 에너지의 크기를 나타내는 물리량.

1

위 글의 내용과 일치하는 것은?

① 디젤 엔진은 가솔린 엔진보다 먼저 개발되었다.

② 디젤 엔진은 가솔린 엔진보다 내구성이 뛰어나다.

③ 가솔린 엔진은 디젤 엔진보다 분진을 많이 배출한다.

④ 디젤 엔진은 가솔린 엔진보다 연료의 품질에 민감하다.

⑤ 가솔린 엔진은 디젤 엔진보다 높은 압축 비율을 가진다.

2

디젤 엔진에 없는 부품끼리 묶은 것은?

① 기화기, 피스톤

② 기화기, 점화 플러그

③ 피스톤, 연료 분사기

④ 점화 플러그, 실린더

⑤ 점화 플러그, 연료 분사기

판화는 얼마든지 찍어낼 수 있다는 특성 때문에, 18세기까지는 예술로 인정되지 않고 포스터나 인쇄물 정도로 여겨졌다. 그러나 사진의 등장과 미디어의 발달로 판화의 예술성이 인정되기 시작했다.

판화는 제작 과정이 매우 복합적이고 역동적이다. 붓으로 그리는 회화와 달리 그리고, 파고, 찍고, 긁고, 두드리는 등의 여러 기법이 사용된다. 판화에는 목판에서의 칼 맛, 동판에서의 엠보싱(미세한 요철) 효과 등 판화만의 독특한 미감이 있다. 판화는 만들고 찍어내고 나눠 갖는 기쁨을 맛보면서 자신의 감정을 충분히 표현하고 공유할 수 있는 예술 장르이다. 현대 미술의 거장으로 불리는 피카소, 마티스, 앤디 워홀, 리히텐슈타인 등도 많은 판화 작품을 남겼다.

판화를 복사기에서 복사한 그림 수준으로 과소평가하는 사람들도 있지만, 판화는 복사한 그림과는 분명 다르다. 복사한 그림은 원본을 단순히 복제한 것이므로 작가의 의도가 개입되지 않지만, 판화는 같은 원판에서 찍어낸 것이라도 작가의 의도에 따라 명암이나 색 등을 달리하여 표현하므로 원판에서 찍어낸 작품 모두가 정식 작품으로 인정된다.

그러나 복제라는 특성 때문에 판화의 예술성에 대해 의구심을 품는 사람들은 여전히 있었고, 그러다 보니 19세기 말경부터 작가가 직접 제작한 판화에는 에디션을 기입하기 시작했다. 에디션 (edition)이란 작가가 작품을 찍어 낸 후 각각의 작품에 대한 정보를 밝히는 것을 뜻한다. 예를 들어, 피카소가 동판화 한 판으로 100장의 종이에 찍게 되면 1/100, 2/100, 3/100... 으로 표기하였다. 여기서 1/100은 총 100매 찍은 작품 가운데 첫 번째라는 뜻이다. 에디션은 화면의 왼쪽 아래 여백에, 서명은 오른쪽 아래에 기입하며 검은색 연필을 사용하는 것을 원칙으로 한다. 이는 연필이 정착도가 뛰어나며 복제가 어렵기 때문이다.

판화에는 아라비아 숫자 없이 A.P(Artist Proof) 또는 A/P 식의 영자가 적혀 있기도 한데, 이는 작가가 보관용으로 별도 제작한 것이다. 이 밖에도 에디션에 들어가기 전에 대여섯 장을 시험 삼아 찍어 보는 T.P(Trial Proof), 에디션을 끝내고 더 이상 찍지 않겠다는 뜻으로 판에 상처를 낸 다음에 찍는 C.P(Cancellation Proof)가 있다. 그래서 수요자들이 접할 수 있는 것은 대부분 아라비아 숫자로 표시된 작품들이다.

판화는 대중적이고 개방적이어서 최근 들어 주목받고 있으며, 판화의 예술성과 독창성을 알리기 위한 전시회도 늘어나고 있다. 하지만 여전히 판화에 대한 편견을 지니고 있는 사람들도 있어서 판화에 대한 인식의 제고가 필요하다. 판화는 '또 하나의 원본'으로 분류되는 예술이기 때문이다.

1

위 글의 글쓰기 전략으로 적절하지 않은 것은?

① 대조를 통해서 대상의 가치를 부각한다.

② 개념을 정의하여 독자의 이해를 돕는다.

③ 일상적 경험으로부터 화제를 이끌어낸다.

④ 사례를 들어 대상을 구체적으로 설명한다.

⑤ 대상에 대한 인식 제고를 강조하며 마무리한다.

2

위 글을 읽고 발표한 내용으로 적절하지 않은 것은?

① 판화는 다양한 기법을 사용해 제작하는 거야. 따라서 판화는 제작 과정이 역동적이고 복합적이야.

② 판화는 에디션을 통해 작품에 대한 정보를 제공할 수 있어. 그래서 현대 미술의 거장들이 선호했어.

③ 판화는 원판에서 여러 장의 작품을 찍어낸 거야. 따라서 판화는 여럿이 공유할 수 있는 장점이 있어.

④ 판화는 원판에서 찍어낸 작품 하나하나가 모두 가치가 있어. 그러니까 원본이 여러 개인 독특한 예술 장르야.

⑤ 판화는 엠보싱 효과와 같은 독특한 표현형식이 있어. 그래서 다른 예술과는 구별되는 미적 가치가 있다고 보아야 해.

우리 가치관의 중요한 부분을 차지하는 것이 바로 '너무 지나치면 모자라는 것과 같다', 즉 과유불급(過猶不及)이다. 그래서 우리 조상은 밥도 조금 덜 찬 듯 칠부만 먹는 것이 좋다고 했다. 이를 두고 어떤 이는 먹을 것이 없어 힘들었던 시대에 집안의 어른이 밥을 다 먹어버리면 아랫사람이 먹을 게 없어지므로 그런 전통이 생겼다고 한다. 하지만, 만약 그랬다면 차라리 밥을 덜 퍼서 나누어 먹었을 것이다. 집안 식구가 쫄쫄 굶으면서 '행여 다 드시면 어쩌나' 쳐다보는데도 혼자 밥그릇을 다 채워놓고 먹다가 할 수 없이 남겨서 아랫사람들을 먹게 했겠는가.

옛날의 '상물림'이란 윗사람이 먹고 나면 아랫사람이 차례로 밥을 먹은 것으로, 비록 지금 우리의 생각과는 다를지라도 그것 역시 함께 나누고 어우러져 살려는 생각의 표현이었던 것이다. 그때만 해도 지금처럼 평등한 세상이 아니었고 위아래를 엄격히 따지던 때라, 모두 둘러앉아 함께 식사할 생각은 못했다. 이런 상황에서 적당히 먹고 아랫사람에게 물린 '상물림'은 '지나치면 모자란다'는 세계관이 생활 속에 드러난 하나의 관습이었다. ㉠이 '지나치면 모자란다'는 생각은 '함께 나눈다'는 생각과 서로 깊은 연관성을 갖는다. 이러한 생각을 중용(中庸)이라고 하며, 이는 우리 조상 모두가 중시한 미덕의 하나인 것이다.

한편 서양에서는 아리스토텔레스가 중용을 강조했다. 하지만 우리의 중용과는 다르다. 아리스토텔레스가 말하는 중용은 균형을 중시하는 서양인의 수학적 의식에 기초했으며 또한 우주와 천체의 운동을 완벽한 원과 원운동으로 이해한 우주관에 기초한 것이다. 그러므로 그것은 명백한 대칭과 균형의 의미를 갖는다. 팔씨름에 비유해 보면 아리스토텔레스는 똑바로 두 팔이 서 있을 때 중용이라고 본 데 비해 우리는 팔이 한쪽으로 완전히 기울었다 해도 아직 승부가 나지 않았으면 중용이라고 보는 것이다. 그러므로 비대칭도 균형을 이루면 중용을 이룰 수 있다는 생각은 분명 서양의 중용관과는 다르다.

이러한 정신은 병을 다스리고 약을 쓰는 방법에도 나타난다. 서양의 의학은 병원체와의 전쟁이고 그 대상을 완전히 제압하는 것인데 반해, 우리 의학은 각 장기 간의 균형을 중시한다. 만약 어떤 이가 간장이 나쁘다면 서양 의학은 그 간장의 능력을 회생시키는 방향으로만 애를 쓴다. 그런데 우리는 만약 더 이상 간장 기능을 강화할 수 없다고 할 때는 간장과 대치되는 심장의 기능을 약하게 만드는 방법을 쓰는 것이다. 한쪽의 기능이 치우치면 병이 심해진다고 보기 때문이다. 우리는 의학 처방에 있어서조차 중용관에 기초해서 서양의 그것과는 다른 가치관과 세계관을 적용하면서 살아온 것이다.

이러한 과유불급의 생각은 사고의 유연성과 연관돼 있다. 제 것만을 고집하는 경직된 사고에서는 간이 너무 강하고 심장이 너무 약할때, 오히려 간 기능을 함께 약하게 한다는 생각이 나올 여지가 없다. 또한 상하, 남녀의 구분이 뚜렷한 신분 사회에서 상물림이라는 관습을 통해 그 경계를 허무는 생각이 나올 수 없는 것이다.

1

위 글을 바탕으로 '한국인의 정신 문화'와 관련해서 신문 기사를 쓰고자 할 때, 그 표제와 부제로 가장 적절한 것은?

① 한국인의 정신적 특성 – 경직된 사고와 유연한 사고

② 전통에서 찾은 우리 정신 – 식사 예절과 평등 의식

③ 중용으로 세상 바라보기 – 상물림에 담긴 나눔의 정신

④ 중용의 원류를 찾아서 – 같은 뿌리에서 다른 꽃이 피다

⑤ 현상적 치료와 균형적 치료 – 사상적 측면에서 본 동 서양 의학의 차이

2

㉠의 사례로 가장 적절한 것은?

① 전통 회화에서는 화폭에 여백을 두어 상상의 여지를 남겼다.

② 시조창을 부를 때는 종장의 마지막 음보를 생략하여 여운을 남겼다.

③ 우리 음악은 각각의 악기들이 엇박자를 이루면서 어우러진 음악을 만들어 내었다.

④ 우리 농촌에서는 감을 수확할 때 '까치밥'이라고 해서 몇 개는 새들을 위해 남겨 두었다.

⑤ 전통 탈춤은 서양 연극과 달리 무대와 객석의 구분이 없어 관객도 공연에 참여할 수 있었다.

(가) 안전한 농산물을 농민들로부터 직접 공급받고 싶었던 K씨는 자신과 뜻이 같은 사람들이 주위에 있음을 알게 되었다. K씨는 이들과 함께 일정 금액의 출자금을 내어 단체를 만들었다. K씨는 이 단체를 통해 안전한 농산물을 농민들로부터 직접 구매할 수 있었고, 농민들은 중간의 유통 비용 없이 적절한 대가를 받고 농산물을 공급할 수 있었다. 이 단체에서는 출자금의 일부를 미리 농민에게 지불하여 농민들이 더욱 안정적으로 농산물을 생산할 수 있도록 도왔다. 이 사례와 같이 뜻을 같이하는 사람들이 일정 금액을 모아 공동의 경제, 사회, 문화적 수요와 요구를 충족시키기 위해 자발적으로 결성한 조직을 '협동조합'이라고 한다.

(나) 협동조합은 5인 이상의 사람들이 모여 출자금을 내면 누구나 만들 수 있으며, 가입과 탈퇴도 자유롭다. 협동조합은 평등한 협력체이기 때문에 사업의 목적이 이윤의 추구가 아니라 조합원 간의 상호부조에 있다. 그래서 모든 조합원이 협동조합을 공동으로 소유하고, 출자금을 통해 협동조합에 필요한 자본을 조성하는 데 공정하게 참여한다. 그리고 조합 내에서 발생한 수익은 협동조합의 발전과 조합원의 권익 증진을 위해 사용한다.

(다) 이윤 추구를 목적으로 하는 주식회사와 달리 협동조합은 '조합원'을 중심으로 운영된다. 주식회사는 주식을 가진 비율에 따라 의사 결정권이 부여되므로 주식을 많이 가진 대주주가 의사를 결정하는 경우가 많다. 반면 협동조합에서는 대체로 조합원 한 사람에게 한 표의 의사 결정권이 부여되므로, 조합원의 의사가 존중된다. 따라서 이런 구조로 인해 조합원이 추구하는 공동의 가치인 일자리 창출이나 사회적 약자 보호, 그리고 지역 사회 발전과 같은 사회적 가치를 실현하는 데 유리하다.

(라) 그러나 협동조합은 구조적 특성상 신속한 자본 조달이 어렵다는 단점을 지닌다. 의사 결정의 기간도 상대적으로 길어 급변하는 상황에 신속하게 대처하기가 어려울 수 있다. 또 이윤 추구에 몰두하여 협동조합의 기본 정신을 잃어버렸을 경우 지속되기 힘들다. 이를 극복하기 위해서는 조합원들이 분명한 목표와 가치를 서로 공유해야 하며, 협동조합 간의 긴밀한 협력을 통해 지속적인 발전 방안을 모색해야 한다.

1

위 글의 내용과 일치하지 않는 것은?

① 주식회사의 사업 목적은 이윤을 추구하는 것이다.

② 협동조합은 자본 조달을 빠르게 할 수 있다는 장점이 있다.

③ 협동조합은 조합원의 출자금을 기초로 하여 자본을 조성한다.

④ 주식회사에서는 주식을 가진 비율에 따라 의사 결정권이 부여된다.

⑤ 협동조합은 일자리 창출이나 사회적 약자 보호를 실현하는 데 유리하다.

2

문단 (가)를 참고할 때 '협동조합'의 사례로 가장 적절한 것은?

① 재활용품 재생 업체에서 새로운 공정을 개발하여 환경 보호에 이바지하였다.

② 아파트 주민들이 돈을 모아 형편이 어려운 학생들에게 장학금을 전달하였다.

③ 농촌 지역에 공장이 있는 식품 회사가 수익금의 일부를 지역 사회에 기부하였다.

④ 대학 연구소에서 지역의 특산품을 이용한 가공 식품을 개발하여 지역 경제를 발전시켰다.

⑤ 컴퓨터를 배우고 싶어하는 노인들이 일정 금액을 모아 컴퓨터 수업을 들을 수 있는 단체를 만들었다.

　　모든 사람들의 몸 안에는 약 1kg의 미생물이 살고 있다. 이들의 대부분은 세균(박테리아)인데, 그 외에도 바이러스, 곰팡이, 원생생물 등이 살고 있다. 대장에 가장 많은 세균이 있고, 소장에도 역시 세균들이 득실거린다. 분변에서 수분을 빼면 약 절반은 세균으로 되어 있으며 이들은 우리 장 속에 있던 내용물이다. 미국 워싱턴대 생물학과 고든 교수에 따르면 장 속에는 최소한 5백 종 이상의 세균이 있고 약 1천조 마리가 살고 있다고 한다. 이는 한 사람이 갖고 있는 세포의 수(약 60조 개)보다 훨씬 많은 것이다.

　　이 세균들은 우리 몸을 떠나면 살기 어렵다. 대부분 산소가 있으면 죽기 때문이다. 식사할 때 음식물과 함께 일부 산소가 장내로 들어오지만 소장에 사는 세균 중 일부가 산소를 소모한다. 그 결과 소장의 아래쪽에는 산소가 거의 없으며, 이곳에 산소가 없는 환경을 좋아하는 세균들이 자리 잡고 있다. 그렇지만 우리 살기도 힘든데 1kg이나 되는 세균들을 평생 달고 다녀야 하는 운명을 탓할 필요는 없다. 오히려 미생물이 우리를 먹여 살리기 때문이다.

　　사람이 음식을 섭취하면, 위와 소장에서 소화 효소를 이용해 음식물을 분해한 후 당, 아미노산, 비타민, 무기질 등으로 흡수한다. 이때 소화 효소에 의해 분해되지 않은 영양소와 미처 흡수되지 못한 영양소를 소장과 대장에 존재하는 세균들이 이용한다.

　　세균은 이들 영양소를 섭취해서 증식하고 배설물을 다시 장 속으로 배출한다. 이 배설물 중 많은 부분이 소장과 대장 벽을 통해 흡수되어 혈액으로 들어가는데 이 중에는 유기산, 각종 비타민, 아미노산, 이산화탄소, 메탄, 수소 등 여러 물질들이 있다.

　　그 중에서 유기산은 우리 몸의 여러 조직에서 에너지원으로 사용된다. 우리 몸은 하루에 필요한 에너지의 약 10% 정도인 약 2백~3백kcal의 에너지를 이들로부터 얻는다. 또한 우리가 비타민 결핍증에 걸리지 않는 것도 세균들의 공헌이라 할 수 있다.

　　고든 박사팀은 최근, 인체가 처리하지 못한 영양분을 소화해 우리가 흡수할 수 있는 형태로 내보내는 장내 미생물의 활동 경로를 밝혀냈다. 박테로이즈 세타이오타오마이크론(BT)이라는 세균은 장내에 거주하면서 인체가 소화하지 못하는 탄수화물을 분해한다. 이 세균은 탄수화물 분해를 통해 얻은 단당류 중 일부를 사용하고 나머지를 내어 놓음으로써 인체가 처리하지 못한 영양분을 처리해준다. 인체가 지주라면 이 세균은 소작농인 셈이다.

　　또한 미생물은 약효 성분이 몸 안에 들어왔을 때, 그 효능을 발휘할 수 있게 한다. 식물 약효 성분의 상당수는 식물체 내에서 배당체로 저장돼 있다. 배당체란 약효 성분이 물에 잘 녹는 포도당 같은 당(糖) 분자와 결합된 형태로, 원래 불용성(不溶性)인 약효 성분이 세포액에서 녹을 수 있게 돼 저장이 쉬워진다.

　　그런데 약효 성분을 복용해도 배당체 상태로는 아무 효과가 없다. 배당체는 덩치가 커 세포막을 제대로 통과하기 어렵기 때문이다. 이때 등장하는 해결사가 비피더스 같은 장내 세균들이다. 이들은 약효 성분에서 당 분자를 떼어내는 효소를 갖고 있기 때문이다. 강심제로 쓰이는 디지털리스나 뛰어난 약효를 자랑하는 인삼도 장 안에 미생물이 없으면 그 효능을 발휘할 수 없다.

1

위 글의 내용과 일치하지 않는 것은?

① 세균은 우리 몸에 비타민을 공급해 주기도 한다.
② 우리의 몸은 세포 수보다 많은 세균을 지니고 있다.
③ 세균들은 장내에서 산소가 많이 들어오는 곳을 찾아 살아간다.
④ 우리가 흡수하는 유기산 중 일부는 세균의 배설물에서 공급받는다.
⑤ 우리 몸 안에 있는 세균들은 증식을 위해 음식물의 영양소를 섭취한다.

2

위 글을 바탕으로 특집 기사를 쓴다고 할 때, 그 제목으로 적절한 것은?

① 몸 속 미생물, 우리 몸 지킨다
② 병원체와 싸우는 고마운 미생물
③ 우리 몸의 진정한 지배자를 찾아서
④ 우리의 인체, 그 아름다움의 비밀은
⑤ 상황에 따라 끊임없이 변신하는 미생물

이누이트(에스키모) 하면 연상되는 것 중의 하나가 이글루이다. 그들의 주거 시설에는 빙설을 이용한 집 외에도 목재나 가죽으로 만든 천막 등이 있다. 이글루라는 말은 이러한 주거 시설의 총칭이었으나, 눈으로 만든 집이 외지인의 시선을 끌어 그것만 일컫는 말이 되었다. 이글루는 눈을 벽돌 모양으로 잘라서 반구 모양으로 쌓은 것이다. 눈 벽돌로 만든 집이 어떻게 얼음집으로 될까? 이글루에서는 어떻게 난방을 할까?

일단 눈 벽돌로 이글루를 만든 후에, 이글루 안에서 불을 피워 온도를 높인다. 온도가 올라가면 눈이 녹으면서 벽의 빈틈을 메워 준다. 어느 정도 눈이 녹으면 출입구를 열어 물이 얼도록 한다. 이 과정을 반복하면서 눈 벽돌집을 얼음집으로 변하게 한다. 이 과정에서 눈 사이에 들어 있던 공기는 빠져나가지 못하고 얼음 속에 갇히게 된다. 이글루가 뿌옇게 보이는 것도 미처 빠져나가지 못한 기체에 부딪힌 빛의 산란 때문이다.

이글루 안은 밖보다 온도가 높다. 그 이유 중 하나는 이글루가 단위 면적당 태양 에너지를 지면보다 많이 받기 때문이다. 이것은 적도 지방이 극지방보다 태양 빛을 더 많이 받는 것과 같은 이치이다. 다른 이유로 일부 과학자들은 온실 효과를 든다. 지구에 들어오는 태양 복사 에너지의 대부분은 자외선, 가시광선 영역의 단파이지만, 지구가 열을 외부로 방출하는 복사 에너지는 적외선 영역의 장파이다. 단파는 지구의 대기를 통과하지만, 복사파인 장파는 지구의 대기에 의해 흡수된다. 이 때문에 지구의 온도가 일정하게 유지된다. 이를 온실 효과라고 하는데, 온실 유리가 복사파를 차단하는 것과 같다는 데서 유래되었다. 이글루도 내부에서 외부로 나가는 장파인 복사파가 얼음에 의해 차단되어 이글루 안이 따뜻한 것이다.

이글루 안이 추울 때 이누이트는 바닥에 물을 뿌린다. 마당에 물을 뿌리면 시원해지는 것을 경험한 사람은 이에 대해 의문을 품을 것이다. 여름철 마당에 뿌린 물은 증발되면서 열을 흡수하기 때문에 시원해지는 것이지만, 이글루 바닥에 뿌린 물은 곧 얼면서 열을 방출하기 때문에 실내 온도가 올라간다. 물의 물리적 변화 과정에서는 열의 흡수와 방출이 일어나기 때문이다. 이때, 찬물보다 뜨거운 물을 뿌리는 것이 더 효과적이다. 바닥에 뿌려진 뜨거운 물은 온도가 높고 표면적이 넓어져서 증발이 빨리 일어나고 증발로 물의 양이 줄어들어 같은 양의 찬물보다 어는 온도까지 빨리 도달하기 때문이다.

이누이트가 융해와 응고, 복사, 기화 등의 과학적 원리를 이해하고 이글루를 짓지는 않았을 것이다. 그러나 그들은 접착제를 사용하지 않고도 눈으로 구조물을 만들었으며, 또한 물을 이용하여 난방을 하였다. 이글루에는 극한 지역에서 살아가는 사람들이 경험을 통해 터득한 삶의 지혜가 담겨 있다.

1

위 글의 내용과 일치하지 않는 것은?

① 오늘날 이글루라는 말은 의미가 축소되어 사용되고 있다.

② 태양 빛은 이글루의 실내 온도를 높이는 데 영향을 미친다.

③ 이누이트는 물의 화학적 변화를 난방에 이용하는 지혜를 지녔다.

④ 극지방의 지면과 이글루는 같은 면적에서 받는 태양 에너지의 양이 다르다.

⑤ 이글루의 얼음과 온실의 유리는 방출되는 복사파를 차단한다는 공통점이 있다.

2

위 글에 대한 설명으로 가장 적절한 것은?

① 상반된 관점을 절충적으로 종합하고 있다.

② 과학적 근거를 들어 통념의 오류를 비판하고 있다.

③ 다른 대상과의 비교를 통해 가설을 검증하고 있다.

④ 실험 결과로부터 특정한 원리를 이끌어 내고 있다.

⑤ 구체적 현상에 들어 있는 과학적 원리를 밝히고 있다.

　우리의 민속악을 성악곡과 기악곡으로 크게 나누고 각각 대표적인 음악을 꼽는다면 단연 ㉠판소리와 산조를 들 수 있다. 서민들의 애환과 사랑, 솔직한 감정을 사람의 목소리를 빌려 진하게 토해 내는 것이 판소리라면 산조는 악기 소리로 풀어헤쳐 놓는 것이라 하겠다.

　산조란 허튼 가락, 허드레 가락, 또는 흐드러진 가락이라는 뜻이다. 즉, 악기의 특성을 최대한 살려 한껏 흥겹게 연주하는 음악이 산조이다. 좀 더 구체적으로 말하면 남도 지방의 무속음악인 시나위 가락을 장단이라는 틀에 넣어 연주하는 기악 독주곡 형식이 산조이다. 시나위에서 비롯된 산조는 자유로움을 추구하는 그 본질은 시나위와 같되 비교적 형식을 갖추고 있다.

　산조는 기악 독주곡이다. 따라서 한 사람이 하나의 악기를 가지고 연주하되 장구 반주가 따른다. 고수는 장구만 치지 않고 간간이 추임새를 넣어 연주자의 흥을 돋운다. 산조를 듣는 관객들도 악기의 연주 소리에 흥이 나면 추임새로 감동을 표현한다. 관객의 추임새를 통해 연주자는 더욱 흥을 내 연주에 몰두할 수 있게 된다. 판소리에서와 마찬가지로 ㉡추임새는 연주자와 고수와 관객을 하나로 맺어 주는 우리 음악만의 소중한 기능을 한다.

　이런 산조는 가야금, 거문고, 대금, 향피리, 해금, 태평소, 단소, 아쟁 등 민속악에 쓰이는 거의 모든 선율악기마다 있다. 이 가운데 가야금산조가 제일 먼저 나왔고 이어서 거문고산조, 대금산조, 해금산조가 나왔으며 나머지는 그보다 늦게 나왔다.

　산조를 연주할 때, 특히 가야금과 대금, 아쟁은 정악을 할 때 쓰는 악기보다 조금 작게 만든 산조 악기를 사용한다. 악기 이름도 앞에 산조라는 말을 붙여 ㉢산조가야금, 산조대금 등으로 부른다. 산조 악기는 산조뿐만 아니라 거의 모든 민속악을 연주할 때 쓰인다. 다소 느린 정악에서 사용하는 악기가 빠른 민속악을 연주하기에는 불편한 탓일 것이다.

　산조의 구성은 연주하는 사람과 악기, 주어진 시간 등에 따라 조금씩 차이가 있지만 대개 아주 느린 진양조장단으로 시작해 중모리장단, 중중모리장단으로 조금씩 빨라지다가 자진모리장단, 혹은 ㉣휘모리장단, 단모리장단까지 이어지면서 매우 빠른 장단으로 끝난다. 듣는 사람을 신명의 극단으로 이끌어 올리기에 적합하게 구성되어 있는 것이다. 즉, 느린 진양조장단을 들으면서 사람들은 서서히 현실의 상념에서 벗어나 가락의 세계에 빠져든다. 그때쯤 음악은 중모리장단, 중중모리장단으로 넘어가면서 육체를 벗어던진 영혼을 한바탕 춤판으로 이끈다. 자신을 잊고 너울너울 마음속으로 춤을 추는 사이, 어느덧 가락은 숨 가쁜 자진모리장단을 타고 헐떡거리며 자지러진다. 이렇듯 산조 가락이 절정에 이르렀을 때 관객은 현실의 괴로움을 잊고 타는 듯한 희열에 빠져든다.

　산조에는 여러 유파가 있다. 이는 산조가 스승에게서 배운 대로만 연주하는 것이 아님을 말해 준다. 배운 것을 재창조해 또 다른 자기 세계의 음악을 이루어내면 그대로 ㉤새로운 음악이 되는 것이 산조이다. 그야말로 무궁무진한 가락의 보물 창고이다. 이런 점에서 볼 때 산조는 그 시대를 살아가는 전문 예술가들이 시대에 맞는 음악적 감성으로 끊임없이 만들어 가야 할 음악 형식이라 하겠다.

1

위 글에 언급되지 않은 것은?

① 산조의 개념과 형식
② 산조의 연주 방식
③ 산조의 구성과 장단
④ 산조의 유파별 특성
⑤ 산조에 사용되는 악기

2

위 글의 ㉠~㉤에 대한 설명으로 적절한 것은?

① ㉠은 서민들의 진솔한 감정을 소리로 표현하고 있다는 점에서 산조와 공통적인 요소를 가지고 있다.
② ㉡은 연주자에게 흥을 불어 넣지만, 연주자의 집중력을 떨어뜨리는 부정적인 면도 지니고 있다.
③ ㉢은 다소 느린 정악에서 사용하던 악기를 그대로 사용한 것이다.
④ ㉣은 매우 빠른 장단으로 관객의 고조된 감정을 이완하는 역할을 한다.
⑤ ㉤은 전문 예술가인 스승과 제자 사이에 고정된 형식으로 전승되는 과정에서 만들어진다.

(가) 우리는 언어(言語)의 세계에서 생활하고 있다. 친구와 이야기를 하거나 책을 읽는 것뿐만 아니라, 간판을 보거나 노래를 부르는 것 모두 일종의 언어활동이라고 할 수 있다. 우리가 의식하지 못할 뿐이지, 사실 우리는 아침에 눈을 떠서 잠자리에 들 때까지 언어 속에 파묻혀 생활(生活)하고 있는 셈이다.

(나) 언어활동은 기본적으로 말하고 듣고 읽고 쓰는 네 가지로 분류된다. 이 중에서 말하기와 듣기는 '음성 언어(音聲言語)'를 사용하는 언어활동이고, 읽기와 쓰기는 '문자 언어(文字言語)'를 사용하는 언어활동이다. 음성 언어와 문자 언어는 모두 언어로서 일정한 기능을 담당하지만, 소리와 문자라는 특성 때문에 여러 측면에서 차이를 보인다.

(다) 음성 언어와 문자 언어의 특성을 이해하기 위해서는 일단 음성과 문자의 속성에 주목해야 한다. 음성은 소리이기 때문에 청각에 의존한다. 또한, 소리이기 때문에 말하고 듣는 그 순간 그 장소에만 존재하고 곧바로 사라진다. 반면에 문자는 기록이기 때문에 시각(視覺)에 의존하고, 오랜 기간 동안 보존이 가능(可能)하며, 그 기록을 가지고 다른 곳으로 이동할 수도 있다.

(라) 음성 언어는 소리의 속성 때문에 말하는 이와 듣는 이가 대면한 상태에서 사용한다. 말하는 이는 듣는 이를 마주 보고 있기 때문에 손짓이나 억양, 몸짓, 표정, 어조 등 부수적인 표현 방법(表現方法)을 활용하기도 하고, 듣는 이의 반응을 참고하면서 강조하거나 반복해서 말하기도 한다.

(마) 이상으로 음성 언어와 문자 언어의 특성을 여러 측면에서 살펴보았다. 음성 언어와 문자 언어는 여러 가지 점에서 차이가 있지만, 이 둘은 상호 보완적이다. 그러므로 일상생활에서는 이 둘의 특성을 고려해 가면서 상황에 맞게 적절히 활용하여야 한다.

1

위 글의 내용과 일치하는 것은?

① 간판을 보는 것은 언어활동이 아니다.

② 읽기와 쓰기는 음성 언어를 사용한 언어활동이다.

③ 문자 언어는 사용하는 그 순간 그 장소에만 존재한다.

④ 문자 언어는 손짓, 억양, 표정 등을 활용하여 전달할 수 있다.

⑤ 음성 언어와 문자 언어는 차이가 있지만 서로 보완해 주는 관계에 있다.

2

다음 문장이 들어가기에 가장 알맞은 위치는?

음성 언어와 문자 언어가 어떤 특성을 지니는지 알아보자.

① (가)의 뒤   ② (나)의 뒤   ③ (다)의 뒤

④ (라)의 뒤   ⑤ (마)의 뒤

　　사회복지 제도는 그 기능과 역할을 달리하여 다양한 방식으로 운영되고 있는데, 일반적으로 급여 전달 형식에 따라 공공부조, 사회보험, 사회수당, 사회서비스로 구분된다.

　　이 중, ㉠공공부조와 사회보험은 이미 널리 알려진 제도이다. 공공부조는 국민 혹은 시민의 기초 생활을 보장하기 위하여 국가가 최저생계가 불가능한 사람들을 대상으로 생계비, 생필품 혹은 기본 서비스를 제공하는 것을 가리킨다. 이때 공공부조의 재원은 일반 조세를 통해 마련되며, 수급자는 수혜 받은 것에 상응하는 의무를 지지 않는다. 그런데 공공부조의 경우 국가가 수급 대상자를 선별하기 위해 대상자의 소득이나 자산을 조사하는 과정에서 수급자의 자존감을 떨어뜨려 이들에게 사회적 소외감을 안겨줄 가능성이 있다. 이와 달리 사회보험은 기본적으로 수급자의 기여를 토대로 이루어지는 복지제도라고 할 수 있다. 현재 대부분의 복지국가는 미래의 불확실성과 불안정성에 대비해서 일정한 소득과 재산이 있는 시민들과 관련 기업에 보험금을 납부하도록 강제하는 법의 제정을 통해 사회보험 제도를 시행하고 있다.

　　㉡사회수당은 재산이나 소득, 그리고 보험료 지불 여부와 관계없이 일정한 사회적 범주에 해당하는 사람에게 무료로 급여를 제공하는 제도로, 사회의 총체적 위협 요인을 사전에 예방하거나 시민 전체의 삶의 질을 높이기 위한 목적으로 운영된다. 선진복지국가의 노인수당(old age benefits)과 같이 국가나 자치단체는 법률이 정한 대로 일정한 나이를 넘어선 사람들에게 그가 처해 있는 재산이나 지위와 상관없이 소정의 급여를 지급하는 것이 대표적인 경우라고 할 수 있다. 이럴 경우 수당을 받는 사람들은 자기 자신을 수혜의 대상으로 간주하기보다는 권리의 주체로 인식할 가능성이 높다.

　　한편 사회서비스는 급여의 지급이 현금이 아니라 '돌봄'의 가치를 가진 특정한 서비스를 통해 이루어지는 제도이다. 사회서비스에는 국가가 서비스 기관을 운영하면서 직접 서비스를 제공하는 방식도 있지만, 서비스를 받을 수 있는 증서를 제공함으로써 수혜자가 공적 기관뿐만 아니라 민간단체가 운영하는 사적 기관의 서비스를 자신의 선호도에 따라 선택할 수 있게 하는 방식도 있다. 최근 들어서 많은 나라들은 서비스 증서를 제공하는, 일명 바우처(voucher) 제도를 도입하여 후자 방식을 강화하는 경향을 보이고 있다. 이와 같이 사회서비스는 소득의 재분배보다는 시민들의 삶의 질을 향상시키는 것에 기여하는 제도라고 할 수 있다.

1

위 글의 내용과 일치하지 않는 것은?

① 노인수당은 수급자의 선호에 따라 선택할 수 있는 제도이다.

② 사회복지 제도의 일반적인 구분 기준은 급여 전달 형식이다.

③ 사회보험 제도는 현재 대부분의 복지국가에서 시행되고 있다.

④ 공공부조는 수급 대상자의 기초 생활을 보장하기 위한 제도이다.

⑤ 바우처 제도는 수혜자의 복지 서비스 선택권을 강화하는 제도이다.

2

㉠과 ㉡을 비교하여 설명한 것으로 적절한 것은?

① ㉠은 ㉡과 달리 연령을 기준으로 지급 대상을 선정한다.

② ㉠은 ㉡과 달리 권리적 성격보다 수혜적 성격이 강하다.

③ ㉡은 ㉠과 달리 경제적 보호가 필요한 사람들을 대상으로 한다.

④ ㉠과 ㉡은 모두 수급자가 수혜에 상응하는 의무를 진다.

⑤ ㉠과 ㉡은 모두 개인의 재산 정도에 따라서 차등적으로 운영된다.

(가) 비가 오거나 바람이 불어도 거미들은 집을 짓는다. 그 모양 또한 언제나 비슷하다. 정원이나 집안의 후미진 곳에 쳐 있는 거미집은 먹이를 얻기 위한 탐색 활동의 흔적이다. 대부분의 거미들은 일생 동안 한 개체 당 약 2백 개 정도의 거미집을 만든다고 알려져 있다.

(나) 거미의 집짓기 과정은 여러 단계로 나뉜다. 제일 먼저 거미는 거미줄 칠 자리를 탐색하기 위해 주변 상황을 파악한다. 집을 짓기로 결정하면, 두 군데의 높은 지점을 줄로 연결하고 그 가운데 지점에서 밑으로 내려오면서 Y자 모양의 구조를 만든다. Y자의 접합점은 거미줄의 중심이 되고 두 팔과 줄기는 최초의 '바퀴살'이 된다. 그 다음, 거미는 거미집의 중심 지점을 돌면서 중심을 튼튼히 만들고 견고한 집을 위해 바퀴살도 여러 개 더 만든다. 집의 기본 골격을 만든 거미는 중심에서부터 바깥쪽으로 네 바퀴에서 여덟 바퀴 정도 돌면서 추가로 나선형의 줄을 침으로써 일단 '임시 나선형 거미줄'을 만들어낸다.

(다) 여기서 공사가 끝난 것은 아니다. 이제까지 완성된 거미줄은 거미들이 쉽게 이동할 수 있도록 끈적거리지 않는 실로 만들어진 것이다. 이제 거미집 건설의 마지막 단계로, 먹이들이 걸려들면 달아나지 못하게 끈끈이가 묻은 실을 이용하여 거미집을 지그재그 모양으로 촘촘하게 만든다. 이렇게 '포획 나선형 거미줄'을 완성한 후 거미는 거미집의 중심을 조절해 전체 거미줄의 장력(張力)을 조율하고 먹이가 걸리기만을 기다린다. '포획 나선형 거미줄'은 항상 폭보다 길이가 길고, 중심은 가운데가 아닌 약간 위쪽에 자리 잡고 있다. 중력으로 인해 거미가 위쪽보다는 아래쪽으로 움직이기 쉽기 때문에 거미집의 아래쪽에 먹이가 많이 걸리도록 거미집을 만들어 놓은 것이다. 많은 거미집을 관찰한 결과 거미줄의 이런 비대칭성은 철저히 계획적인 것임이 밝혀졌다.

(라) 이러한 거미의 생태에 주목한 덴마크의 아로아 대학 생물학과 볼라스(Vollarth) 교수의 '사이버 거미' 연구는 우리에게 흥미롭고 유익한 정보를 제공해 준다. 사이버 거미는 컴퓨터 화면 상에서 움직이는 거미로서 사이버 유전자(그물눈 크기 조절 인자, 실의 각도 조절 인자 등)까지 가진 개체이다. 자연 관찰을 토대로 이끌어낸 거미의 행동 특성에 관한 기본 데이터를 입력해 놓으면 사이버 거미는 치밀한 수학적 계산에 따라 자신의 집을 지어 나간다. 여기에 중력, 몸속에 남아 있는 실의 양 등에 대해 판단하고 그 요인들을 종합해서 새로운 거미줄을 만들어 나가는 것을 보면 자연 생태의 거미와 거의 흡사하다. 한 실험에서는 진짜 거미집을 디지털화해 컴퓨터에 입력한 후 '임시 나선형 거미줄'이 완성된 시점에서 사이버 거미를 투입했더니 이 거미는 자기 주변의 거미집 모양만 가지고도 '포획 나선형 거미줄'을 훌륭히 완성했다.

(마) 생물은 긴 세월 동안 진화의 과정을 통해 환경에 가장 잘 어울리는 놀라운 특성과 기능을 갖추어 왔다. 따라서 생물 생태의 연구는 자연에 대한 예리한 관찰과 이를 바탕으로 한 실험을 통해 이루어진다. 볼라스 교수의 거미 연구도 이러한 방법으로 거미의 생태를 이해하기 위한 것이었다. 자연을

대상으로 한 이와 같은 연구는 여러 측면에서 인간의 삶에 유용한 정보를 제공해 줄 수 있다는 점에서 그 의의를 찾을 수 있다.

1

위 글을 교양 과학서에 소개한다고 할 때, 그 표제와 부제로 가장 적절한 것은?

① 거미가 지닌 지혜 – 거미집의 실용화 방안

② 거미의 오묘한 생태 – 거미집에 숨겨진 비밀

③ 거미의 놀라운 생명력 – 사이버 거미 연구의 성과

④ 거미의 생존 방법 – 거미집을 이용한 먹이 사냥

⑤ 거미와 사이버 세계의 만남 – 거미집 제작에 나타난 모방의 원리

2

문단 (라)에 드러난 '사이버 거미'에 대한 설명으로 가장 적절한 것은?

① 외부에서 유입된 정보들을 활용함으로써 수학의 발달에 기여한다.

② 자연 거미의 행동 특성 변화에 도움을 줄 수 있는 정보를 제공한다.

③ 자연 거미가 도태되었을 때 그것을 대체할 수 있는 가능성을 열어준다.

④ 사이버 상에 흩어져 있는 자연 거미의 특성에 관한 정보를 수집하는 역할을 한다.

⑤ 자신의 유전자에 입력된 정보와 새로 접한 정보를 종합적으로 판단하여 행동한다.

엘리베이터의 작동 원리

엘리베이터는 도르래의 원리를 이용한 것이다. 도르래는 고정 도르래와 움직 도르래가 있다. 고정 도르래는 우물물을 긷는 것처럼 힘의 방향을 바꿀 때 사용한다. 반면 움직 도르래는 힘의 방향을 바꿀 수 없지만 작은 힘으로 큰 무게를 움직일 때 사용한다. 이 두 가지 중 엘리베이터는 고정 도르래를 이용한 것이다.

엘리베이터의 움직임을 이해하기 위해 그 구조를 살펴보자. 우선 도르래는 수직 통로의 맨 위에 고정되어 있다. 이 도르래는 전동기의 출력 장치와 연결되어 엘리베이터를 움직이는 에너지를 전달한다. 그 옆에는 보조 도르래가 있다. 엘리베이터의 힘은 끈을 통해 작용하는데 한쪽 끈에는 사람들이 타는 엘리베이터 박스가, 다른 쪽 끈에는 평형추가 달려 있다. 엘리베이터 박스와 평형추는 전동기의 힘으로 아래, 혹은 위로 움직인다.

엘리베이터가 움직일 때 끈의 각 부분에는 양쪽으로 잡아당기는 힘이 존재하게 되며, 이 힘을 장력이라 부른다. 장력은 서로 잡아당길 때 생기는 힘으로, 밀거나 누르는 힘인 압축력과 다르다. 또한 장력의 두 힘은 혼자서는 존재할 수 없는 힘들이다. 줄다리기를 생각해보면 쉽게 이해할 수 있다. 줄다리기의 경우 한쪽에서 가만히 있으면 줄은 일방적으로 다른 쪽으로 끌려갈 것이다. 엘리베이터 박스와 평형추 사이의 힘도 마찬가지다. 엘리베이터 박스만 있고 평형추가 없다면 다른 쪽은 엘리베이터 박스 쪽으로 끌려가 버릴 것이다. 이런 상태로 엘리베이터를 운행한다면 엘리베이터 박스의 무게를 전동기의 힘으로만 감당해야 한다. 그런데 다른 쪽에 엘리베이터 박스와 평형을 이룰 수 있는 추가 있다면 그 무게만큼 전동기가 부담해야 할 힘은 분산될 것이다.

도르래의 원리를 엘리베이터에 이용할 때 가장 문제가 되었던 것은 추락 사고다. 1861년 오티스라는 발명가가 이러한 문제를 해결한다. 그는 '역회전 방지 장치'로 엘리베이터 특허를 받았고, 고층 건물 시대의 서막을 화려하게 열었다. 보통 '엘리베이터 브레이크'라고 부르는 이 장치 덕분에 엘리베이터가 천천히 움직일 경우에는 도르래가 양방향으로 움직이지만 추락 상황같이 빠른 속도로 움직일 때는 도르래의 움직임을 멈춰 낙하를 방지한다. 이와 같은 원리는 자동차의 안전벨트를 생각하면 좀 더 쉽게 이해할 수 있다. 즉 안전벨트를 서서히 잡아당기면 벨트가 자연스럽게 풀리지만, 힘을 주어 확 잡아당기면 벨트가 당겨오지 않는 것과 같은 이치다.

1

위 글의 전개 방식으로 적절한 설명을 〈보기〉에서 고른 것은?

〈보기〉

ㄱ. 용어의 개념을 설명하여 독자의 이해를 돕고 있다.

ㄴ. 친숙한 예를 들어 대상의 작동원리를 밝히고 있다.

ㄷ. 전문가의 견해를 인용하며 화제를 제시하고 있다.

ㄹ. 시간적 순서에 따라 단계적으로 서술하고 있다.

① ㄱ, ㄴ   ② ㄱ, ㄷ   ③ ㄴ, ㄷ   ④ ㄴ, ㄹ   ⑤ ㄷ, ㄹ

2

위 글의 내용을 흐름에 따라 정리할 때, ⓐ~ⓒ에 적절한 것은?

도르래의 (ⓐ) ⇨ 엘리베이터의 (ⓑ) ⇨ 엘리베이터 박스와 평형추 사이의 (ⓒ) ⇨ 엘리베이터의 추락 방지 장치

	ⓐ	ⓑ	ⓒ
①	용도	형태	압축력
②	구조	원리	중력
③	종류	구조	장력
④	종류	역사	장력
⑤	용도	구조	압축력

흔히 연극의 구성 요소로서 희곡, 배우, 무대, 관객을 지칭하는 데서 알 수 있듯이 연극은 극작가, 배우, 연출가, 관객의 협조로 이루어지는 예술이다. 관객이 없이는 존재할 수 없다는 점은 모든 예술이 다 마찬가지겠지만, 특히 연극은 언제나 배우와 관객의 직접적이고도 현실적인 대면을 통해서만 성립된다는 점에서 그 독자성을 지닌다. 따라서 연극의 관객은 단순한 구경꾼이나 물질적 원조를 제공하는 자 이상의 중요한 의미를 지니고 있는 것이다.

대부분의 연극사를 보면 관객의 적극적인 참여가 있었던 시대에 걸작들이 많이 만들어졌고, 또한 같은 작품을 공연하는 경우에는 관객의 호응도가 높을 때에 보다 훌륭한 공연이 이루어졌음을 잘 알 수 있다. 연극의 존재 이유에 핵심적인 요인을 부여하는 것은 직접 창조 행위에 관여하는 사람들이기보다는 오히려 관객 쪽이며, 이들 사이에 물질적으로나 정신적으로 원만한 호응 관계가 성립될 때에 비로소 연극은 생명력을 갖게 된다. 왜냐하면 관객이 작품을 인정하려 들지 않을 때 그 공연은 연극인들만의 자기 만족 행위로 끝나 버릴 가능성이 농후하기 때문이다. 물론 관객만이 연극을 생산한다는 말은 아니지만, 관객의 내적인 영향력은 연극을 위해서는 없어서 안 될 구성 요소이고, 나아가 그것은 연극을 꽃피우는 대지(大地)인 것이다.

만드는 편에서 생각하면 극작가의 고심에 가득찬 창작에서부터 연극 창조가 시작될 테지만, 향수(享受)하는 관객의 입장에서는 일부러 먼 극장을 찾아가서 기꺼이 입장권을 사는 데서부터 관극 행위(觀劇行爲)가 출발된다. 능동적이건 수동적이건 관객이란 일단 관극 행위를 선택한 사람들의 집단을 말한다. 그렇지만 방송극을 듣거나 영화나 텔레비전 드라마를 보는 경우와는 달리, 연극에서는 관객의 자유로운 선택의 의지가 보다 더 확고하게 작용해야 한다는 점에서 그 능동성이나 참여 의식이 훨씬 강하다고 볼 수 있다.

이러한 관객은 연극을 보면서 공동체 의식과 집단 심리를 형성하게 된다. 그들은 지금 눈 앞에서 벌어지고 있는 사건에 직접 반응하면서 서로 간에 무언(無言)의 의사 소통을 나누게 되며, 그와 함께 관객은 배우와 자신과의 동일화와 거리두기의 감정을 반복적으로 경험하는 것이다. 연극의 독자성은 이러한 관객의 반응이 역으로 배우들에게 다시 전달되어 그들의 연기에 직접 영향을 미친다는 점에 있다. 따라서 어떠한 관객이 관극하느냐에 따라 연극의 완성도가 달라 질 수 있으며, 이러한 의미에서 양질의 관객을 획득하는 일은 연극 창조의 가장 중요한 관건이 되는 것이다.

1

위 글로 미루어 알 수 있는 것은?

① 연극의 예술성은 관객의 많고 적음에 따라 결정된다.

② 공연을 위한 물질적 지원은 그다지 중요한 것이 아니다.

③ 관객의 취향에 잘 맞게 만든 작품일수록 훌륭한 연극이다.

④ 연극은 관객이 없이는 존재할 수 없다는 점에서 다른 예술과 구별된다.

⑤ 같은 희곡을 공연하더라도 관객의 호응에 따라 연극의 완성도는 달라질 수 있다.

2

위 글에서 강조하고 있는 관객의 성격이 가장 두드러진 것은?

① 김 후보의 선거 연설을 들은 많은 유권자들은 그가 제시한 정책에 공감을 표시하고 그를 지지하게 되었다.

② 시사회(試寫會)가 끝난 후 관객들은 모두 자리에서 일어나 감독과 배우들을 환영하는 우레와 같은 박수를 보냈다.

③ 김 선생님은 자신을 응시하는 수많은 시선을 온 몸으로 느끼자 가장 어려운 독무(獨舞)를 멋지게 마무리할 수 있었다.

④ 한국 선수들이 드디어 역전승을 거두자 중계 방송을 시청하고 있던 대합실의 많은 사람들은 건물이 떠나가도록 환호했다.

⑤ 김 화백의 미술 전람회에 참여한 많은 사람들은 이구동성으로 그의 그림에는 시적 감수성이 풍부하다고 칭찬했다.

(가) 마루는 한옥의 특징적인 공간 중 하나이다. 마루의 기원에 대해서는 여러 가지 학설이 분분한데, 남방 전래설이 가장 일반적이다. '마루는 태평양 문화권의 고상주거(高床住居) 방식이 우리나라로 들어오면서 발생했다'는 것인데, 이에 대해서는 일제 강점기 이후 지금까지 많은 학자들이 동의하고 있다.

(나) 그러나 일부 학자들은 북방 전래설을 주장하기도 한다. 그들에 의하면 마루는 중국 문화와 관계있는 종교 건축과 궁전 건축의 모방이라 한다. 그들은 퉁구스족들이 사는 천막 가운데 최상석(最上席)에 있는 신성한 공간을 '말루(Malu)' 또는 '마로(Maro)'라고 부르는 것을 그 예로 든다. 이 공간은 원래 그 종족의 신령이나 조상의 신주를 모시는 제단이거나 가장 신분이 높은 손님이 앉는 귀한 장소였다. 우리나라에서 신주를 대청에 모시고, 제사를 대청마루에서 지내며, 곡식을 담았던 뒤주를 마루에 두는 이유도 마루의 이러한 어원적인 측면과 무관하지 않을 것이다. 뿐만 아니라 집을 짓는 완성 단계에서 종도리를 올리고 상량 고사를 지낼 때에 대청 위 종도리에 상량문을 적어 가문의 번창을 비는 것도 대청이 집의 중심이 되는 신성한 장소라는 인식 때문이다.

(다) 이러한 인식에서 마루는 종(宗), 곧 조상이나 신령을 뜻하게 되었고, 다시 산마루처럼 신령과 맞닿는 정상의 뜻으로 분화해 나갔다. 관청이라는 단어가 마루에서 유래되었다고도 하는데, 이는 아마도 신성한 마루에서 제사와 정치를 베풀었던 신라 때부터 생긴 이름인 듯하다. 신라 시대의 마립간이나, 후대의 폐하, 전하, 각하 등은 모두 그들이 거처하는 공간을 뜻했던 것이니 마루가 귀한 사람과 관련되는 장소라는 데에는 이론(異論)의 여지가 없을 듯하다.

(라) 또 다른 학설은 남방의 고상식(高床式)과 북방 퉁구스 계통의 의례적인 기능이 결합되어 한국의 풍토와 생활양식에 맞게 마루로 진화했다는 것이다. 가야 시대와 신라 시대의 가형토기(家形土器)나 오래된 절터 등의 유물이나 유적에서도 마루를 깔았던 흔적이 나타나기도 한다. 이러한 사실들로 볼 때 마루는 삼국 시대부터 이미 사용되었다고 볼 수 있으나 마루가 나무로 만들어진 까닭에, 고증하기 어려운 점이 있다.

(마) 조선 시대에 오면 마루의 발전은 괄목할 만하여 그 용도나 구조 기법에 있어서도 상당한 발전을 보인다. 주거 건축에서 상류층 주택의 경우는 말할 것도 없지만 일반 민가에서도 방 앞으로 툇마루를 내어 안과 밖의 연결 공간으로 쓰이기도 하였다. 사찰, 궁전, 서원, 향교, 누(樓) 등에서도 마루의 공간이 외기(外氣)를 완충하는 효과 때문에, 또는 마루의 목조가 가지는 탄성이 외부 충격을 덜어 준다는 이점(利點) 때문에 다양하게 사용되었다.

1

위 글의 주제로 가장 적절한 것은?

① 마루의 기원과 발전

② 마루의 어원과 정의

③ 마루의 발생과 쇠퇴 과정

④ 마루에 담긴 한국인의 미의식

⑤ 마루의 의미 변화 과정과 고대 건축

2

위 글의 내용에 대해 독자가 신뢰한다고 가정할 때, 그 이유로 가장 적절한 것은?

① 가장 권위 있는 학설에 근거해서 논의를 전개했기 때문에

② 다양한 학설들을 실증적인 근거와 함께 제시하고 있기 때문에

③ 기존 학설들을 비판하면서 독자적인 견해를 제안하고 있기 때문에

④ 어원학적 관점과 비교문화적 관점에서 특정 학설을 지지하고 있기 때문에

⑤ 가장 최근의 학설을 수용하여 기존 학설들의 단점을 극복하고 있기 때문에

　　헌법은 국민의 기본권과 국가의 통치 조직을 규정한 최고의 기본법이다. 헌법의 특질인 '최고규범성'은 헌법이 국민적 합의에 의해 제정되었기 때문에 인정된다. 헌법의 하위에 있는 법규범들은 헌법으로부터 그 효력을 부여 받으며 존속을 보장 받으므로, 법률은 헌법에 합치되어야 하며 헌법을 위반하는 내용의 법률은 무효가 된다. 따라서 법률은 헌법에 모순되어서는 안 될 뿐만 아니라 적극적으로 헌법적 가치를 실현하여야 한다.

　　헌법의 최고규범성에도 불구하고 헌법은 규범 체계상 하위에 있는 법규범들과는 달리 스스로를 보장하지 않으면 안 된다. 다른 법규범들에는 상위의 법규범인 헌법이 있을 뿐만 아니라 국가 권력이라는 절대적인 강제 수단이 있어 그 효력이 보장되지만 헌법은 그렇지 못하다. 즉 헌법은 국가 권력이 그 효력을 부정하거나 침해할 수 없도록 헌법재판제도와 같은 장치를 스스로 마련하여 지니고 있다는 점에서 다른 법규범과는 상이한 특징을 갖는데, 이것이 바로 헌법의 ㉠'자기보장성'이다. 그러나 헌법재판은 일반 소송과 달리 국가 기관이 그 재판 결과를 따르지 않아도 이를 강제적으로 따르게 할 수 없는 한계가 있다. 헌법재판소의 결정은 국가 권력을 포함한 헌법의 적용을 받는 모든 대상들이 이를 존중하는 조건하에 실현된다. 예를 들면, 대여금 지급 소송에서 돈을 빌려 준 사람이 이기는 경우 그 사람은 법원의 도움을 얻어 돈을 빌린 사람이 가지고 있는 재산을 강제로 팔아 빌려 준 돈을 받을 수 있다. 하지만 헌법재판의 경우에는 어떠한 법률 조항에 대하여 헌법에 합치하지 아니하다며 입법자에게 개선 입법을 촉구하여도 입법부가 이를 따르지 않을 경우 헌법재판소가 입법부로 하여금 강제로 지키게 할 수 있는 수단이 따로 없다. 따라서 헌법의 최고 규범으로서의 효력은 [㉡]에 좌우된다고 할 수 있다.

　　헌법은 서로 다른 사람들 간에 존재하는 공통의 가치를 연결 고리로 하여 국가를 창설해 낸다. 헌법은 국가 내에서 이러한 공통의 가치를 최대한 실현할 수 있도록 갈등을 해결하고, 국가 작용을 체계화하기 위하여 그것을 담당할 기관과 절차를 규정한다. 그러나 헌법은 단순히 국가 작용을 체계화하고 국가 기관을 조직하는 데 그치지 않는다. 더 나아가서 헌법은 국가 작용을 담당하는 기관이 그 권한을 남용하여 오히려 국가가 추구하는 목적인 공통의 가치를 위험에 빠뜨리지 않도록 노력하고 있다. 이러한 헌법의 '권력제한성'을 통해 헌법은 처음부터 조직적인 측면에서 권력의 악용과 남용의 가능성을 배제하고 있다.

1

㉠에 대한 이해로 가장 적절한 것은?

① 헌법은 국가 기관의 행위를 일반 소송을 통해 제한한다.

② 헌법은 주권자인 국민의 합의에 의해 규범성이 인정된다.

③ 헌법은 효력을 보장하기 위한 장치를 헌법 내에 마련한다.

④ 헌법은 규범 체계상 하위의 법규범에 의해 효력이 보장된다.

⑤ 헌법은 헌법에 의한 권력 남용의 가능성을 스스로 제한한다.

2

㉡에 들어갈 내용으로 가장 적절한 것은?

① 헌법재판소의 결정 이행을 위한 강제 수단 마련

② 헌법에 의해 권한을 부여 받은 입법부의 독자성 보장

③ 최고 규범을 판단하는 기관인 헌법재판소의 법적 권위

④ 헌법의 실효성을 높이기 위한 국가 권력의 법적 제재 수단

⑤ 헌법의 내용을 실현하고자 하는 모든 구성원들의 적극적 의지

(가) 아주 오랜 옛날부터 사람들은 하루 두 차례씩 바닷물이 해안으로 밀려들어 왔다가 다시 먼 바다로 물러가는 것을 지켜보면서 살아왔다. 그것은 참으로 신기한 마법과도 같은 것이었다. 사람들은 그 비밀이 무척 궁금했지만 설명해 줄 수 있는 사람이 아무도 없었다. 다만, 이러한 조석(潮汐)이 달과 관계가 있다고 생각했을 뿐이었다.

(나) 조석이 왜 일어나는지를 과학적으로 처음 밝혀낸 사람은 뉴턴이었다. 뉴턴은 조석을 일으키는 힘의 정체를 조석력으로 보았다. 조석력은 달이나 태양의 만유인력이 지구의 각 부분에 미치는 크기가 다르기 때문에 생기는 힘을 말한다. 조석력은 천체와 지구를 잇는 축의 양쪽으로 작용하기 때문에 천체 가까운 쪽과 정반대 쪽의 수위가 동시에 높아진다. 그리고 지구는 하루에 한 바퀴씩 자전하고 있기 때문에 하루에 두 번씩 조석이 생기게 된다.

(다) 조석은 태양보다는 달의 영향을 많이 받는다. 달보다 2,700만 배나 무거운 태양이 지구의 작은 위성에 불과한 달보다 영향력이 더 작다는 사실은 놀랍게 들린다. 그러나 우주의 역학에서는 질량보다는 거리가 더 큰 위력을 발휘할 때가 많은데, 수학적으로 계산해 보면 조석에 미치는 달의 영향력은 태양의 두 배 이상이 된다. 그렇기 때문에 달이 매일 약 50분씩 늦게 뜨는 것에 맞추어 만조 시간도 매일 그만큼씩 늦어진다. 그리고 달이 한 달을 주기로 차고 기욺에 따라 만조 때의 수위도 변하게 된다.

(라) 조차(조석 간만의 차)는 그믐달과 보름달일 때 가장 크게 나타난다. 이때에는 태양과 달이 지구와 일직선상에 놓이므로 그 조석력이 합쳐져서 수위가 가장 높아지는 '사리'가 된다. 그러나 상현달과 하현달일 때는 태양과 달은 지구를 중심으로 직각 상태에 놓이게 되어 이들의 조석력이 상쇄되기 때문에 수위가 가장 낮아지는 '조금'이 된다. 이때에는 한 달 중 조석 간만의 차가 가장 작게 나타난다.

(마) 조석력은 바닷물뿐 아니라 지구의 자전 주기에도 영향을 준다. 조석력에 의해 바닷물과 해저 지각 사이에 발생하는 마찰력이 지구의 자전을 방해하면서 자전 속도가 감속되고 있는 것이다. 이 때문에 하루의 길이는 5만 년에 1초씩 길어지고 있다. 지구의 자전 속도가 느려진다는 것은, 지구는 에너지를 잃고 있는 반면 달은 지구로부터 에너지를 얻게 되는 것을 의미한다. 이것은 달의 공전을 가속시키는 역할을 하여 달을 지구에서 멀어지게 하고 있다. 천문학적 관측 결과 실제로 달은 매년 지구로부터 약 3.8cm씩 멀어지고 있는 것으로 확인되고 있다.

(바) 그렇다고 해서 지구의 자전이 무한정 느려지는 것은 아니다. 지구의 자전주기와 달의 공전주기가 같아질 때까지 느려지다가 그 이후에는 일정한 속도를 유지하게 된다. 그때가 되면 달은 더 이상 떠오르지 않고 달이 항상 떠 있는 지역과 전혀 뜨지 않는 지역이 생긴다. 그렇게 되면 달이 항상 떠 있는 지역은 항상 지금의 만조 때만큼의 수위를 유지하고, 달이 전혀 뜨지 않는 지역은 항상 지금

의 간조 때만큼의 수위를 유지한다.

(사) 만약 언젠가 우주의 어떤 관측자가 지구의 조석의 역사를 쓴다면, 조석은 지구가 어린 시절에 가장 웅장하고 힘 있게 일어나다가 점점 약해져서 언젠가는 멈추었다고 기록할 것이다. 지상에 존재하는 모든 것과 마찬가지로, 조석 역시 현재 우리가 보는 모습 그대로 유지돼 온 것은 아니기 때문이다.

1

위 글로 미루어 알 수 있는 내용이 아닌 것은?

① 조석력의 크기는 계절에 따라 달라진다.
② 조석력은 지구의 자전주기를 길어지게 한다.
③ 조석력은 질량보다 거리에 더 큰 영향을 받는다.
④ 밀물과 썰물이 일어나는 시간은 예측이 가능하다.
⑤ 밀물과 썰물은 하루에 각각 두 번씩 일어나고 있다.

2

위 글의 내용 전개상 특징으로 적절하지 않은 것은?

① 용어의 개념을 제시하여 독자의 이해를 돕고 있다.
② 전문적인 내용을 친숙한 사물에 빗대어 설명하고 있다.
③ 객관적 수치를 제시하여 정보의 신뢰성을 높이고 있다.
④ 현상의 원인을 설명하고 그것이 초래할 결과를 예측하고 있다.
⑤ 차이가 있는 두 현상으로 대상의 원리에 대한 이해를 돕고 있다.

생명의 구조를 이용하여 인간 생활에 도움을 주고자 하는 기술을 생명 공학 기술이라 한다. 이 중 최근에 가장 주목을 받고 있는 것은 분자 생물학의 주된 방법인 유전자 재조합 기술을 이용하여 새로운 유전자 조성(組成)을 가진 생물, 즉 유전자 변형 생물을 인공적으로 만들어 내는 유전 공학 기술이다.

유전자를 재조합하기 위해서는 DNA를 절단하는 가위와 이를 접착하는 풀이 필요하다. 가위의 구실을 하는 것은 '제한 효소'라는 단백질인데, 이것은 DNA의 각기 다른 위치에서 작용한다. 풀 구실을 하는 것은 '리가아제'라고 부르는 효소인데, 이것은 절단된 DNA를 결합시키는 역할을 맡고 있다. 그리고 일단 시험관 내에서 제한 효소와 리가아제에 의해 재조합된 DNA는 다른 생물체 내로 이식되어 유전자 변형 생물을 만들어 내는데, 이를 위해서는 '벡터'라고 불리는 운반체가 이용된다. 요컨대 DNA라는 긴 실 위에 하나하나의 단편으로 존재하는 유전자 가운데 특별히 유용한 유전자를 이용하기 위해서는 그 유전자 단편을 가위로 잘라 내어 그것을 운반체에 풀로 붙여 넣어야 하는 과정이 필요한 것이다.

유전자 변형 생물을 이용하는 방법은 크게 세 가지로 나누어 볼 수 있다. 첫째는 유전자 변형 생물 그 자체를 이용하는 경우이다. 유전자를 변형시켜 만든 제초제 저항성 옥수수나 콩이 그 예에 속한다. 둘째는 유전자 변형 생물이 만들어 내는 부산물을 이용하는 경우이다. 유전자 변형 대장균으로부터 당뇨병 치료에 쓰이는 인슐린이나 인간 생장 호르몬을 추출하는 일 등이 이에 속한다. 셋째는 유전자의 기능 및 발현 패턴을 연구하기 위한 수단으로 유전자 변형 생물을 이용하는 경우이다. 가령 최근에 인간 게놈 프로젝트에 의해 알려진 수많은 유전자의 기능을 연구하고자 할 때, 바로 유전자 변형 생물이 이용될 수 있는 것이다.

이러한 유전 공학 기술은 작물 개량 및 증산을 통한 식량 문제 해결뿐만이 아니라 새로운 의약품 개발, 난치병 치료, 환경 정화 등에 매우 효과적으로 이용될 수 있을 것으로 예측된다. 이미 우리의 식탁에도 유전자 변형 식품이 매일 매일 오르고 있다.

그러나 유전자 변형 생물에 내재된 잠재적 위험성이 제기되기도 한다. 한 예로 ㉠일부 환경 운동 단체에서는, 제초제 저항성 작물이 그것과 유연(有緣) 관계에 있는 잡초와의 교잡에 의해 초강력 잡초를 생성시킬 가능성이 있고, 또한 유전자의 도입 과정에서 흔히 사용되는 항생제 저항성 유전자가 우리 몸 속에 있는 대장균으로 옮겨 가서 항생제에 저항성을 갖는 박테리아가 출현할 가능성이 있음을 우려한다. 또한 알레르기를 일으킬 가능성도 유전자 변형 생물의 잠재적 위험성으로 보기도 한다.

1

위 글의 내용과 일치하지 않는 것은?

① 유전자 변형 생물을 만드는 기술은 생명 공학의 한 분야이다.

② 유전자 재조합은 DNA를 대상으로 한다.

③ 유전자 재조합은 제한 효소와 리가아제가 필수적이다.

④ 벡터는 재조합된 DNA의 운반체로 사용된다.

⑤ 인간 게놈 프로젝트의 목적은 유전자 변형 생물을 만드는 것이다.

2

위 글처럼 유전자 변형 생물을 만들고 이용하는 사람들에게 ㉠의 견해를 참조하여 조언하고자 한다.
가장 적절한 속담은?

① 윗물이 맑아야 아랫물이 맑다.

② 돌다리도 두드려 보고 건넌다.

③ 가는 말이 고와야 오는 말이 곱다.

④ 얌전한 고양이 부뚜막에 먼저 오른다.

⑤ 낮말은 새가 듣고 밤말은 쥐가 듣는다.

　　한국 초상화 전반이 갖는 성격적 특색은 어떠한 것일까. 한국의 초상화는 이른바 자연주의라 일컬어질 만한 것으로서, 극적이 아닌 담담한 형용을 특징으로 한다. 그 좋은 예로 우리 나라 승상은 일본 승상에서처럼 참선(參禪)의 경지를 담은 모습 등, 어떤 특정한 행위나 극적 순간을 포착하여 형상화한 그림은 찾을 수 없다. 단지 고덕(高德)으로서 고요히 앉아 있는 모습만이 그려져 있다.

　　이러한 특성은 초상화에서 중시되는 소위 점정(點睛) 및 전반적인 눈의 표현에서 한층 분명히 드러난다. 한국 초상화에서는 얼굴 각도와 동일한 각도에서 시선이 처리되며, 그 형상도 실제 그대로를 옮긴 듯 과장되지 않게 나타난다. 하지만 중국 초상화의 경우에는 그 인물이 지닌 풍격(風格)이나 성격적 특성을 강조하게끔 어떤 표정을 강하게 띤다. 이것은 대체로 동양 초상화의 특성인 전형적 의취(意趣)*와 강하게 결부된 것이다. 중국 초상화에서 이러한 측면은 분명히 나타난다. 한편 일본 초상화의 경우에는 인물의 얼굴 각도는 다양한데, 시선의 각도는 얼굴 전체의 각도와는 상관없이 대상 인물의 개성 표현을 위한 강한 데포르마숑*이 구사되어 있다.

　　바꾸어 말해서 중국 초상화의 경우는 인물이 속한 계층의 보편 이념과 영웅적 고사(故事)가 보는 이에게 인식되도록 그 인물의 성격이나 기개ㆍ풍골(風骨) 등을 강조하여 표현한다. 이에 비해 일본 초상화는 그 인물만이 지닌 어떤 독특한 특성을 화가 자신이 전달하고자 하는 강한 의욕에서 대상 인물을 화면 위에 회화적으로 변형하여 재구성한다. 그런데 일본 초상화는 탁월한 일부 작품에서는 절묘한 표현 효과를 거둘 수가 있으나, 그렇지 못한 대부분의 경우는 희화적(戲畵的) 상태에 머문다. 또한 중국 초상화에서 보이는 전형성의 과장은 뛰어난 예술적 성취를 보이기도 하지만, 그렇지 못한 대부분의 작품에서는 만화적(漫畵的)인 성격 설정의 흔적만을 남긴다. 이러한 전형성의 과장이나 변형에 반하여 우리 나라의 초상화는 모든 유형에서 정식화(定式化)되어 있어 다양한 모습이 드러나지 않는다.

　　하지만 화가는 자기 앞에 놓인 대상을 충실하게 표현하는 것을 최대 목표로 하기 때문에 어줍잖은 개성의 과잉 분출은 방지된다. 따라서 비록 융통성이 없고 딱딱한 감은 있으나, 작품이 도달하는 수준의 격차는 거의 없다. 미학적 표현을 빌자면, 한국 초상화의 성격인 재현의 극(極)에서 오는 표현적 힘은 어느 시대에서도 존재한다. 이처럼 우리나라 초상화에서는 대상의 왜곡도, 또한 특징의 강조로 의도적인 전형성 유도를 위한 과장도 찾아보기 어렵다. 오로지 실제 인물에 접근하기 위한 노력만이 극진했다.

　　이와 같은 특성을 한국 초상화에서 가장 잘 보여주는 것은 바로 수염 처리이다. 부연하자면, 중국 초상화에서처럼 휘날리듯이 표현하여 그 인물의 풍격을 시사하지도 않으며, 수염이 드물게 나타나는 일본 초상화에서처럼 상징적 몇 올의 형태를 빌어 그 인물의 개성이나 분위기 창출을 기도하지도 않는다. 우리 나라 초상화의 수염 그리기는 단지 얼굴 모습의 연장이라는 사고 아래 한 올 한 올 묵선

(墨線)과 백선(白線)을 교대로 세밀하게 그려나갔다. 이것은 그야말로 '터럭 한 올이라도 어긋나면 그 사람이 아니다'라는 초상화의 명제를 화가 자신이 충실하게 따랐던 것이다.

*의취(意趣): 의도와 취향
*데포르마숑(deformation): 회화나 조각에서, 대상이나 소재가 되는 자연물을 사실적으로 그리지 아니하고, 주관적으로 확대하거나 변형하여 표현하는 기법.

1

위 글의 설명 방식으로 적절한 것은?

① 대상이 지닌 문제점을 분석하고 원인을 규명하고 있다.

② 시대의 흐름에 따른 대상의 변화 양상을 고찰하고 있다.

③ 대상의 특성을 각각 대비하고 그 차이점을 해설하고 있다.

④ 가설을 먼저 설정한 후 그것을 구체적 현상에 적용하고 있다.

⑤ 상반된 두 가지 견해를 소개하고 이를 절충하여 마무리하고 있다.

2

위 글에서 확인할 수 없는 내용은?

① 지나친 기교는 초상화 제작의 취지를 훼손한다.

② 지배 계층에 한해 초상화의 대상으로 그려질 수 있다.

③ 특정 부위의 묘사가 인물의 전체적인 인상을 좌우한다.

④ 초상화 인물을 화면에 배치하여 묘사하는 방법은 다양하다.

⑤ 초상화를 제작하는 과정에 화가의 개인 취향이 개입되기도 한다.

종교적 신념 체계의 유형

인류 종교사에 나타나는 종교적 신념 체계는 다양한 유형으로 나타난다. 이 유형 간의 관계를 균형 있게 이해할 때 우리는 시대 정신과 신념 체계와의 관계를 구조적으로 밝힐 수 있다. 그러면 이 유형들의 주된 관심사와 논리적 태도를 살펴보자.

먼저 기복형(祈福型)은 그 관심이 질병이나 재앙과 같은 현세의 사건을 구체적으로 해결해 보려는 행위로 나타난다. 그러므로 이 사유 체계에서는 삶의 이상이 바로 현세적 조건에 놓여진다. 현세의 조건들이 모두 충족된 삶은 가장 바람직한 이상적 삶이 되는 것이다. 따라서 기복 행위는 비록 내세의 일을 빈다 할지라도 내세의 이상적 조건을 현세의 조건에서 유추한다. 이와 같은 기복사상은 현세적 삶의 조건을 확보하고 유지하는 것을 중심 과제로 여기기 때문에 철저히 현실 조건과 사회 질서를 유지하려는 경향이 강하다. 이 때문에 주술적 기복 행위는 근본적으로 이기적(利己的) 성격을 지니며 행위자의 내면적 덕성의 함양은 그 관심 밖에 머무는 것이다.

다음으로 구도형(求道型)은 인간 존재의 실존적 제약에 대한 인식을 바탕으로 이상적인 자아 완성을 추구하는 존재론적 문제에 관심을 집중한다. 이러한 사상 체계에서는 현실적 조건과 이상 사이의 커다란 차이를 인식하고 그것을 바탕으로 현세적 조건들을 재해석한다. 그 결과 우주와 사회와 인간이 하나의 원칙에 의해서 동일한 질서를 유지하고 있다는 신념, 이른바 우주관(宇宙觀)을 갖게 된다. 그런데 이 같은 전인적(全人的) 이상과 진리의 실천이라는 목표를 달성하기 위해 구도자에게 극기(克己)와 고행(苦行)이 요구된다. 또한 고행은 그의 실천 자체가 중대한 의미를 지니며 전인적 목표와 동일한 의미를 갖는다. 때문에 구도자의 주된 관심은 전인적 이상과 진리의 실천이며 세속적 일들과 사회적 사건은 그의 관심 밖으로 밀려 나가게 된다.

끝으로 개벽형(開闢型)은 이상 세계의 도래를 기대하며 그 때가 올 것을 준비하는 일에 관심이 집중된다. 이상 세계가 오면 지금까지의 사회적 문제들과 개인 생존의 어려움이 모두 일거에 해결된다고 믿는다. 현재의 사회 조건과 이상적 황금 시대의 조건과 차이가 심하면 심할수록 새시대의 도래는 극적이며 새시대의 개벽(開闢)은 더 장엄하고 그 충격은 더 크게 마련이다. 그러므로 개벽 사상(開闢思想)은 사회의 본질적 변혁을 추구하는 개혁 의지와 이상 사회에 대한 집단적 꿈이 깃들여 있다. 이러한 개벽 사상에서는 주술적 생존 동기나 구도적 고행주의는 한낱 무기력하고 쓸모 없는 덕목으로 여겨질 뿐이다. 개벽 사상은 한마디로 난세의 철학이며 난세를 준비하는 혁명 사상인 것이다.

한 종교 사상 안에는 이와 같은 세 유형의 신념 체계가 공존하고 있다. 그 중의 하나가 특별히 강조되거나 둘 또는 세 개의 유형이 동시에 강조되어 그 사상의 지배적 성격을 결정하는 것이다. 기복(祈福), 구도(求道), 개벽(開闢)의 삼대 동기는 사실 인간의 종교적 염원의 삼대 범주를 이루고 있다. 인간이 근원적으로 희망하는 것이 있다면 이 세 개의 형태로 나타날 것이다. 그러므로 이 삼대 동기가 동시에 공존하면서 균형을 유지할 때 가장 조화된 종교 사상을 이루게 된다.

1

위 글은 어떤 질문에 대한 대답의 글이다. 그 질문으로 가장 적절한 것은?

① 종교는 현실을 어떻게 반영하는가?

② 종교와 인간의 본성은 어떤 관계가 있는가?

③ 종교는 인간의 신념을 어떻게 구현하고 있는가?

④ 종교는 인간의 이상을 얼마만큼 실현시킬 수 있는가?

⑤ 종교의 변화는 시대적 상황에 얼마나 영향을 받는가?

2

위 글의 내용과 일치하지 않는 것은?

① 기복형은 현세적 조건의 만족을 추구하는 신념 체계이다.

② 윤리적, 도덕적 덕성의 함양은 신념 체계의 공통된 목표이다.

③ 구도형은 우주와 사회와 인간이 동일한 질서를 유지하고 있다고 믿는다.

④ 개벽형은 현실의 문제와 이상 세계의 괴리감에 대한 각성을 기반으로 한다.

⑤ 인간의 삶과 현실의 문제에 대한 대응 방식은 신념 체계에 따라 다양하게 나타난다.

세금이란 정부 또는 지방 정부가 수입을 얻기 위해 법률의 규정에 따라 직접적인 반대급부* 없이 자연인이나 법인에게 부과하는 경제적 부담이다. 즉, 세금은 정부가 사회 안전과 질서를 유지하고 국민 생활에 필요한 공공재*를 공급하는 비용을 마련하기 위해 가계나 기업의 소득을 가져가는 부(富)의 강제 이전(移轉)인 것이다.

납세자들은 정부에서 제공하는 각종 재정 활동, 즉 각종 공공 시설, 보건 의료, 복지 및 후생 등의 편익에 대해서 더 큰 혜택을 원한다. 그러나 공공 서비스 확충을 위하여 세금을 더 많이 내겠다고 나서는 사람은 보기 드물다.

역사적으로 볼 때 시민 혁명이나 민중 봉기 등의 배경에는 정부의 과다한 세금 징수도 하나의 요인으로 자리 잡고 있다. 현대에도 정부가 세금을 인상하여 어떤 재정 사업을 하려고 할 때, 국민들은 자신들에게 별로 혜택이 없거나 부당하다고 생각될 경우 납세 거부 운동을 펼치거나 정치적 선택으로 조세 저항을 표출하기도 한다. 그래서 세계 대부분의 국가는 원활한 재정 활동을 위한 조세* 정책에 골몰하고 있다.

경제학의 시조인 아담 스미스를 비롯한 많은 경제학자들이 제시하는 바람직한 조세 원칙 중 가장 대표적인 것이 공평과 효율의 원칙이라 할 수 있다. 공평의 원칙이란 특권 계급을 인정하지 않고 국민은 누구나 자신의 능력에 따라 세금을 부담해야 한다는 의미이고, 효율의 원칙이란 정부가 효율적인 제도로 세금을 과세*해야 하며 납세자들로부터 불만을 최소화할 수 있는 방안으로 징세*해야 한다는 의미이다.

조세 원칙을 설명하려 할 때 프랑스 루이 14세 때의 재상 콜베르의 주장을 대표적으로 원용한다. 콜베르는 가장 바람직한 조세의 원칙은 거위의 털을 뽑는 것과 같다고 하였다. 즉, 거위가 소리를 가장 적게 지르게 하면서 털을 가장 많이 뽑는 것이 가장 훌륭한 조세 원칙이라는 것이다.

거위의 깃털을 뽑는 과정에서 거위를 함부로 다루면 거위는 소리를 지르거나 달아나 버릴 것이다. 동일한 세금을 거두더라도 납세자들이 세금을 내는 것 자체가 불편하지 않게 해야 한다는 의미이다. 또 어떤 거위도 차별하지 말고 공평하게 깃털을 뽑아야 한다. 이것은 모든 납세자들에게 공평한 과세를 해야 한다는 의미이다. 신용 카드 영수증 복권 제도나 현금 카드 제도 등도 공평한 과세를 위해서이다.

더불어 거위 각각의 상태를 감안하여 깃털을 뽑아야 한다. 만일 약하고 병든 거위에게서 건강한 거위와 동일한 수의 깃털을 뽑게 되면 약하고 병든 거위들의 불평·불만이 생길 것이다. 더 나아가 거위의 깃털을 무리하게 뽑을 경우 거위는 죽고 결국에는 깃털을 생산할 수 없게 될 것이다.

*반대급부(反對給付): 어떤 일에 대응하여 얻게 되는 이익.
*공공재(公共財): 공중(公衆)이 공동으로 사용하는 물건이나 시설. 도로, 항만, 교량, 공원 따위를 이른다.

*조세(租稅): 국가 또는 지방 공공 단체가 필요한 경비로 사용하기 위하여 국민이나 주민으로부터 강제로 거두어들이는 금전. 국세와 지방세가 있다.
*과세(課稅): 세금을 정하여 그것을 내도록 의무를 지움. '세금 매김'으로 순화.
*징세(徵稅): 세금을 거두어들임.

1

위 글을 바탕으로 강연회를 개최한다 했을 때 적절한 주제는?

① 바람직한 조세의 원칙

② 납세자의 올바른 자세

③ 효율적인 정부의 구조

④ 세금의 정확한 의미

⑤ 납세 의무의 역사

2

위 글을 읽고 내용을 정리해 보았다. 적절하지 않은 것은?

① 납세자들의 경제적 여건을 고려하여 세금이 부과되어야 함.

② 대다수의 국민들은 양질의 공공 서비스를 받기 위해 세금을 많이 내려고 함.

③ 무리한 세금 부과는 국민과 국가를 모두 힘들게 할 수 있으므로 피해야 함.

④ 정부는 납세자들의 불만을 최소화하는 방법으로 세금을 징수하여야 함.

⑤ 공평의 조세 원칙에 따르면 국민은 누구나 자신의 능력에 따라 세금을 부담해야 함.

염증 반응

　우리 몸에 상처가 났을 때 피가 멈춘 후에도 다친 부위가 빨갛게 부어오르고 열과 통증이 동반되기도 하며, 고름이 생기기도 하는데 이를 '염증 반응'이라고 한다. 우리 몸에서 염증 반응은 왜 일어나며 어떻게 진행되는 것일까?

　염증 반응은 우리 몸에 침입한 바이러스나 박테리아 등의 병원체를 제거하여 병원체가 몸 전체로 퍼져나가는 것을 방지하고, 손상된 세포나 조직을 제거하여 수리를 시작하기 위한 면역 반응의 하나이다. 면역 반응에서는 병원체에 대항하여 신체를 보호하는 역할을 하는 혈액 속 백혈구가 주로 관여하게 되는데 염증 반응도 예외는 아니다. 그러나 체내로 들어오는 특정 병원체를 표적으로 하는 다른 면역 반응과 달리 염증 반응은 병원체의 종류를 가리지 않고 나타난다는 특징이 있다.

　그렇다면 염증 반응은 어떻게 일어날까? 가령 뾰족한 핀으로 찢긴 피부에 병원체가 침입해 감염을 일으키는 상태가 되면, 병원체들은 우리 몸의 여러 조직에 상주하고 있는, 세포 섭취 능력을 가진 '대식 세포'에 의해 포식되어 파괴되기 시작한다. 대식 세포 표면에는 병원체의 고유한 특징을 인식하는 수용체가 있어서 이것이 병원체 표면의 특징적인 분자들을 인식해 병원체와 결합하면 대식 세포가 활성화되어 병원체를 삼키게 되는 것이다. 이러한 반응과 더불어 피부나 내장 기관을 둘러싸고 있는 조직의 일부에 분포하는 '비만 세포'가 화학 물질인 히스타민을 분비한다. 분비된 히스타민은 화학적 경보 신호로 작용하여, 더 많은 백혈구가 감염 부위로 올 수 있도록 혈관을 확장시킨다. 혈관이 확장되면 혈관 벽을 싸고 있는 내피세포들의 사이가 벌어져 혈장 단백질, 백혈구 등의 혈액 성분들이 혈관에서 쉽게 빠져나올 수 있게 된다.

　이때 백혈구의 일종인 단핵구가 혈관 벽을 통과하여 병원체가 있는 감염 부위로 들어오게 된다. 혈관 속에 있을 때 세포 섭취 능력이 없던 단핵구는 혈관 벽을 통과한 후 대식 세포로 분화하여 병원체를 포식하게 된다. 이러한 대식 세포는 사이토카인과 케모카인이라는 단백질을 분비해 병원체를 제거할 다른 방어 체제를 유도한다. 사이토카인은 혈관 내피세포에 작용하여 혈관을 확장시키고, 또 다른 백혈구의 일종인 호중구가 혈관 벽에 잘 달라붙을 수 있게 한다. 그리고 케모카인은 혈관 벽에 붙은 호중구가 혈관 벽 내피세포 사이로 빠져나와 감염 부위로 이동할 수 있도록 유도하는 역할을 한다. 감염 부위로 이동한 호중구는 대식 세포와 같은 방법으로 병원체를 삼킨다.

　한편 세포들이 병원체를 포식하여 파괴하는 과정에서 병원체와 함께 죽는 경우도 있는데, 이렇게 죽거나 죽어 가는 세포나 병원체 등은 고름의 주성분이 된다. 고름은 대식 세포에 의해 점차적으로 제거되기도 하고 압력에 의해 밖으로 나오기도 한다. 또한 히스타민에 의해 혈관이 확장되면서 상처 부위가 혈장으로 채워지기 때문에 빨갛게 부어오르고, 상처 부위가 부어올라 신경을 물리적으로 누르면 통증이 나타나기도 한다.

1

위 글을 통해 답을 찾을 수 없는 질문은?

① 대식 세포 표면의 수용체는 어떤 역할을 하는가?

② 상처 부위에서 통증이 나타나는 이유는 무엇인가?

③ 염증 반응에 관여하는 백혈구에는 어떤 것들이 있는가?

④ 병원체는 우리 몸에서 어떤 과정으로 퍼져 나가는가?

⑤ 다른 면역 반응과 구분되는 염증 반응의 특징은 무엇인가?

2

다음 〈보기〉는 위 글을 읽고 학생이 정리한 메모의 일부이다. Ⓐ와 Ⓑ에 들어갈 말로 적절한 것은?

〈보기〉

상처 부위에 염증 반응이 일어날 때 빨갛게 부어오르게 되는 것은 상처 부위가 [Ⓐ](으)로 채워지기 때문이다. 그리고 염증 반응으로 인해 생성된 고름은 세포나 [Ⓑ]들이 죽어서 생긴 것이라고 할 수 있다.

	Ⓐ	Ⓑ
①	수용체	혈장
②	혈장	병원체
③	수용체	병원체
④	병원체	수용체
⑤	병원체	혈장

잠수함은 제2차 세계 대전에서 독일의 '유-보트'가 눈부신 전과를 올린 후 그 중요성이 증대되었다. 이후 잠수함은 바다에서 전쟁을 수행하는 데 없어서는 안 될 중요한 무기로 인식되고 있는데, 이러한 잠수함에는 여러 가지 원리가 담겨 있다.

[A] 초기의 잠수함은 수면 위에 떠 있는 시간이 길었기 때문에 배처럼 앞을 뾰족하게 제작했다. 그러나 잠수함이 수면 위에서 보내는 시간이 짧아지고 잠수 시간이 길어지면서 속도를 높이고 물 속의 저항을 최소화하기 위해 유선형으로 바뀌었다. 수중에는 파도 저항은 없고 물로 인한 마찰 저항만 있으므로, 잠수함의 돌출된 부위를 매끈한 유선형으로 만들어 물의 흐름이 자연스럽도록 한 것이다.

잠수함이 가라앉거나 뜨는 원리는 아르키메데스의 원리와 연관된다. 이 원리에 따르면 어떤 물체를 들어 올리는 힘인 부력(浮力)은 그 물체가 밀어낸 유체(流體)의 무게와 같다. 그리고 이 부력은 유체의 밀도, 물체의 부피, 중력 가속도의 곱으로 나타내는데, 잠수함에서 부력을 조절하는 방법이 밀도와 연관이 있다. 잠수함에서 부력을 조절하는 것은 선체 앞뒤에 있는 탱크로 이것을 밸러스트 탱크라고 한다. 잠수함이 물 위로 떠오르기 위해서는 이 탱크에 공기를 채워 잠수함 전체의 평균 밀도를

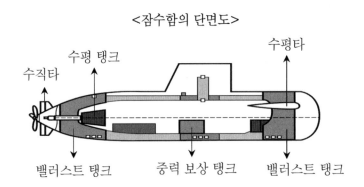

＜잠수함의 단면도＞

수직타   수평 탱크   수평타

밸러스트 탱크   중력 보상 탱크   밸러스트 탱크

해수보다 낮게 해야 한다. 반대로 밸러스트 탱크에 해수를 채우면, 잠수함의 평균 밀도가 해수보다 높아지고 잠수함은 급속도로 내려가게 된다. 보통 밸러스트 탱크는 함수(艦首)와 함미(艦尾) 두 곳에 설치되어 있다.

또한 잠수함은 염분 농도가 일정하지 않은 바다 속을 항해하기 때문에 주위 환경의 변화로 밀도가 변하면 뜨거나 가라앉게 된다. 염도가 낮은 곳에서 높은 곳으로 이동하면 잠수함의 밀도가 주위보다 낮아지므로 잠수함은 위로 상승한다. 이를 막기 위해 중력 보상 탱크에 해수를 채워 준다. 또한 식량 소모로 잠수함의 중량이 감소할 때에도 중력 보상 탱크에 해수를 채워 주며, 이 탱크는 잠수함의 균형을 고려해 중앙부에 설치한다. 수평 탱크는 말 그대로 잠수함의 수평을 유지해 주는데, 함수와 함

미 쪽에 각각 한 개씩 설치한다. 보통 밸러스트 탱크보다는 안쪽에 두며, 동체가 한 쪽으로 기울어지면 그 쪽의 탱크로 물을 이동시켜 수평을 유지해 준다.

한편 잠수함 조종과 관련된 장치는 수직타와 수평타이다. 수직타는 함미의 프로펠러 쪽에 부착되어 있는 조종 장치로 그 단면이 비행기의 수직 날개처럼 생겼으며, 좌우 운동으로 잠수함에 회전력을 제공한다. 수평타는 함수와 함미에 각각 하나씩 있어 상하 방향으로 움직이며, 잠수함이 지니는 부력의 방향을 바꾸어 잠수 깊이를 조절한다. 해수면 위로 빨리 떠오를 때는 밸러스트 탱크를 조절하지만, 미세한 잠수 깊이는 수평타로 조절한다. 이러한 조종 장치로 잠수함은 동적인 안정성을 얻게 되며, 애초에 동적 안정성을 고려하여 설계된 잠수함은 빈번히 수평타를 조절할 필요가 없게 된다.

이와 같은 기본적 장치를 갖춘 잠수함은 현대 과학의 결정체라고 할 수 있다. 여기에 각종 동력 장치와 무기 체계, 통신 체계가 어우러져 잠수함은 전쟁 수행의 핵심적인 역할을 맡게 되는 것이다.

1

위 글에서 확인할 수 없는 것은?

① 잠수함의 형태와 원리
② 잠수함의 구조와 기능
③ 잠수함과 바닷물의 관계
④ 잠수함 개발의 역사적 과정
⑤ 전쟁에서 잠수함이 차지하는 비중

2

[A]를 통해 추론할 수 있는 내용으로 적절한 것은?

① 물속에서 마찰 저항이 파도로 인한 마찰 저항보다 크다.
② 유선형 잠수함은 잠수 시간이 길어지면 속도가 떨어진다.
③ 물 위에서나 물속에서나 유선형이 속도를 높이는 데 유리하다.
④ 초기 잠수함은 주로 배를 만드는 사람들에 의해서 제작되었다.
⑤ 파도 저항을 극복하는 데에는 유선형보다 뾰족한 형태가 유리하다.

디지털 시대의 사진과 영화

20세기를 기술 매체의 시대라고 부를 때, 그 출발점은 19세기에 등장한 사진에서 찾을 수 있다. 처음에 사진은 현실을 기록하는 훌륭한 매체로 주목을 받았지만, 사진기의 대중화로 인해 이미지의 재현 능력 못지않게 사진을 찍는 사람의 관점, 즉 주관성의 개입 가능성도 중요하게 되었다. 최근에는 사진에 디지털 기술이 결합되면서 사진은 회화의 특성까지 지니게 되었다. 디지털 기술이 사진을 변형 가능한 그래픽으로 만들고 있는 것이다. 이처럼 사진은 사물의 재현에서 벗어나 사물을 재생산하고 복제하는 양상으로 바뀌고 있다.

디지털 기술은 동영상의 역사에도 커다란 변화의 기제로 작용했다. 가공된 사진이 현실을 재구성한다면, 가공된 영화(동영상)는 미디어 테크놀로지의 발전에 힘입어 더 완벽하고 실감나게 현실을 재구성한다. 현실을 기록하고 저장하는 미디어로 출발한 영화가 '미디어 현실'을 구축하는 데 오랫동안 기여한 것은 영화의 편집 기술인 '몽타주*'였다. 몽타주는 우리가 살고 있는 '물리적 현실'의 시간 배열에 변화를 주어 영화의 허구적 현실을 구축했다. 20세기 동영상의 역사는 '영화적 현실'의 형성사라고 할 수 있으며, 이를 더욱 현실적으로 만든 것은 디지털 합성 기술이다.

마노비치는 디지털 영화가 애니메이션과 영화라는 이질적 요소로 이루어졌다고 분석한다. 영화는 사진의 연속적 결합으로 이루어진 결과물인 반면, 애니메이션은 회화적 전통을 잇고 있다. 이와 같이 서로 다른 속성을 지니고 있는 영화와 애니메이션을 결합한 것이 디지털 영화이다. 마노비치의 견해를 존중한다면, 오늘날 영화는 실사 영화로 규정할 수 없고 디지털 처리 과정을 거친 일종의 그래픽으로 재정의할 수 있다.

디지털 영화에서 이미지의 자유로운 변형 가능성은 새로운 이미지의 창조로 이어진다. 미디어에 의해 변형되고 재구성된 현실은 점점 실제 현실의 구속으로부터 자유로워진다. 이는 미디어 속 현실이 자체적인 현실 구성 능력을 갖게 되었으며, 현실과 영화 사이의 통로 역할을 했던 카메라가 더 이상 필요하지 않게 되었음을 의미한다. 『토이스토리*』에서 시작된 디지털 애니메이션은 짧은 역사에도 불구하고 영화사에 놀랄 만한 변화를 가져왔다. 『토이스토리』는 '광학적인' 특성을 버리고 '그래픽적인' 것으로 규정되는 단초가 되는 영화이다.

*몽타주 : 영화에서의 필름 편집이나 영화의 구성과 기술에 관한 이론.
*토이스토리 : 1995년 개봉한 디즈니사의 장편 애니메이션 영화로, 전체가 CG(컴퓨터 그래픽)로 만들어짐.

1

위 글에 대한 설명으로 적절한 것은?

① 구체적인 예를 들어 대상의 장단점을 견주고 있다.

② 대상 간의 영향 관계와 대상의 특성을 밝히고 있다.

③ 두 이론을 절충하여 문제 해결 방안을 제시하고 있다.

④ 유추를 통해 대상의 추상적인 개념을 구체화하고 있다.

⑤ 대상의 의의를 밝히면서 인식의 전환을 유도하고 있다.

2

위 글의 내용과 일치하는 것은?

① 초창기의 사진은 주관성이 개입된 현실 해석의 도구였다.

② 디지털 애니메이션은 카메라의 광학적 특성이 두드러진다.

③ 몽타주는 시간을 순차적으로 구성하는 영화의 편집 기술이다.

④ 디지털 기술이 발달하면서 사진과 영화는 그래픽적 성격을 가지게 되었다.

⑤ 디지털 영화는 애니메이션과 사진의 동질적 요소를 결합하여 만든 결과물이다.

우리 조상들은 오랜 세월 동안 입에서 입으로 전해져 온 속담(俗談)을 이용하여 다양하고 풍부한 언어생활을 해 왔다. 속담은 지금도 많은 사람들이 즐겨 사용하고 있는데 일상의 대화나 글을 보면 속담이 우리의 언어생활에 얼마나 많이 쓰이고 있는지를 쉽게 알 수가 있다.

우리 국어생활을 실감나게 표현해 주는 속담은 동일한 상황에서 여러 개가 쓰이는 경우가 많다. 가령, 몹시 성급하게 행동하는 것을 비유할 때에는 다음과 같은 여러 속담이 쓰인다. "우물에 가서 숭늉 찾는다.", "싸전에 가서 밥 달라고 한다.", "콩밭에 가서 두부 찾는다.", "콩밭에 간수 치겠다.", "콩밭에 서슬 치겠다." 이렇게 동일한 의미 기능을 보이는 것이 있는가 하면, 전혀 다른 의미를 담고 있는 것도 있다. "빛 좋은 개살구"와 "개살구도 맛 들일 탓", "부부 싸움은 칼로 물 베기"와 "부부는 돌아누우면 남남" 등은 서로 상이한 의미를 지니고 있다.

한편, 속담은 세월 따라 재창조되는 모습을 띠기도 한다.

"아니 땐 굴뚝에 쥐 살기 좋다.", "백지장도 맞들면 찢어진다.", "손뼉도 마주치면 아프다 한다.", "오는 말이 거칠어야 가는 말이 곱다." 이들은 대부분 속담의 일부를 현대적 감각에 맞게 변형한 것들이다. 이들은 아직 속담으로 굳어진 관용 표현은 아니지만 자꾸 쓴다면 그런대로 새로운 의미를 만들어 낼 수도 있을 듯하다.

그렇다면 굳이 속담을 끌어들여 표현하는 이유는 무엇일까? 그 이유는 속담을 적절히 활용하면 말과 글이 한결 부드러워지고 생생해지기 때문이다. 일상적인 언어생활뿐만 아니라 문학 작품에서도 속담은 다양하게 인용된다. 서민들의 애환이 담겨있는 판소리계 소설, 입담에 이끌리는 풍자소설이나 세태소설 같은 경우, 적절히 인용된 속담은 정곡을 찌르는 야유의 힘으로 작품을 풍부하고 기름지게 만들기도 한다.

속담은 단순히 비유적 기능을 통해 그 표현 효과를 높이는 것이 아니라 삶의 지혜와 생활의 슬기를 깨닫게 하고, 못마땅한 사람이나 세태를 여유 있게 비꼬기도 한다. 즉, 속담이 교화의 기능과 풍자의 기능을 수행하는 것이다. 가령, 무슨 일을 할 때마다 덤벙거려 실수를 저지르는 아이에게 충고를 하는 경우에는 "돌다리도 두드려 보고 건너라."라는 속담이 제격이다. 한편 자기가 결백하다고 주장할 때, "아니 땐 굴뚝에 연기 날까?"라는 속담을 인용할 수 있다. 잘못을 저지른 사람이 말하는 사람보다 나이가 많아서 직접 대면하여 말할 수 없을 경우에 제삼자에게 "선배님, 글쎄 김 선배님 말입니다. 자기가 그 말을 해 놓고도 오리발을 내밀고 있습니다. 아니 땐 굴뚝에서 연기 나겠습니까?" 라고 말할 수 있는데, 여기에서 이 속담은 말을 함부로 한 선배를 야유하고 비난하는 기능을 하는 것이다.

속담은 이와 같이 우리의 국어생활을 더욱 풍부하고 다양하게 이끈다. 그러므로 우리는 부지런히 속담을 배우고 익혀 속담 구사 능력을 향상시켜야 할 것이다.

1

위 글에서 글쓴이가 중점적으로 밝히고자 하는 것은?

① 속담의 종류는 무엇인가?

② 속담 변형의 이유는 무엇인가?

③ 속담 형성의 요건은 무엇인가?

④ 속담 사용의 필요성은 무엇인가?

⑤ 속담의 구조적 특징은 무엇인가?

2

위 글의 내용으로 보아 속담의 특성이 아닌 것은?

① 교훈성   ② 다양성   ③ 일상성   ④ 변형성   ⑤ 계층성

　　현대를 가리켜 상실의 시대라고 한다. 과거에 우리가 지켜온 많은 것들을 잃어가고 있기 때문이다. 그러한 것들 중 하나는 우리가 오랫동안 서로 도우며 살아왔던 상부상조(相扶相助)의 정신이다.

　　우리 조상들은 이웃을 위하여 서로 도움을 주던 두레, 계, 향약 등의 미풍 양속을 가지고 있었다. 그러나 현대를 살고 있는 우리는 이웃의 어려움을 함께 걱정하기는커녕 이웃에 누가 살고 있는지도 모르고 있는 실정이다. 이처럼 현대 사회에서의 소외가 심화되어 갈수록 우리에게 더욱 필요한 것은 다 함께 사는 사회를 만들고자 하는 노력이며, 지금 우리가 자원 봉사를 하려는 것도 이러한 다 함께 사는 사회를 만들기 위해서이다. 사회의 모든 구성원들이 서로를 존중하고, 구성원으로서 사회적 책임을 다하는 사회를 만들기 위한 것이다.

　　자원 봉사의 기본 정신은 기본적으로 인간이 가진 능력과 자원을 창조적으로 활용하여 사랑의 공동체를 만들어 나가자는 데 있다. 우리의 도움을 필요로 하는 곳에 도움의 손길을 내밀어, 도움을 필요로 하는 기쁨의 손을 잡는 것이다.

　　자원 봉사라는 용어의 어원은 인간의 자유 의지를 나타내는 라틴어 '볼룬투스(voluntus)'에서 나온 것이다. 이는 자원봉사가 기본적으로 자발적인 활동으로, 국가 권력이나 어떤 권위에 의하여 지배받지 않는 자유로운 활동인 동시에 대가를 전제로 하지 않는 순수한 활동임을 의미한다.

　　우리가 바람직하게 생각하는 자원 봉사의 가치관을 살펴보자. 먼저 자원 봉사자는 인간에 대한 사랑을 가져야 할 것이다. 그리고 자원 봉사자는 자신이 편견을 가질 수 있다는 것을 인정하고 이를 확실히 파악한 후, 이러한 편견을 극복해 나가려는 의지를 가져야 할 것이다. 또한 자원 봉사자는 힘들고 고된 일도 감당하고 극복할 수 있는 마음가짐과 이를 통하여 다른 사람의 처지를 이해할 수 있는 지혜를 가져야 할 것이다. 그리고 마지막으로 자원 봉사자는 내가 가진 것을 누군가와 나눌 수 있다는 것에 대하여 감사할 수 있는 넉넉한 마음을 가져야 할 것이다.

　　이처럼 자원 봉사는 남을 돕는 자선(慈善)과는 다른 것이다. 자원 봉사를 '남을 돕는 행위'로 인식하게 되면 '주는 자'가 '받는 자'보다 낫다는 우월감과 '자원 봉사는 내 이익을 희생하여 이루어진다'는 고정 관념에 젖기 쉽다. 나의 이익을 희생하여야 한다고 생각하면 자원 봉사를 마음먹고 시작하기도 어려울 뿐만 아니라, 내가 상대방보다 낫다는 우월감 때문에 받는 자의 마음을 또한 아프게 할 수도 있다. 따라서 문제의 해결에 관심을 갖기보다 자신의 양심을 위로하는 차원에서 편의적으로 활동하는 것이 되어서는 자원 봉사의 효과는 반감된다. 자원 봉사는 우월한 측이 제공하는 것이 아니라 사회적 신분, 부, 성별 등에 관계없이 봉사하는 자와 받는 자가 동등하게 되는 평형 장치이다.

1

위 글에서 알 수 있는 사실이 아닌 것은?

① 자원 봉사의 영역

② 자원 봉사의 어원

③ 자원 봉사의 필요성

④ 자원 봉사자의 가치관

⑤ 자원 봉사와 자선의 개념 차이

2

위 글을 읽고 난 후, 학생들의 반응으로 가장 적절한 것은?

① 영철 : 학교는 다양한 종류의 자원 봉사 활동 계획을 수립하여 학생들에게 많은 봉사 활동을 체험할 수 있는 기회를 주었으면 좋겠다.

② 재현 : 방학 동안에 대학 진학을 위해 학교에서 권장하고 있는 봉사 활동을 하였는데, 이는 사람들의 다양한 삶을 이해하는 계기가 되었다.

③ 민희 : 자원 봉사 활동에 대해 보다 잘 이해하기 위해서는 우리의 미풍양속 중에 어떤 형태의 활동들이 있었는지 인터넷을 통하여 자료를 수집하고 분석해야겠다.

④ 영수 : 학교에서 봉사 활동 계획에 따라 주어진 시간의 봉사 활동을 마쳤는데, 처음에는 힘들었지만 봉사 활동 후 누군가를 도와줄 수 있다는 생각을 하니 가슴이 뿌듯했다.

⑤ 승미 : 자원 봉사 활동이 힘들기는 하지만 시간이 지날수록 상대방뿐만 아니라 내 자신의 인격 수양에도 많은 도움이 되었으므로 앞으로도 자발적으로 적극 참여하겠다.

1987년 2월 마지막 주에 과학자들은 오랜만에 육안으로 별의 장렬한 죽음을 목격했다.

큰 별은 수명을 다하는 순간, 대폭발을 하며 태양보다 몇 억 배의 찬란한 빛을 내면서 타 버린다. 그리고 그 잿더미 속에 중성자별이나 블랙홀이라는 강한 중력장을 만드는 실체를 남긴다는 것이 천체 물리학의 통설이다. 이렇게 폭발하는 순간, 너무 멀리 있어서 보이지 않았던 별이 갑자기 밝아짐으로써 마치 새로운 큰 별이 나타난 것처럼 보이게 된다. 이러한 까닭에 과학자들은 이런 별을 초신성(超新星)이라고 부르는데, 우리 선조들은 객성(客星), 즉 손님별이라 불렀다. 아마 불쑥 찾아온 손님을 연상했던 모양이다.

실제로 〈조선왕조실록〉 선조 37년(1604년) 10월 31일 조를 보면 객성을 발견한 당시의 생생한 기록이 있다. 즉 "초저녁에 객성이 미수 10도 거극(去極) 110도 자리에 있었는데 목성보다 작고 황적색 빛깔로 흔들리고 있었다. 이른 새벽녘에는 안개가 끼었다."라고 하였으며, 그 뒤 약 1년 동안 관측된 이 객성의 모습이 상세히 기록되어 있다. 또한 『증보문헌비고』에는 『삼국사기』 이래의 객성 관측 기록을 모아 정리하면서, 객성이란 돌연히 출현한 괴이한 별들을 이른다고 하였다. 여기에서 특이한 것은 항성(恒星)의 하나인 노인성(老人星)을 객성에 포함시켰다는 점이다. 아울러 이 점에 대하여 편찬자는 노인성이 우리 나라에서는 쉽게 관측되지 않기 때문이라고 부연하고 있다.

그러나 일찍이 고려 시대에는 노인성을 수성(壽星)으로 보았으며, 따라서 이 별이 나타나면 장수한다는 믿음이 널리 퍼져 있었다. 『고려사』에 의하면 의종 24년(1170년) 2월에 낭성(狼星)이 남극에 나타났는데, 이를 서해도 안찰사 박순가가 노인성으로 알고 역마를 달려 보고하게 했다. 의종은 이 노인성의 출현을 기꺼워하여 잔치를 거듭하다가 그해 9월 정중부에 의해 왕위에서 쫓겨나고 말았다. 그후 낭성을 노인성으로 잘못 보고한 박순가에게는 그 자손까지 금고에 처해지는 벌이 내려졌다.

이렇게 인간의 삶과 연관지어 파악되던 별들도 그 나름의 삶을 가지고 있다. 대부분의 별은 우주 공간에 퍼져 있는 수소가 중력에 의하여 뭉쳐지면서 탄생한다. 별의 중심부는 그 외부에서 가해지는 압력을 받아 수축하면서 내부 온도가 높아진다. 태양의 경우도 중력에 의한 압력 때문에 중심부의 온도는 수천만 도가 되어 핵융합 반응이 일어나게 된다. 핵융합 반응은 핵들이 서로 합쳐지는 과정을 말한다. 이 과정에서 많은 에너지가 방출되며, 이 에너지는 태양이 붉게 타는 원천이 되고 있다. 그러나 별이나 태양의 중심부에 있는 핵연료는 언젠가는 소진될 것이다. 그렇게 되면 별은 짓누르는 중력의 압력을 감당하지 못하여 수축할 수밖에 없다. 수축이 한계에 다다르게 되면 별의 중심부는 마치 억눌린 거대한 용수철처럼 그 위에 떨어지는 물질들을 튕겨내고, 그 때 생기는 거대한 충격파가 별을 폭파시켜 최후를 맞이한다.

1

위 글의 내용과 일치하지 않는 것은?

① 객성은 갑자기 출현한다.

② 별이 폭발해도 그 실체는 남는다.

③ 별은 시간에 따라 그 형태가 달라질 수 있다.

④ 전통 사회에서는 별의 관측에 깊은 관심을 보였다.

⑤ 별에 부여하는 의미는 시대에 따라 변하지 않는다.

2

위 글에서 '별이 탄생하는 과정'과 '객성이 되는 과정'을 설명한 내용으로 공통적인 것은?

① 충격파 발생

② 블랙홀 형성

③ 수소의 뭉쳐짐

④ 핵연료의 소진

⑤ 중력에 의한 수축

원소번호 1번, 원자량 1.0079에 불과한 수소는 가볍고 잘 타는 기체다. 산소와 혼합하면 쉽게 불이 붙고 때론 강한 폭발을 일으키기도 한다. 또한 수소가 산소와 섞여 연소하면 에너지와 물이 나온다. 반대로 전기를 이용해 수소를 생산할 수도 있다. 무엇보다 수소의 장점은 연소할 때 이산화탄소와 같은 공해물질이 생기지 않는다는 사실이다. '깨끗하고 효율 좋은 에너지'라는 별명도 이처럼 수소의 독특한 성질에서 유래했다.

수소를 처음 발견한 사람은 영국의 과학자 헨리 캐번디시다. 캐번디시는 1776년 영국 왕립학회에서 전기 불꽃으로 수소와 산소를 결합하여 물 생성에 성공한 실험 결과를 발표했다. 당시까지만 해도 물을 구성하는 성분들의 이름이 정해지지 않은 터라 캐번디시는 그 중 하나를 '생명 유지 기체', 다른 하나를 '가연성 기체'라고 불렀다. 프랑스 출신 화학자 앙투안 로랑 라부아지에는 1785년 캐번디시의 실험을 재현하는 데 성공한 뒤 '생명 유지 기체'를 산소로, '가연성 기체'를 수소로 명명했다.

이러한 수소가 에너지로 주목받기 시작한 것은 최근의 일이다. 수소는 1980년대만 하더라도 공업용 암모니아 제조와 제련, 메탄올 제조에 쓰였을 뿐 에너지원으로서는 찬밥신세였다. 이는 폭발가능성에 대한 막연한 두려움이 가져온 결과였다.

그러나 산업의 발전과 더불어 화석연료가 고갈되고 여기에 지구온난화의 문제가 불거지면서 수소가 새로운 에너지로 주목받게 된 것이다. 그 이유는 우선 그 자원이 무궁무진하다는 점이다. 수소는 물과 화석연료, 생물체 등 지구 어디에든 존재할 뿐만 아니라 지구의 3분의 2를 뒤덮고 있는 물로부터 무한정 공급받을 수 있다. 또한 에너지로 사용 후엔 물로 되돌아간다는 매력도 지닌다. 여기에 전자를 방출했다가 흡수하는 반응을 반복하면서 전기를 무한대에 가깝게 생산할 수 있다는 점도 주목할 만하다.

수소를 생산하는 방법은 다양하다. 그중 가장 오래된 방식은 1백년 전에 개발되어 지금까지 쓰이는 전기분해법이다. 하지만 이 방식은 투입된 에너지에 비해 산출되는 수소량이 너무 적어 비효율적이다. 그 중에서도 특히 화석연료로 생산한 수소는 차세대에너지로서는 낙제점일 수밖에 없다. 이를 극복한 것이 풍력이나 지열 등을 이용하여 수소를 만드는 방법이다. 그러나 이 방식도 어려움이 많다. 현재의 기술로는 생산비용이 지나치게 높아 비경제적이라는 것이다.

1

위 글에서 확인할 수 없는 것은?

① 수소의 장점은 무엇인가?

② 수소는 어떻게 발견했을까?

③ 수소를 저장하는 방법은 무엇인가?

④ 수소를 새로운 에너지로 주목한 이유는 무엇인가?

⑤ 수소가 화학적으로 반응하면 어떤 현상이 일어날까?

2

위 글과 〈보기〉를 참고하여 수소 에너지가 상용화될 때 나타날 수 있는 문제를 가장 잘 지적한 것은?

〈보기〉

우리의 미래는 수소에 달려 있다. 수소 에너지가 보편화되면 인류의 삶의 질이 향상되기 때문이다. 그러나 수소가 아무리 청정 에너지라 하더라도 그 사용의 권한이 골고루 부여될지는 의문이다. 이런 점에서 수소의 사용권한을 어떻게 정하느냐는 수소 경제의 미래를 결정하고 나아가서는 정치, 사회 환경에도 근본적 변화를 가져올 것이다.

① 수소는 무한한 자원인가, 유한한 자원인가.

② 수소 에너지 활용을 규제할 것인가, 허용할 것인가.

③ 수소를 주에너지로 쓸 것인가, 보조에너지로 쓸 것인가.

④ 수소가 사회 발전에 미치는 영향은 긍정적인가, 부정적인가.

⑤ 수소를 공유 재산으로 볼 것인가, 사유 재산으로 볼 것인가.

고려청자와 분청사기

우리나라 도자기에는 전통 예술의 아름다움이 담겨 있다. 도자기는 수요자의 요구에 따라, 혹은 그 것을 만든 장인의 예술 감각에 따라 다양한 형태와 문양을 갖게 된다. 도자기 가운데 고려청자는 매우 귀족적이며 장식적이다. 그 수요자가 왕실과 중앙 귀족이었으므로 도자기 형태나 문양에 그들의 취향이 반영되었기 때문이다. 이에 반해, 조선 분청사기는 왕실에서 일반 백성에 이르기까지 전 계층이 사용하였다. 물론 수요층에 따라 도자 양식에는 차이가 있었지만 대체로 분청사기는 일상생활 용기로 널리 사용되었으므로 순박하고 서민적이었다.

㉠고려청자의 아름다움은 흔히 형태, 색, 문양 등 세 가지 측면에서 얘기되곤 한다. 흐르는 듯한 형태의 유려함, 비취옥과 같은 비색(翡色), 그리고 자연에서 소재를 얻은 문양이 그것이다. 귀족들의 취향을 반영한 고려청자에는 세련된 곡선미가 담겨 있다. 여기에 학이 창공을 날아가는 모습과 같은 우아하고 섬세한 문양이 신비한 비색과 잘 어우러져 있다. 그런데 고려청자에는 도공의 창조적 개성미는 드러나지 않았다. 왜냐하면 고려청자는 서남해안 일부 지역에 설치되었던 관요(官窯)*에서 국가의 강력한 보호와 규제 속에서 이름 없는 도공들에 의해 만들어졌기 때문이다.

㉡분청사기는 '청자 태토(胎土)*로 빚은 몸체에 분을 바르듯이 백토를 입힌 사기그릇'을 말한다. 분청사기는 고려 말 귀족이 몰락하고 지방의 중소 지주였던 사대부 성리학자가 등장하던 시기에 제작되기 시작했다. 그러다가 점차 서민층에까지 쓰임이 확대되면서 형태도 매우 안정되고 튼튼하게 변해갔고, 문양도 활달하고 자유분방하게 변해가게 되었다. 또한 여기에 도공의 독창적 개성미가 더해져 자유롭고 생동감 넘치는 분청사기가 만들어지게 되었다. 왜냐하면 분청사기는 전국에 흩어져 있는 민간 가마인 민요(民窯)에서 이전보다 자유로운 여건에서 만들어졌기 때문이다.

〈분청사기조화수조문편병〉을 보면, 아무렇게나 그어 나간 듯한 경쾌한 선들을 볼 수 있다. 어린아이들의 장난기 어린 그림처럼 보이기도 하지만, 무엇에도 얽매이지 않은 자유분방함과 독창적 개성미가 엿보인다. 또한 투박하지만, 장인의 예술 감각과 창조적 조형 의지도 느낄 수 있다. 이처럼 분청사기에서는 고려청자가 갖는 깔끔하고 이지적인 느낌과는 다른 수더분함과 숭늉 맛 같은 구수함이 느껴진다. 분청사기의 자유분방함과 수더분함 속에서 고려청자와는 또 다른 전통 예술의 아름다움을 발견할 수 있다.

*관요: 관청에서 경영하던 가마.
*태토: 바탕흙.

1

위 글의 중심 내용으로 가장 적절한 것은?

① 고려청자와 분청사기 수요층의 특징

② 고려청자와 분청사기의 원료와 제작 과정

③ 고려청자와 분청사기에 담긴 전통 예술의 아름다움

④ 고려청자와 분청사기에 나타난 문양의 상징적 의미

⑤ 고려청자와 분청사기를 통해 알 수 있는 시대적 상황

2

위 글의 ㉠, ㉡에 대한 설명으로 가장 적절한 것은?

① ㉠이 민요에서 만들어졌다면, ㉡은 관요에서 만들어졌다.

② ㉠이 투박하지만 안정된 형태라면, ㉡은 세련되지만 불안정한 형태이다.

③ ㉠이 수더분하고 감성적인 느낌이라면, ㉡은 깔끔하고 이지적인 느낌이다.

④ ㉠의 수요층이 귀족에 국한되었다면, ㉡의 수요층은 사대부들에 국한되었다.

⑤ ㉠이 우아하고 섬세한 문양이 특징이라면, ㉡은 활달하고 자유분방한 문양이 특징이다.

한 언어의 어휘 체계는 크게 고유어와 외래어로 나눌 수 있다. 고유어는 그 언어가 본래부터 가지고 있던 어휘이며 외래어는 다른 언어에서 받아들인 어휘이다. 즉 외래어란 외국어 중에서 국어에 동화되어 국어로 사용되는 어휘들을 이른다. 외래어에 대한 이 풀이 속에는 외래어의 중요한 특징 두 가지가 포함되어 있다. 하나는 외래어가 국어에 본래부터 있던 어휘가 아니라 외국어에서 들어온 말이라는 것이고, 다른 하나는 국어 생활 속에 쓰이면서부터는 외국어가 아니라 국어에 속한다는 것이다.

외래어는 어떤 과정을 통해서 들어왔는가? 외래어는 외국 문화와의 접촉에서 생겨난다. 이 세상 어떤 민족도 주변의 다른 문화와 단절된 채 살아갈 수는 없으므로 모든 민족, 모든 문화는 많든 적든 외래 문물을 받아들이게 된다. 어떤 사회에 주변의 다른 문화로부터 새로운 문물이나 제도가 들어오면 그것을 지시하는 말이 필요하게 되는데, 대개는 새로운 문물과 함께 그것을 지시하는 말도 따라 들어오게 된다. 예를 들어 '컴퓨터'라는 물건이 우리나라에 들어올 때, 그것을 지시하는 'Computer'라는 말도 함께 들어와서 우리말의 외래어로 정착하게 된 것이다. 또한 컴퓨터가 급속히 보급되면서 컴퓨터를 이용한 통신이 활발히 이루어짐에 따라 '이메일(e-mail)', '인터넷(internet)' 같은 통신 관련 용어들이 우리 주변에서 흔히 접할 수 있는 외래어가 되었다.

외래어는 대개 다음의 과정을 거치면서 우리말에 정착된다. 먼저 어떤 하나의 외국어가 우리말에 유입되면, 그것은 얼마 동안 발음이나 의미 모두 본래의 외국어 모습 그대로를 유지한 채 쓰이게 된다. 그러다가 점차 언중(言衆)들이 사용하는 빈도가 높아지게 되면, 발음이나 형태 등이 국어와 상당히 비슷한 모습으로 변하게 되는데, 이것을 차용어라고 한다. 이후 이것이 우리 생활 속에 자리 잡으면, 본래 그것의 언어적 특징을 잃어버리고 우리말의 체계 속에 들어와 완전히 정착하게 된다. 이러한 단계에 이른 외래어를 귀화어라고 하는데, 이것은 우리말의 고유어와 다름없이 쓰이는 말들이다.

일반적으로 사람들이 외래어라고 인식하는 것들은 차용어에 속하는 어휘들이며, 20세기 이후에 주로 영어 등 서양의 언어에서 들어온 말들이 대부분이다. 반면, 귀화어에 속하는 어휘들은 우리말에 들어온 지 오래되어 사람들이 외래어라는 생각을 하지 못하고 사용하는 경우가 많다. 그 예로 대부분의 한자어를 들 수 있다. 국어 어휘의 약 60% 정도를 차지한다고 하는 한자어들도 엄밀히 따지면 먼 옛날 중국어로부터 들어온 외래어들이다. 또한, '붓(←중국어 筆)', '고무(←프랑스어 gomme)', '가방(←네덜란드어 kabas)', '빵(←포르투갈어 pao)' 등도 외래어라고 하면 의아하게 생각하는 사람이 많겠지만, 사실 이 어휘도 우리 고유어가 아닌 외국에서 들어온 말들이다.

이론적으로는 외래어가 외국어와 구분되는 것으로 보이지만 실제로는 구분이 쉽지 않다. 특정 단어가 외래어인지 외국어인지에 대한 판단은 외국어에 대한 지식의 정도나 개인이 가지고 있는 직업 또는 관심사 등에 따라서도 달라질 수 있기 때문이다. 예를 들어 '텔레비전', '라디오', '커피', '피아

노' 등의 어휘는 누구든지 외래어로 인정하지 않을 수 없겠지만, '보스(boss)', '오너(owner)', '루머(rumor)', '비전(vision)' 등에 대해서는 사람마다 생각이 다를 수 있을 것이다. 실제로 이런 어휘들은 국어사전에 따라 표제어*로 실리기도 하고 그렇지 않기도 한다.

*표제어: 사전 등에 올리어 풀이를 단 말.

1

위 글에서 확인할 수 없는 것은?

① 외래어의 개념
② 외래어의 특징
③ 외래어의 정착 과정
④ 외래어의 수용 방안
⑤ 외래어의 구체적인 예

2

위 글로 미루어 알 수 있는 내용으로 적절하지 않은 것은?

① 외래어는 본래 발음이나 형태가 달라질 수 있다.
② 유입된 시기가 오래된 외래어는 고유어로 착각할 수 있다.
③ 고유어만으로 이루어진 언어는 현실적으로 존재할 수 없다.
④ 외래어라고 판단할 수 있는 객관적 기준은 마련되어 있지 않다.
⑤ 누구나 외래어라고 인정한 어휘만이 국어사전에 오를 수 있다.

다수결 제도와 보완책

대부분의 사람들은 선거나 투표에 대한 연구를 정치학의 분야로 생각할지 모른다. 하지만 선거나 투표에 대한 연구는 경제학의 주요 분야 중 하나이다. 특히 경제학에서는 공정하면서도 민의를 가장 잘 반영할 수 있는 선거 방법이 무엇인지를 수학적 논리를 이용하여 분석하고 있다.

현행 ⓐ다수결 제도는 두 명의 후보만을 놓고 선거를 하는 경우엔 완벽하게 민의를 반영하는 이상적인 제도라는 것이 증명되어 있다. 하지만 후보의 숫자가 셋 또는 그 이상이 되면 민의를 제대로 반영하지 못하는 경우가 생긴다. 예를 들어 갑, 을, 병이라는 세 명의 후보가 선거에 나왔다고 하자. 갑은 국민의 34%에게는 강력한 지지를 받고 있지만 나머지 66%의 국민들은 갑을 싫어한다. 하지만 세 후보를 놓고 다수결로 투표를 해보면 갑, 을, 병이 각각 34%, 33%, 33%를 획득하여 국민 대다수가 싫어하는 갑이 선출될 수도 있는 것이다.

우리의 대통령 선거 역사를 보아도 한 측은 단일 후보가 나온 반면 다른 측은 두 후보가 나와서 이와 비슷한 결과가 나온 사례가 있다. 그럼 세 명 이상의 후보를 놓고 투표할 때 민의를 올바로 반영할 수 있는 선거제도는 없을까? 다수결 제도의 문제점을 보완하기 위한 방법으로 ⓑ조합비교투표 제도가 있다.

조합비교투표 제도는 각 투표자가 단 한 명의 이름만 투표지에 기입하는 것이 아니고, 갑과 을 중에서 자신이 누구를 선호하며, 을과 병 중에서 누구를 선호하고, 갑과 병 중에서 누구를 선호하는지를 적는다. 이렇게 후보들을 둘씩 붙여서 누가 이기는지 비교하여 1 대 1 대결에서 가장 많이 이긴 후보를 당선시키는 방법이다. 실제 투표 방법도 그리 복잡하지 않은데, 각 후보의 이름 옆에 자신이 좋아하는 순서대로 등수를 적어 넣으면 컴퓨터가 금방 둘씩 짝을 지어서 계산해 낼 수 있기 때문이다.

이 외에 ⓒ점수투표 제도라는 것이 있는데, 이는 각 유권자들이 가장 좋아하는 후보에게 3점을 주고 두 번째로 좋아하는 후보에게 2점, 세 번째로 좋아하는 후보에게 1점을 주는 방식이다. 이렇게 얻은 각 후보의 점수를 합한 후 가장 높은 점수의 합을 얻은 후보를 당선시키는 방법으로, 이는 현행 다수결 제도보다는 뛰어난 투표 방식이다.

최근 국내 일각에서 거론되고 있는 ⓓ결선투표 제도는 1차 투표를 하고 과반수 득표자가 없을 때 상위 1, 2위 득표자의 결선투표로 당선자를 결정하는 방식이다. 이는 프랑스, 러시아 등의 선거에서 사용되는데, 현행 다수결 제도보다는 우수한 면이 있다. 하지만 위의 두 가지 투표 방법보다는 민의를 반영하는 데 한계가 있으며, 투표가 두 번 필요하다는 점에서 비용도 많이 든다.

1

위 글의 글쓴이가 제기한 핵심적인 질문으로 적절한 것은?

① 투표의 다양한 방법에는 어떤 것이 있는가?

② 결선투표 제도의 단점을 어떻게 보완해야 하는가?

③ 다수결 제도는 과연 민의를 정확하게 반영할 수 있는가?

④ 국민 대다수가 싫어하는 후보가 당선되는 이유는 무엇인가?

⑤ 선거에서 수학적 논리를 사용하면 비용이 줄어드는 이유는 무엇인가?

2

ⓐ~ⓓ에 대한 설명으로 바르게 묶인 것은?

> ㄱ. 후보가 셋 이상일 경우, ⓐ에 비해 ⓑ가 더 합리적이다.
>
> ㄴ. 과반수 득표자가 없을 경우, ⓐ가 ⓓ보다 합리적이다.
>
> ㄷ. ⓒ가 ⓓ보다 민의를 잘 반영할 수 있다.
>
> ㄹ. 후보자가 두 명일 경우, ⓓ가 가장 이상적이다.

① ㄱ, ㄴ   ② ㄱ, ㄷ   ③ ㄴ, ㄷ   ④ ㄴ, ㄹ   ⑤ ㄷ, ㄹ

저기압의 특징은 공기가 상승한다는 것이다. 저기압은 크게 온대 저기압과 열대 저기압으로 분류되는데, 온대 저기압은 중위도 지방에서 찬 공기가 더운 공기를 밀어 상승시켜 발생하고, 열대 저기압은 저위도 지방에서 고온의 공기가 밀도가 작아 상승하여 발생한다. 특히 열대 저기압 중 중심 풍속이 17m/s를 넘으면 태풍이라고 하는데 지역에 따라 부르는 이름은 다양하다.

흔히 '태풍의 눈'이라고 불리는 태풍의 중심에서는 하강 기류가 형성되어 구름이 발생하지 않는다. 하지만, 태풍의 중심부근에서는 공기가 상승하고 강한 바람이 불며, 태풍의 중심에서 멀어질수록 기압이 높아지고 바람의 세기도 약해진다. 그리고 태풍은 그 주변부에서 태풍의 눈을 향해, 북반구에서는 반시계 방향으로, 남반구에서는 시계방향으로 바람이 불어 들어 와 상승한다. 또한 태풍 중심부근에는 공기의 상승으로 인한 구름이 만들어져 많은 비가 오게 된다.

태풍은 주변으로부터 뜨거운 수증기를 빨아들이며 성장하는데, 지구온난화의 영향으로 뜨거운 바다가 늘어나 태풍의 위력도 커지게 되었다. 태풍은 주로 공기의 온도가 높고 수증기가 많은 적도 부근에서 발생한다. 단, 적도에서는 지구 자전 효과가 적어 소용돌이가 발생하기 어렵기 때문에 주로 위도 5~25도의 바다에서 발생한다.

대부분의 태풍은 북반구의 중위도 지방에 이르게 되면 남서풍인 편서풍을 따라 올라온다. 이 때 태풍 진행방향의 오른쪽은 태풍의 바람 방향과 편서풍의 바람방향이 같아서 더욱 강한 바람이 불기 때문에 위험반원이라고 한다. 반대로 태풍 진행방향의 왼쪽은 편서풍의 바람 방향이 태풍의 바람 방향과 반대가 되어서 바람이 약하게 불기 때문에 가항반원이라고 한다. 특히, 위험반원에서는 강한 바람이 불고 폭우가 내려 가옥의 파손이나 침수가 나타나기도 한다.

하지만 우리가 경험하는 태풍이 미운 짓만 하는 것은 아니다. 1988년과 2001년은 태풍이 우리나라를 비켜가 '태풍 없는 해'로 기록되었지만 적조가 유난히 극성을 부린 해이기도 했다. 또한 태풍은 강한 바람으로 피해를 주기도 하지만, 오염물질을 멀리 날려 버리는 역할도 해 준다. 올해도 우리는 두 얼굴을 가진 태풍을 만나게 될 것이다.

1

위 글의 서술방식에 대한 설명으로 적절한 것은?

① 친숙한 상황을 들어 어려운 개념을 쉽게 설명한다.

② 다양한 이론으로 대상의 문제점을 부각시키고 있다.

③ 과학적인 근거를 들어서 이론의 한계를 지적하고 있다.

④ 대상의 발생 원인과 특성을 밝혀 독자의 이해를 돕고 있다.

⑤ 전문가의 의견을 인용하여 대상의 변화 양상을 제시하고 있다.

2

위 글로부터 알 수 있는 사실로 적절한 것은?

① 태풍은 바다보다 육지에서 발생할 가능성이 크다.

② 태풍은 편서풍을 만나 바람의 방향이 반대로 바뀐다.

③ 지구온난화가 가속화되면 태풍의 위력은 더욱 커진다.

④ 태풍은 공기의 밀도가 높은 적도 근처에서 만들어진다.

⑤ 온대 저기압의 중심 풍속이 17m/s를 넘으면 태풍으로 변한다.

화장실이 집 안으로 들어와 당당히 하나의 '실(室)'로 자리잡은 것은 그리 오래된 일이 아니다. 동양이나 서양이나 예전에는 악취 때문에 화장실을 집 밖에 설치할 수밖에 없었다. 그렇다면 화장실은 어떻게 이 악취를 물리치고 집 안의 한자리를 차지할 수 있었을까? 그것은 바로 '변기에 차 있는 물' 때문에 가능하였다. 일정한 높이의 물이 항상 차 있도록 하기 위해서 변기의 내부에는 'U'자를 뒤집어 놓은 형태의 관이 있다.

변기가 어떻게 작동하는지를 알아보기 위해 그 근본 원리에 대해 알아보자. 여기 물이 3분의 2 정도 담겨 있는 컵이 있다. 컵을 기울이지 않고 이 컵 안의 물을 밖으로 빼내기 위해 'U'자 모양의 굽은 관을 이용한다고 하자. 'U'자 모양의 굽은 관을 뒤집어 관의 한 쪽은 컵 안의 물 속에, 다른 쪽은 컵 바깥에 위치하게 한다. 관의 안쪽에 물이 완전히 채워지지 않아 공기가 남아 있는 경우에는 컵의 수면에 작용하는 대기압과 관 속의 대기압이 평형을 이루어 아무 일도 일어나지 않는다. 하지만 관 속에 남아 있는 공기를 빨아내어 인위적으로 관 속에 물이 채워지게 하면, 물은 중력의 법칙을 거스르고 관을 따라 컵을 넘어 바깥으로 흘러나오기 시작한다. 이는 관 속이 물로 채워지면서 관 속에 작용하던 대기압은 사라지지만 컵의 수면에 작용하는 대기압에는 변화가 없기 때문에 압력 차이가 생겨 일어나는 현상이다. 이와 같은 현상을 '사이펀의 원리'라고 한다. 그리고 이와 같은 경우에 사용되는 'U'자 모양의 굽은 관을 '사이펀'이라 한다.

옆의 그림처럼 변기의 내부에 'U'자를 뒤집어 놓은 형태의 관이 있는 것도 이 사이펀의 원리를 이용하기 위함이다. 그림에서 물이 A까지 채워져 있을 경우에는 사이펀 안에 대기압이 작용하기 때문에 아무런 일도 일어나지 않는다. 하지만 용변을 보고 레버를 내리면 물탱크의 마개가 열려 변기 안으로 한꺼번에 많은 양의 물이 공급되면서 늘어난 물의 압력으로 인해 사이펀은 물로 완전히 채워지게 되고, 사이펀 속에 작용하던 대기압이 사라지게 되면서 변기의 물은 용변과 함께 하수구로 빠져나가게 된다.

물탱크에서 많은 양의 물이 변기로 계속 공급된다면 '변기에 차 있는 물'은 기대할 수 없다. 그래서 변기의 구조는, 물이 사이펀의 원리에 의해 모두 빠져 나가 버린 후에는 사이펀을 넘지 못할 정도만큼만 물이 다시 고일 수 있도록 ㉠적은 양의 물이 서서히 변기로 흘러들어가게 되어 있다. 물이 모두 빠져나가 버린 후에 변기에 물이 서서히 공급되면 물의 압력이 사이펀을 가득 채울 만큼 충분하지 않기 때문에 변기에는 A까지만 물이 차 있게 된다. 사이펀을 넘지 못하고 남겨진 물은 고약한 냄새가 넘어오지 못하도록 막는 역할을 하게 된다.

이처럼 과학적 원리를 이용한 변기의 구조 덕분에 화장실은 당당하게 집 안으로 입성할 수 있었던 것이다.

1

위 글이 〈보기〉와 같은 계획에 따라 쓰였다고 할 때, ㉮에 들어갈 내용으로 적절한 것은?

〈보기〉

- 화제 : 실내 화장실이 가능할 수 있었던 이유
- 주요 설명 내용 : (㉮   )
- 자료 탐색이 필요한 항목 : 사이펀의 원리, 변기의 단면도

① 사이펀의 의미와 형태
② 변기의 구조와 작동 원리
③ 변기의 각 구성 요소별 기능
④ 사이펀과 변기 구조의 차이점
⑤ 변기의 작동에 미치는 대기압의 영향

2

㉠의 이유에 대한 설명으로 가장 적절한 것은?
① 물이 서서히 공급되어야만 변기의 물이 완전히 빠져 나가기 때문에
② 물이 서서히 공급되지 않으면 변기의 물이 물탱크로 역류하기 때문에
③ 물이 서서히 공급되어야만 사이펀 안이 물로 가득 채워질 수 있기 때문에
④ 공급되는 물의 압력이 약해지지 않으면 관을 통해 계속 물이 빠져나가기 때문에
⑤ 물이 서서히 공급되어야만 변기의 수면에 작용하고 있던 대기압이 사라지기 때문에

서양에서는 왜 동양에 비해 약 1,200년이나 지난 뒤에야 풍경화가 그려진 것일까? 이것은 결코 우연한 결과가 아니다. 동양과 같은 전원적(全元的) 일원론*의 우주관이 결여되었던 서양에서는 풍경화가 애초부터 중요시될 수 없었다. 그들 문화권에서 자연성이란 신성(神性)과 반대 개념으로 이해되었고, 인간과 자연도 대립 관계로 생각되었다. 또한 신과 인간도 합치될 수 없는 분리 개념으로 이해되었다. 이 때문에 서양 정신은 그 오랜 세월 동안 이원론적 대립과 분리의 한계를 넘어설 수가 없었다.

이와 같은 사유 형태는 미술에도 절대적인 영향을 끼쳐 풍경화가 정당한 가치를 인정받으며 출현할 수 없는 문화 배경으로 작용하였다. 그리하여 중세와 르네상스의 미술은 거의 모두가 신과 인간을 주제로 한 것들이다. 특히 중세의 본격적인 회화 작품에서 풍경화란 전무하다. 신성과 반대되는 개념으로 자연성을 바라본 중세 정신 속에서 도저히 자연 풍경이 주제가 될 수는 없었을 것이다. 그러다가 르네상스로 넘어오면서부터 극히 예외적으로 작품의 주제를 살리기 위해 자연 풍경을 배경으로 도입하고 있는 작품을 몇몇 볼 수 있다. 이는 16세기에 종전의 신(神) 중심적 권위가 인간의 세속적 권위로 서서히 바뀌면서 자연에 대한 태도 역시 중세와 같은 폐쇄적인 생각이 사라지고 점차 열린 생각이 대두되었기 때문이다. 그러나 인간 중심적, 자아 중심적 세계관이 지배하고 있던 서양에서 미술의 중심 주제는 여전히 인간일 수밖에 없었다.

17세기에 대두됐던 풍경화가 본격적으로 각광을 받으며 많이 그려진 것은 낭만주의 시대이다. 본질상 낭만적이라고 불릴 수 있는 자연 풍경화가 낭만주의의 대두와 함께 크게 번성했던 것은 당연한 이치라고 할 수 있다. 낭만주의 정신은 자연의 불가사의한 깊은 힘에 대하여 친화감을 느끼면서 종래와는 다른 시각으로 자연을 바라보기 시작했기 때문이다. 따라서 인간 중심적이고 자아 중심적인 존재 세계의 편협한 구성이 사라지고, 인간은 오히려 우주의 작은 먼지에 불과할지도, 자연의 하찮은 존재에 불과할지도 모른다는 자각이 고개를 들기 시작했다. 이러한 정신적 배경은 자연스럽게 풍경화를 번성케 한 원인이 되었다. 그리하여 우리는 낭만주의 정신이 풍경화에서 가장 아름답게 개화하는 것을 보게 된다.

[A]이렇듯 서양의 풍경화는 낭만주의 사조에 의해 비로소 가치를 인정받고 무한한 발전의 토대를 다질 수 있었다. 그러나 서양의 풍경화는 그 문화적 배경이 다른 만큼 동양의 산수화와는 현격히 다를 수밖에 없었다. 서양은 주객 분리의 이원론적 사유 전통 속에서 세계와 자아를 대립 관계에 있는 것으로 보고 자아의 주관성을 강조하는 입장에서 모든 것을 이해하려고 했다. 그들이 생각하는 '나'란 우주 만물과 별개의 것으로 존립하면서 만물을 타자(他者)로 바라보는 주관성이다. 이러한 태도는 풍경화 양식에도 그대로 반영되어 자연 풍경을 그리는 자와 대립적 관계로 바라보면서, '나'라고 하는 한 시점(視點)에서 정지된 주관성을 강조하는 풍경화 양식을 구축했다. 이것이 자연 풍경과 일체

가 되어 그 속에서 다시점(多視點)의 유동성을 보이는 동양의 산수화와는 다른 점이다.

*전원적(全元的) 일원론: 우주와 인간과의 합일성을 주장하면서, 실체와 현상의 이분을 허용치 않는 관점

1

위 글의 내용과 일치하지 않는 것은?

① 서양에서는 시대에 따라 자연에 대한 태도가 달랐다.
② 낭만주의의 대두와 함께 서양의 풍경화가 번성하였다.
③ 중세 서양에서 미술의 주제는 대체로 신이 중심이 되었다.
④ 서양의 풍경화는 전원적 일원론의 우주관에서 탄생하였다.
⑤ 동·서양의 풍경화는 문화적 차이로 인해 다른 방향으로 발전하였다.

2

[A]에서 확인할 수 있는 '산수화'의 특징을 〈보기〉에서 골라 바르게 묶은 것은?

〈보기〉

ㄱ. 인격 수양의 한 방법으로 생각되었다.
ㄴ. 다양한 시점으로 대상이 표현되어 있다.
ㄷ. 자연과 인간이 서로 조화를 이루고 있다.
ㄹ. 그림의 배경이 되는 공간이 여백으로 처리되었다.

① ㄱ, ㄴ   ② ㄱ, ㄷ   ③ ㄱ, ㄹ   ④ ㄴ, ㄷ   ⑤ ㄴ, ㄹ

도대체 우리는 역사를 왜 배울까? 역사를 배우면 현명해지고, 세상에서 성공하는 데 도움이 될까? 역사를 배워야 한다는 몇몇 주장을 살펴보면서, 이 문제에 대하여 고민해 보자.

첫 번째로 ㉠역사는 흥미와 즐거움을 주기 때문에 배워야 한다는 주장이 있다. 과연 이런 주장이 지금도 설득력이 있을까?

물론 지금도 역사를 배우며 흥미와 즐거움을 느낄 수 있다. 그러나 흥미만을, 즐거움만을 위해서라면 꼭 역사를 배워야 할 필요는 없을 것이다. 흥미와 즐거움만을 위한다면, 요즘 세상에 역사보다 재미있는 일이 얼마나 많은가? 역사를 배우는 데는 분명히 단순한 흥미와 즐거움 이상의 무엇이 있을 것이다.

두 번째로 역사는 진실을 전하고 사례를 제시하는 것이라는 주장이 있다. 이는 역사의 수많은 사례를 접함으로써 다양한 삶을 사는 인간들의 모습을 이해하고, 인간사에 대한 상상력과 생의 의미를 깨달을 수 있으리라는 주장이다. 과연 과거의 방대한 사실들을 많이 접하게 되면, 현재를 이해하고 미래를 예측하는 데 도움이 될까?

불행하게도 인간들은 과거의 사실을 알면 알수록 잘못된 선택을 하는 경우가 있다. 예컨대 대립하는 민족 간의 갈등이 오랜 역사적 뿌리를 가지고 있는 것도 역사적인 지식이 주는 해악일 것이다.

하지만 대부분의 경우에는 그렇지 않다. 과거를 아는 것이 현재를 이해하고 미래를 예측하는 데 도움이 되는 경우는 얼마든지 있다. 모든 지식은 과거로부터 왔다. 과거의 지식이 없다면, 우리가 어떻게 살아갈 수 있겠는가? 결국 과거의 지식은 대부분의 경우 삶에 도움을 주고 있다. 다만, 과거의 지식으로부터 교훈을 얻으려는 인간들이 때때로 오판하는 경우가 있다는 것이 문제이다.

세 번째로 역사가 공동체의 정체성을 확립하는 데 크게 기여한다는 주장이 있다. 이는 사람들이 공통의 과거를 가지게 됨으로써 동류 의식, 동질 의식을 가지게 되고, 그로 인해 서로 협동하게 된다는 것이다. 이러한 주장은 매우 설득력이 있다. 우리나라 사람들은 이것을 쉽게 이해할 수 있을 것이다. 만일 재일 동포들이 일본 사람들에게 차별 대우를 받는다는 소리를 듣는다면, 대부분의 한국 사람들은 심한 분노를 느낄 것이다. 이것은 같은 과거를 가지게 됨으로써 느끼는 동류 의식 때문이다. 하지만 이러한 목적만으로 역사 교육이 행해진다면 문화적 다양성을 수용하지 못하고 자민족 중심주의에 빠지기 쉽다. 또한 정치가들이나 여타의 사회 세력에 의해 역사가 왜곡될 소지도 있다.

마지막으로 역사를 배우고 가르치는 것은 역사 의식을 함양하기 위한 것이라는 주장이 있다. 역사 의식이란 역사 인식에 토대를 둔 고찰과 판단, 그리고 역사적 비판 의식을 말하는 것이다. 이러한 역사 의식을 키우기 위해서는 역사적 사고력을 키워야 할 것이다. 역사적 사고력이란 역사가들이 역사를 연구할 때 사용하는 사고 방법으로, 역사적 사건이나 인물을 사회 구조 속에서 파악하고, 증거에 입각하여 과거의 역사상을 재구성하는 방법이다. 결국 역사가들의 역사 연구 방법을 학습자가 습득

함으로써, 역사 의식을 형성할 수 있다는 측면에서 역사 교육의 목적으로 제시되고 있다. 다만, 이러한 주장은 최근 들어 많이 제기되고 있지만 아직 그 효용과 정당성에 대해서는 이견이 있다.

1

위 글의 논지 전개 방식을 묶은 것으로 적절한 것은?

> ㄱ. 묻고 답하는 형식을 사용하여 논지를 전개하고 있다.
> ㄴ. 기존의 견해를 강하게 비판한 후, 대안을 제시하고 있다.
> ㄷ. 다양한 견해를 제시한 후 각각의 문제점을 언급하고 있다.
> ㄹ. 여러 가지 사례를 통하여 일반적 이론을 이끌어 내고 있다.

① ㄱ, ㄴ　　　② ㄱ, ㄷ　　　③ ㄴ, ㄷ　　　④ ㄴ, ㄹ　　　⑤ ㄷ, ㄹ

2

㉠을 뒷받침할 수 있는 말로 가장 적절한 것은?
① 상식이나 상상이란 면에서, 어떤 즐거움도 역사와 비교될 수 없다. - 흄
② 역사가는 가능한 한 자신을 숨기고 사실을 있는 그대로 말해야 한다. - 랑케
③ 우리가 역사에서 배우는 유일한 교훈은 배울 것이 아무 것도 없다는 것이다. - 헤겔
④ 역사의 중요한 기능은 선은 상을 받고 악은 벌을 받는다는 사실을 깨닫게 하는 것이다. - 홉스
⑤ 역사가의 주임무는 당시의 행위 속으로 파고 들어가서 생각하고, 그 행위자의 사상을 알아내는 것이다. - 콜링우드

상품이 닳아서 없어지는 것을 물리적 마모(磨耗)라 하고, 아직도 충분히 사용할 수 있는데도 불구하고 싫증을 느껴 그것을 사용하지 않게 되는 것을 사회적 마모라고 한다. 현대 사회의 소비자들은 상품을 구매할 때, 자기도 의식하지 못하는 사이에 사회적 마모의 영향을 더 받는 경우가 많다. 자동차는 보통 10년 이상 쓸 수 있게 만들지만, 완전히 고장이 나서 탈 수 없을 때까지 타지 않고 대부분 4~5년 내에 새 차로 바꾼다. 이것이 바로 사회적 마모에 의해 상품을 구매하는 예에 해당한다.

상품은 생산되자마자 닳기 시작하는데 이러한 마모는 그 상품의 수명이 다할 때까지 계속된다. 그런데 신세대들은 구세대와는 달리, 어떠한 물건을 닳아서 더 이상 쓸 수 없을 때까지 사용하는 경우가 드물다. 더구나 개성이 강한 신세대는 너무 많이 퍼진 유행에 식상(食傷)해 새로운 것을 추구하게 되므로, 그들은 어느 정도 시간이 지나면 새로운 것을 찾는다. 구세대가 유행을 따르는 것에 익숙한 데 비하여 신세대들은 단순히 유행을 따르는 데 급급하지 않고 새로운 유행을 창조해 내는 것이다.

유행이란 어떠한 양식이나 현상이 새로운 경향으로서 널리 퍼지는 것, 또는 그러한 경향을 의미한다. 사람들은 흔히 유행을 신세대의 특성 중의 하나로만 여기고 기업의 판매 전략과는 전혀 연관이 없는 것으로 생각한다. 그러나 사실은 그렇지 않다. 유행의 주기가 짧아져서 새로운 것이 유행으로 퍼지게 되면 소비가 늘어나게 되고 이에 따라 기업들은 쉽게 이익을 낼 수 있게 된다. 따라서 유행에 민감할 수밖에 없는 의류 산업 계통의 기업들은 새로운 유행을 만들어내는 데에 기업의 사활을 걸게 된다. 이것은 자동차나 가구 같은 내구 소비재를 생산하는 기업의 경우도 마찬가지다.

기업은 상품의 사회적 마모를 촉진시키는 주체이다. 생산과 소비가 지속되어야 이윤을 남길 수 있기 때문에, 하나의 상품을 생산해서 그 상품의 물리적 마모가 끝날 때까지를 기다렸다가는 그 기업은 망하기 십상이다. 이러한 상황에서 늘 수요에 비해서 과잉 생산을 하는 기업이 살아남을 수 있는 길은 상품의 사회적 마모를 짧게 해서 사람들로 하여금 계속 소비하게 만드는 것이다. 그래서 기업들은 더 많은 이익을 내기 위해서는 상품의 성능을 향상시키기보다는 디자인을 변화시키는 것이 더 바람직하다고 생각한다.

산업이 발달하여 ㉠상품의 성능이나 기능, 내구성이 이전보다 더욱 향상되었는데도 불구하고 상품의 생명이 이전보다 더 짧아지는 것은 어떻게 생각하면 자본주의 상품이 지닌 모순이라고 할 수 있다. 섬유의 질은 점점 좋아지지만 그 옷을 입는 기간은 이에 비해서 점점 짧아지게 되는 것이 바로 자본주의 상품이 지니고 있는 모순이다. 산업이 계속 발달하여 상품의 성능이 향상되는데도 상품의 사회적인 마모 기간이 누군가에 의해서 엄청나게 짧아지고 있다. 상품의 질은 향상되고 내가 버는 돈은 늘어가는 것 같은데 늘 무엇인가 부족한 듯한 느낌이 드는 것도 이것과 관련이 있다.

1

위 글을 통하여 추리한 내용으로 적절하지 않은 것은?

① 유행은 기업의 판매 전략과 밀접한 관련이 있다.

② 산업이 발달할수록 상품의 사회적 마모 기간은 짧아진다.

③ 사회적 마모 기간이 짧아지면 소비가 증가할 가능성이 크다.

④ 상품의 사회적 마모 기간은 기업의 흥망을 좌우할 수도 있다.

⑤ 성능이나 기능의 결함은 상품의 사회적 마모를 촉진시키는 주된 요인이다.

2

다음 중, ㉠이 가장 잘 나타난 사례로 볼 수 있는 것은?

① 같은 가격이라면 남들이 많이 가지고 있는 것을 산다.

② 자신에게 필요가 없게 된 물건은 싼값에 남에게 판다.

③ 옷을 살 때에는 디자인이나 기능보다는 가격을 더 고려한다.

④ 자신이 꼭 필요한 물건이 있더라도 값이 더 내릴 때까지 기다렸다가 산다.

⑤ 휴대폰을 가지고 있으면서도 새로운 모델의 휴대폰을 사기 위해 돈을 모은다.

어떤 현상이 절대적이며 변화하지 않는다고 인식할 때, 우리는 일반적으로 이것을 '사실'로 받아들이게 된다. 그러나 자연과학에서의 '사실'은 전문적이고 유능한 과학자들이 동일한 현상을 여러 번 관찰하여 확인한 것으로 새로운 '사실'이 나올 때까지의 협약이다.

또한 '사실'일 것이라고 추측하는 것을 '가설'이라고 하는데, '과학적인 가설'은 실험을 통하여 옳고 그름을 입증할 수 있는 것만을 말하며, 이 가설이 반복적으로 검증되어 모순이 없을 때 '법칙'이 된다. '우주의 어느 곳에 지적(知的)인 생명체가 존재한다'라는 주장이 있다고 하자. 그러나 이 가설은 타당성 여부에 관계없이 '추측'에 불과하다. 우주 어딘가에 지적인 생명체가 존재한다는 것을 단 한 번이라도 확인할 수 있다면 '사실'로 입증되겠지만, 현재의 과학 수준으로서는 우주에 지적인 생명체가 존재하는지의 여부를 확인하지 못한다. 따라서 이 주장이 잘못되었다는 것도 증명할 수 없다. 이와 같이 옳고 그름을 검증할 수 없는 주장은 과학적 가설이 아니다.

한편, 과학자가 어떤 가설이나 원리를 사실이라고 믿고 있다가도, 그렇지 않다는 확증을 발견하면 더 이상 '사실'이 되지 않는다. 원래의 가설이나 원리를 주장한 사람의 권위나 평판에 관계없이 단호하게 종래의 사실을 인정하지 않게 된다. 예를 들어, 그리스의 철학자 아리스토텔레스는 '물체의 떨어지는 속도는 무게에 비례한다'라고 주장하였다. 이 주장은 이천 년 이상 '사실'로 사람들에게 받아들여졌다. 그러나 갈릴레오는 이 사실에 의문을 가졌고, 여러가지 관찰을 통해 물체의 떨어지는 속도는 무게와 상관없을 것이라는 추측을 하게 되었다. 결국 갈릴레오는 자유낙하 실험을 통해 자신의 가설을 입증하였다. 즉, 무게가 다른 두 개의 물체를 같은 높이에서 떨어뜨리면 같은 속도로 떨어진다는 것이다. 이처럼 과학적 정신에 입각하면 단 한 번의 실험으로도 '사실'을 바꿀 수 있다.

과학자는 연구 도중에 기존의 원리와는 다른 실험적인 결과를 얻을 때가 있다. 예상치 못한 실험의 결과가 지엽적이고 사소한 것일지라도 과학자는 소중히 여기고 받아들여야 한다. 또한 과학자는 자신이 보고자 한 것과 자신이 본 것을 구별하도록 노력해야 한다. 왜냐하면 과학자들도 다른 일반인들처럼, 많은 사람이 옳다고 인정하는 것에 끌리는 경향이 있기 때문이다.

자연과학적 이론은 고정된 것이 아니라 변할 수 있는 것이며, 다시 개정되고 정비되는 과정을 거치면서 발전한다. 예를 들어 '원자운동'의 경우 지난 수백 년 동안 새로운 사실들이 축적되었고 이를 바탕으로 이론은 계속 수정되었다. 이와 같은 이론의 수정은 자연과학의 약점이 아니라 오히려 강점이 되며, 수정과 보완을 거듭하면서 모순 없는 법칙이나 진리에 가까이 가게 된다. 그러므로 반대적 실험 사실에 직면할 때나 가설에 의해 새로운 관점을 갖게 될 수밖에 없을 때, 과학자들은 자신의 마음을 바꾸는 것을 주저해서는 안 된다. 믿음을 지키는 것보다 더 중요한 것은 믿음을 개선하는 것이다.

1

위 글의 내용과 일치하는 것은?

① '추측'은 타당성이 있어야 '사실'이 된다.

② 일반인들은 입증된 사실만을 받아들인다.

③ 자연과학 이론의 수정 가능성은 자연과학의 약점이다.

④ 공인된 사실도 새로운 '사실'이 나올 때까지의 '협약'일 뿐이다.

⑤ 과학자에게는 예상치 못한 실험 결과를 배제하는 태도가 필요하다.

2

글쓴이의 궁극적 의도를 바르게 설명한 것은?

① 과학에서는 가설보다 원리가 가치 있는 것임을 제시하고자 하였다.

② 실험이나 가설에 의하지 않고도 과학 발전이 가능함을 밝히고자 하였다.

③ 과학자의 신념에 따라 실생활에 적용되는 과학의 범주가 다르다는 것을 주장하고자 하였다.

④ 실험적 결과에 따라 과학적 가설을 받아들이는 과학자의 유연한 자세를 강조하고자 하였다.

⑤ 과학자는 과학뿐 아니라 다른 학문 분야의 지식도 존중할 필요가 있다는 것을 말하고자 하였다.

　가정에서 냉동 피자를 익히거나 팝콘을 튀길 때 전자레인지는 매우 유용하다. 이 외에도 온갖 음식을 데우기도 하고 익힐 수도 있다. 전자레인지에는 열을 만드는 발열체가 있는 것도 아닌데 요리 재료에 물기만 있으면 데워지거나 익는 것이 신기할 뿐이다. 전자 레인지는 2차 대전 직후 미국 레이디온사에 근무하던 스펜서에 의해서 개발되었다. 그는 레이더의 마이크로파 발생기인 마그네트론에 대해 연구하다가 우연히 자신의 주머니 속에 있던 초콜릿이 녹고 있다는 사실을 발견했다. 그는 직관적으로 마이크로파가 음식을 빠르게 익힐 수 있다고 생각했으며 이 일은 전자레인지를 개발하는 계기가 되었다.

　전기장과 자기장이 서로 유도하여 진행하는 전자기파에는 무선통신이나 라디오 텔레비전 방송에서 사용하는 비교적 파장이 긴 것도 있지만 파장이 매우 짧은 것도 있다. 일반적으로 파장이 0.1㎜~30㎝의 짧은 전자기파를 마이크로파라고 부른다. 전자레인지는 파장이 12.2㎝인 마이크로파를 사용한다. 이 마이크로파는 1초에 수십 억 번이나 전기장의 방향이 바뀌는 초고주파이다. 전기장의 방향이 바뀔 때마다 물 분자를 구성하는 약한 음전하를 띠는 하나의 산소 원자와 약한 양전하를 띠는 두 개의 수소 원자는 회전하게 되는데, 이 과정에서 마찰이 일어나 열이 발생하게 된다. 이때 발생하는 마찰열에 의해 음식물이 가열되는 것이 전자레인지의 원리이다.

　마이크로파는 수분을 함유한 음식물에는 잘 흡수되며, 공기와 종이, 유리, 흙 등으로 이루어진 물질에서는 잘 투과된다. 따라서 전자레인지는 음식물을 표면부터 가열하지 않고 내부와 외부를 동시에 가열하여 조리 시간을 절약할 수 있다. 그러므로 비타민과 같은 영양분의 파괴도 상대적으로 적고 음식물도 타지 않는 장점이 있다. 그러나 은박지와 금속 식기류는 마이크로파를 반사하기 때문에 가열되지 않으며 끝이 날카로운 금속은 일종의 안테나 역할을 하므로 이곳에 마이크로파가 집중되어 스파크가 일어날 수도 있다.

　전자레인지의 구성 요소와 작동 과정에 대해 좀 더 자세히 살펴보자. 전자레인지는 고압 변압기, 마그네트론, 도파관, 교반기, 회전판 등으로 구성되어 있다. 먼저, 마그네트론은 고압 변압기에서 송출된 약 3,800V의 고전압을 이용해 인출된 전자를 자기장에 의해 공진시킴으로써 마이크로파를 발생시킨다. 그 다음에, 마이크로파는 속이 빈 관 형태의 도파관을 통해 전자레인지 조리실 상단 부분에 위치한 교반기로 이동하는데, 이 교반기는 마이크로파를 다양한 방향으로 분사하는 역할을 한다. 그리고 전자레인지 조리실 벽면은 마이크로파를 반사하여 내부에서만 마이크로파가 계속 되튀도록 설계되어 있다. 따라서 전자레인지 내부의 크기는 마이크로파의 손실을 최대로 줄일 수 있는 적당한 크기이어야 한다. 조리실 하단에 있는 회전판은 음식물을 올려 놓는 곳으로, 음식물을 조리할 때 이 부분은 회전하면서 음식물이 마이크로파를 골고루 흡수하도록 돕는 역할을 한다. 이때 조리 과정에서 발생한 기계 내부의 열은 전자레인지 뒷면 윗부분에 설치되어 있는 냉각팬으로 식힌다.

1

위 글의 내용과 일치하지 않는 것은?

① 전자레인지로 물기가 없는 재료를 조리하기는 어렵다.

② 전자레인지에 이용되는 전자기파는 파장이 짧은 마이크로파이다.

③ 마이크로파가 음식물의 물 분자에 영향을 주어 마찰열을 일으킨다.

④ 전자레인지 속의 음식물은 표면에 도달한 열의 전도에 의해서 가열된다.

⑤ 전자레인지에 사용되는 전자기파는 전기장의 방향이 수시로 바뀌는 초고주파이다.

2

위 글을 바탕으로 전자레인지를 이용해 〈보기〉의 '고구마'를 조리하고자 할 때, 예상되는 결과로 알맞은 것은?

〈보기〉

A : 신문지로 완전하게 싼 고구마

B : 뚝배기에 담은 고구마

C : 은박지로 완전하게 싼 고구마

	A의 결과	B의 결과	C의 결과
①	잘 익음	잘 익음	익지 않음
②	잘 익음	익지 않음	잘 익음
③	익지 않음	잘 익음	은박지에 불이 붙음
④	익지 않음	익지 않음	잘 익음
⑤	신문지에 불이 붙음	잘 익음	익지 않음

20세기 들어서기 전에 이미 영화는 두 가지 주요한 방향으로 발전하기 시작했는데, 그것은 곧 사실주의와 형식주의이다. 1890년대 중반 프랑스의 뤼미에르 형제는 〈열차의 도착〉이라는 영화를 통해 관객들을 매혹시켰는데, 그 이유는 영화에 그들의 실생활을 거의 비슷하게 옮겨 놓은 것처럼 보였기 때문이다. 거의 같은 시기에 조르주 멜리에스는 순수한 상상의 사건인 기발한 이야기와 트릭 촬영을 혼합시켜 〈달세계 여행〉이라는 판타지 영화를 만들었다. 이들은 각각 사실주의와 형식주의 영화의 전통적 창시자라 할 수 있다.

대체로 사실주의 영화는 현실 세계에서 소재를 선택하되, 왜곡을 최소화하여 현실 세계의 모습을 그대로 재현하고자 한다. 주된 관심은 형식이나 테크닉이 아니라 오히려 내용이다. 사실주의 영화에서 관객은 영화의 스타일을 눈치챌 수 없다. 이 계열의 감독들은 영상을 어떻게 조작할 것인가 보다는 오히려 무엇을 보여줄 것인가에 더 많은 관심을 갖고 있기 때문이다. 따라서 영상을 편집하고 조작하기보다는 현실을 드러내는 것을 중시하며, 극단적인 사실주의 영화는 실제 사건과 사람을 촬영하는 다큐멘터리를 지향하기도 한다. '영상이 지나치게 아름다우면, 그것은 잘못된 것이다.'라는 말은 현실 세계 그대로의 사실적 재현을 가장 우위에 놓는 사실주의 영화의 암묵적 전제로 통용된다. 그렇다고 해서 사실주의 영화에 예술적인 기교가 없다는 것은 아니다. 왜냐하면 사실주의 영화일수록 기교를 숨기는 기술이 뛰어나기 때문이다.

반면, 형식주의 영화는 스타일 면에서 화려하다. 형식주의 영화는 현실에 대한 주관적 경험을 표현하는 데 관심을 기울인다. 정신적이고 심리적인 진실의 표현에 가장 큰 관심을 두는 형식주의자들은 물질 세계의 표면을 왜곡시킴으로써 이것을 가장 잘 전달할 수 있다고 여긴다. 때문에 현실의 소재를 의도적으로 왜곡하고 사건의 이미지를 조작한다. 이런 스타일의 가장 극단적인 예는 아방가르드 영화에서 찾아볼 수 있다. 이와 같은 영화 중에는 색, 선, 형태로만 표현된, 완전히 추상적인 것도 있다.

그러나 실제의 영화는 완전히 사실주의 영화도 형식주의 영화도 드물다. 사실주의와 형식주의는 절대적인 개념이라기보다는 상대적인 개념이기 때문이다. 한마디로 환상적인 재료를 사실주의적인 스타일로 표현하는 것도 가능하며, 마찬가지로 현재의 현실 세계에 근거한 재료를 형식주의적인 스타일로 표현하는 것도 충분히 가능하다. 또한 물리적인 현실 세계는 사실주의 영화이든 형식주의 영화이든 모든 영화의 소재가 된다. 이 두 영화 사조의 차이는 오히려 영화의 소재인 물리적인 현실 세계를 가지고 '어떻게 조형하고 조작하는가', '스타일상의 강조점이 어디에 있는가' 등에 달려 있다.

1

위 글의 서술방식으로 가장 적절한 것은?

① 대상 간의 유사점과 차이점을 들어 논의를 전개하고 있다.

② 낯선 용어의 개념을 정리하며 새로운 이론을 소개하고 있다.

③ 대상의 변화를 시대별로 제시하여 단계적으로 설명하고 있다.

④ 권위자의 이론을 근거로 제시하며 자신의 주장을 강화하고 있다.

⑤ 핵심적 질문에 묻고 답하는 방식을 활용하여 중심 화제에 접근하고 있다.

2

위 글에서 알 수 있는 내용으로 적절하지 않은 것은?

① 사실주의 영화는 형식보다 내용을 중시한다.

② 형식주의 영화는 비현실적인 소재를 활용한다.

③ 조르주 멜리에스는 형식주의 영화를 제작했다.

④ 사실주의 영화에서 편집은 현실을 재현하기 위해 동원된다.

⑤ 형식주의 영화는 소재에 대한 주관적 표현에 관심을 갖는다.

정답·해설

정답표

	1	2		1	2		1	2		1	2		1	2
001	③	④	002	④	⑤	003	③	④	004	④	①	005	③	⑤
006	④	⑤	007	①	③	008	④	④	009	⑤	②	010	②	④
011	②	③	012	①	①	013	④	②	014	④	③	015	③	④
016	⑤	④	017	④	③	018	①	⑤	019	⑤	③	020	⑤	③
021	⑤	⑤	022	③	①	023	③	②	024	②	④	025	①	②
026	⑤	③	027	①	②	028	③	④	029	⑤	②	030	②	⑤
031	①	④	032	⑤	①	033	⑤	①	034	②	③	035	④	①
036	②	③	037	②	③	038	④	②	039	③	④	040	④	①
041	③	⑤	042	④	④	043	③	②	044	⑤	⑤	045	①	③
046	③	①	047	④	③	048	④	③	049	③	④	050	④	④
051	①	⑤	052	④	④	053	③	②	054	③	③	055	③	④
056	⑤	④	057	④	①	058	③	①	059	①	⑤	060	①	④
061	③	②	062	③	①	063	②	④	064	②	②	065	③	②
066	③	④	067	②	⑤	068	③	①	069	③	⑤	070	④	①
071	⑤	②	072	①	②	073	②	⑤	074	①	③	075	⑤	③
076	①	②	077	③	⑤	078	①	②	079	⑤	②	080	③	②
081	③	②	082	①	②	083	④	②	084	④	⑤	085	②	④
086	④	⑤	087	①	⑤	088	⑤	⑤	089	③	⑤	090	③	⑤
091	④	⑤	092	③	②	093	④	③	094	②	④	095	④	④
096	②	①	097	⑤	⑤	098	④	④	099	④	①	100	①	②

001 조선 시대의 기와집

1. 제시문의 내용을 통해 알 수 있는 주요 정보는 기와집의 구조, 살았던 사람들의 신분, 생활공간 및 기와집에 살던 집안사람들의 생활 모습, 기와집의 구조에 반영된 유교 질서 등이다. ③은 조선 시대 기와집을 짓는 재료에 대한 정보로서, 글에 제시된 정보가 아니다. 정답 ③.

2. 설명문은 글의 짜임이나 글을 읽는 목적에 따라 다르게 요약할 수 있다. 〈보기〉의 요약문은 기와집의 구조에 따른 생활공간과 기와집에 살던 집안사람들의 생활 모습이 다르다는 내용이 중심을 이루고 있다. 따라서 요약문을 쓴 사람이 글을 읽은 목적은 '기와집의 공간마다 집안사람들의 생활 모습이 다름을 알기 위해'라고 할 수 있다. 정답 ④.

002 언론과 진실
[출처] 신문과 진실_ 송건호

1. 사건의 중요한 근거와 그렇지 않은 조건을 살필 줄 알아야 한다고 하였으니, 더욱 중요한 사건의 근거를 부각시켜야 진실된 보도를 할 수 있다. 정답 ④.

오답 피하기 ①사건과 관련된 원인을 잘 살피고, ②다원적인 현상에 대하여 전체적으로 살피며, ③역사적 안목으로 가치지향적인 방향으로 평가하여야 하며, ⑤이해 관계자나 이익집단의 압력으로부터 벗어나야 진실된 보도를 할 수 있다.

2. 진실 보도를 위해서는 자신들에게 유리하도록 보도해 달라는 이해 관계자나 이익 집단의 압력에서 벗어나야 한다. 정답 ⑤.

003 원소의 기원

1. 제시문은 우리가 알고 있는 원소의 기원을 우주가 생겨날 때 만들어진 것, 별의 진화 과정에서 만들어진 것, 별이 폭발할 때 만들어진 것으로 묶어 설명하고 있으며, '핵융합', '핵자', '결합 에너지' 등의 개념을 설명함으로써 글을 보다 쉽게 이해할 수 있도록 돕고 있다. 문단 (나)에 따르면, 수소와 일부 헬륨만

이 우주가 생성될 때 일어난 대폭발로 생겼다. 정답 ③.

2. 문단 (라)에 의하면 별이 폭발할 때 핵융합에 의해 만들어진 철이 많아질수록 별의 수축이 일어나고, 별 중심부로의 수축이 진행될수록 온도가 높아진다고 하였다. 정답 ④.

004 김장독과 김치냉장고
[출처] 땅속의 김장독이 김치 냉장고로_ 과학향기

1. 제시문은 김치 냉장고의 원리가 김장독에서 온 것을 기술적인 측면에서 분석한 글이다. ①은 둘째 단락에서, ②는 일곱째 단락에서, ③은 다섯, 여섯째 단락에서, ⑤는 일곱째 단락에서 설명하고 있다. 정답 ④.

2. 전통 기술이 현대 기술로 발전 접목된 사례를 찾는 문제이다. 전통적인 원리가 현대 기술로 발전된 사례는 가마솥의 원리를 이용한 압력 밥솥을 들 수 있다. 정답 ①.

005 풍속화의 의의
[출처] 풍속과 현실을 보는 눈_ 김해성

1. 제시문은 풍속화의 대표적인 화가 김홍도와 신윤복의 작품 경향을 소개하여 조선 시대의 풍속화에 대한 평가와 올바른 풍속화의 의의를 밝히고 있다. 제시문의 흐름은 서두에 일반적인 풍속화에 대한 인식, 본문에 풍속화의 등장 과정, 신윤복, 김홍도의 사례, 풍속화의 의의 등으로 제시되었다. 이러한 흐름의 중심은 풍속화가 어떤 가치가 있는가이다. 따라서 이 글의 표제로는 '풍속화의 의의'가 적절하며 신윤복, 김홍도에 대한 내용이 중심 화제가 되고 있으므로 '신윤복, 김홍도를 중심으로'가 부제로 적절하다. 정답 ③.

2. ㉠의 앞에는 '반면'이 있으므로, ㉠에는 앞의 내용과 반대되는 양상의 내용이 들어가야 한다. 그리고 사회 변화의 내용은 뒤에 이어지는 '사대부들의 취향에서 벗어난'과 관계가 있다. 이를 바탕으로 추리할 때, ㉠에는 사대부와 관련되면서 그 앞의 내용과 대조적인 ⑤가 적절하다. 정답 ⑤.

006 포틀래치

1. 제시문은 콰키우틀 족의 관습인 '포틀래치'에 대해 이야기한 후, 마지막 단락에서 그것의 기능과 의의에 대한 해석(설명)을 제시하고 있다. 즉, '사례 제시+그것의 심층적 의미 설명' 구조와 같이 매우 간단한 구조를 취하고 있다. 이러한 특징을 바르게 설명한 것은 ④이다. 정답 ④.

2. 제시문은 아메리카 인디언 중 콰키우틀 족의 관습인 '포틀래치'에 대해 설명하고 있다. 제시된 내용을 바탕으로 추론할 수 있는 내용으로 볼 수 없는 것은 ⑤이다. 제시문에 의하면 '이 어처구니없는 풍습(포틀래치)을 통해 빈부의 격차가 해소된다.'고 하였기 때문이다. 정답 ⑤.

007 백범 김구의 사상
[출처] 나의 소원_ 김구

1. 제시문에서는 우리 민족의 임무를 독립 국가 건설과 바람직한 문화 창달로 보고 있다. 인류에 기여하기 위해 필요한 문화를 건설하기 위해서 우리 민족은 독립 국가를 건설해야 한다는 방향으로 논의를 전개하고 있다. ②, ③의 '인류의 평화와 행복'이나 '새로운 문화의 필요성'은 우리 민족이 앞으로 추구해야 할 임무의 일부분임을 첫째 문단에서 확인할 수 있다. 정답 ①.

2. ③의 경우 '사해 동포', 즉 '세계 시민'이라는 개념이 크고 아름다운 개념임은 글쓴이도 인정하고 있다. 그러나 현실적으로 추구하기에 옳은 이념은 민족 국가의 수립이라는 논지를 첫째 문단에서 확인할 수 있다. 정답 ③.

008 마찰력
[출처] 힘, 운동량, 에너지의 삼각관계_ 곽영직

1. 다섯째 단락에서 물체에 최대 정지 마찰력보다 작은 힘을 가하면 물체는 움직이지 않는다고 하였다. 정답 ④.

2. 제시문의 핵심 원리를 일상생활에 적용하는 문제이다. ①, ②, ③, ⑤는 일상생활에서 마찰력을 크게 하는 사례들이다. 정답 ④.

009 각궁의 우수성
[출처] 뒷간에서 주웠어, 뭘?_ 꿈꾸는 과학

1. [C]는 화살이 날아가는 단계이다. 이때 화살은 [B]에서 얻은 위치 에너지가 운동 에너지로 전환되며 날아가게 된다. 또한 이 과정에서 발생한 복원력은 화살을 날아가게 한 운동 에너지의 양과 같다. 따라서 활대의 복원력과 화살이 지니고 있는 운동 에너지의 양을 반비례 관계로 이해하는 것은 적절하지 않다. 정답 ⑤.

2. 조선 시대 각궁이 우수한 성능과 품질을 지닐 수 있는 이유는 3문단에 제시되어 있다. 각궁의 우수성은 복원력이 좋기 때문이다. 각궁은 이러한 복원력을 높이기 위해 동물의 뿔이나 뼈, 힘줄, 탄성 좋은 나무 등을 사용했다. 각궁은 이러한 특성을 지니고 있어서 합성궁이라고 불리기도 한다. 따라서 다양한 재료를 조합하여 활대의 탄력을 높였다는 ②의 진술이 가장 적절하다. 정답 ②.

010 조선 백자
[출처] 한국미, 그 자유분방함의 미학_ 최준식

1. 제시문의 내용은 크게 두 부분으로 나눌 수 있는데, 앞부분에서는 조선 백자문양의 변화가, 뒷부분에는 조선 백자의 독특한 모양을 제시하고 있다. 문양 부분에서는 조선 초기 중국의 것과는 다르게 단순한 문양을 그려 넣다가 조선 후기로 가면서 민화적이면서 서민적인 경향으로 자유롭게 변한 내용을 다루고 있다. 조선 백자의 모양 부분에서는 찌그러진 모양에 나타난 백자의 자유분방한 미의식을 제시하고 있다. 문양의 모양과 독특한 모양에서 공통적으로 나타나는 미의식은 격식, 즉 일정한 방식에서 벗어나 자유롭게 표현하는 예술의 모습이다. ①은 균형이, ④는 현실 풍자가 내용과 어긋나는 부분이며, ③과 ⑤는 부분적인 내용에 해당한다. 정답 ②.

2. 제시된 정보의 내용을 보면 외래의 것이 무엇이든 우리의 실정에 맞게 변형시켜 나가는 한국인의 지혜가 나타나 있다. ①은 온돌 문화에 맞추어 돌침대를 만든 사례가, ②는 고유의 김치 맛을 살린 김치 피자가, ③은 냉장고를 우리 실정에 맞게 개발한 김치 냉장고가, ⑤는 중국의 마괘자를 우리의 마고자로 변형시킨 예가 나와 있다. 그러나 ④에 나오는 거북선

을 만드는 것은 단순한 과거의 재현에 해당한다. 정답 ④.

011 경복궁 근정전
[출처] 경복궁 근정전은 왜 그리 좁을까_ 서윤영

1. 제시문은 경복궁 근정전을 설명한 글로, 한국의 전통 건축과 서양 건축의 차이점을 들어가며 이해를 돕고 있다. 근정전은 그 건물만을 말하는 것이 아니라 '근정전'이라는 현판이 걸린 건물과 마당과 회랑을 모두 합쳐서 일컫는 말이다. 우리의 전통 건축에서는 일상적인 일은 실내에서 하고, 큰 행사나 중요한 일은 마당의 공간을 이용하였다. 이에 비해 서양식 건축은 실내가 중요한 역할을 하고, 정원은 조망이나 산책용으로 꾸며져서 이용하는 공간이었다. 정답 ②.
2. 제시문은 한국 건축인 근정전을 이해하기 쉽게 설명하기 위해 대조의 방법으로 한국 건축과 서양식 건축물의 차이점을 들어 그 특징을 설명하고 있다. 또, 근정전의 공간 구조를 설명하기 위해 주위에서 쉽게 볼 수 있는 학교 운동장과 구령대, 강당과 연단의 관계처럼 유추의 방법으로 근정전은 건물 자체만을 이르는 것이 아니라 그 건물과 마당과 회랑의 공간 구조를 모두 합하여 이르는 것임을 설명하고 있다. 정답 ③.

012 정보란 무엇인가
[출처] 사회를 본다 사람이 보인다_ 김찬호

1. 제시문은 정보사회의 기계 만능주의에 대한 잘못된 실태에 대한 문제를 제기하고, 주관적 가치판단 개입에 따른 정보의 실태 분석을 통하여 정보화 사회일수록 인간의 창의적인 능력이 중요시됨을 강조하고 있다. 첫째 문단과 다섯째 문단의 내용을 통해 컴퓨터는 정보사회의 기반 조성을 위한 도구임을 알 수 있다. 정답 ①.
2. 과학적 사실과 그 사실에 개입된 가치 판단의 여부를 묻는 문제이다. 필자는 ⊙에서 "정보라는 것은 언제나 주관적인 입장과 가치관이 깔려 있게 마련이다."라고 언급했다. 즉, 필자가 정보를 보는 관점을 묻는 유형의 문제이다. ①은 원자 물리학이란 과학적 사실에 대한 주관적인 가치관이 개입되어 있다. ②~

⑤는 과학적 사실과 사실에 따른 객관적인 결과가 제시되어 있다. 정답 ①.

013 비와 눈의 형성
[출처] 대기과학_ 안중배 외

1. 강수가 형성되는 원리를 온대 지방이나 한대 지방에서는 얼음 결정이 성장하는 과정을 중심으로, 열대 지방에서는 물방울이 충돌-병합하는 과정을 중심으로 설명하고 있다. 정답 ④.
2. 충돌-병합 과정은 구름 속에 있는 다양한 크기의 물방울들이 서로 충돌하고 합쳐져서 강수가 생성되는 것이다. 따라서 구름 속 물방울의 수가 많을수록 강수가 생성될 가능성이 높다. 구름 속 물방울의 수가 적을수록 짧은 시간 내에 강수를 생성한다는 진술은 적절하지 않다. 정답 ②.

014 패킷 교환 방식
[출처] 네트워크 개론_ 진혜진

1. 제시문은 네트워크상에서 정보를 전송할 때 하나의 메시지를 패킷으로 나누어 전송하는 패킷 교환 방식의 원리에 대해 설명하고 있다. 따라서 표제는 '네트워크상에서의 정보 전송 원리', 부제는 '패킷 교환 방식에서의 데이터 전송 원리를 중심으로'라 할 수 있다. 정답 ④.
2. 패킷 교환 방식을 활용하면 패킷들을 기기의 처리 속도에 맞추어 전송시킬 수 있어서 정보 처리 속도가 다른 기기 사이에서도 정보 전송이 가능하다. 정답 ③
오답 피하기 ①1문단에 네트워크상에서의 이메일은 그 내용이 조각조각으로 나뉘어 전송된다고 제시되어 있다. ②2문단에 패킷은 네트워크상에서 정보를 보낼 때 전송하기 쉽도록 데이터를 작은 단위로 나누어 놓은 것을 말한다고 제시되어 있다. ④4문단에 패킷들이 각기 다른 경로로 전송되기 때문에 데이터 전송 시 하나의 경로에 과부하가 발생하여 전송이 지연되더라도 다른 경로를 통해 패킷의 송신은 가능하다고 제시되어 있다. ⑤4문단에 패킷 교환 방식은 여러 개의 노드를 통해서 작은 단위로 나뉘진 패킷들이 서로 다른 경로로 전송된 후 나중에 합쳐지기 때문에 기존의 정보 전송 방식에 비해 많은 양의 데이터를 빠르게 전송할 수 있다고 제시되어 있다.

015 우리 음악의 장단
[출처] 우리 음악, 그 맛과 소리깔_ 신대철

1. 제시문에서는 장단, 장단을 담당하는 고수(鼓手)의 역할과 중요성에 대해 이야기하고 있다. 정답 ③.
2. ①은 두 번째 단락, ②는 첫 번째 단락, ③은 세 번째 단락, ⑤는 네 번째 단락에서 확인할 수 있다. 정답 ④.

016 국물과 인정
[출처] 국물 이야기

1. 왕이 백성들을 위해 국을 끓였던 이유는 적은 양으로도 많은 사람들과 나누어 먹기 위해서였다. '가난을 나누듯 인정을 사이좋게 실어 나르던 고마운 국물'이라는 부분에서도 인정을 나누며 사는 삶의 아름다움을 느낄 수 있다. 정답 ⑤.
2. 국물에 담겨 있는 우리 조상들의 훈훈한 인정에 대하여 쓴 글이다. 국물, 맛보기, 덤을 통해 우리 조상들이 끈끈한 정을 나누는 모습을 보여 준다. 답지 ④는 개인이 보다 나은 미래를 위해 노력하는 모습으로 '나눔, 인정'과는 관련이 없다. 정답 ④.

017 선조들의 더불어 사는 삶
[출처] 함께 하는 삶_ 신길우

1. 제시문의 중심 내용은 남과 더불어 살아가는 우리 선조들의 삶의 태도와 지혜를 본받자는 것이다. 함께 하는 삶의 모습이 잘 드러난 표어로는 ④가 적절하다. 정답 ④.
2. ①은 이범선의 〈학마을 사람들〉, ②는 심훈의 〈상록수〉, ③은 〈토끼전〉, ④는 〈심청전〉, ⑤는 채만식의 〈왕치와 소새와 개미와〉의 일부이다. (마)에서 글쓴이가 비판하고 있는 것은 다른 사람의 처지를 생각하지 않는 현대인들의 자기 중심적인 태도이다. ③에 나오는 용왕의 태도에서 바로 그러한 이기적인 삶의 모습을 볼 수 있다. 정답 ③.

018 지구 자기장
[출처] 재미있는 지구과학 이야기_ 한국지구과학회

1. 1문단에서는 '다이나모 이론'을 통해 지구 자기장의 생성 원리에 대해 설명하고 있다. 그리고 3문단, 4문단에서는 지구 자기장의 역할에 대해 언급하고 있다. 즉 체내에 자석과 같은 물질을 갖고 있는 동물들이 방향을 찾고 먼 거리를 이동하는 데 지구 자기장이 없어서는 안 되며, 지구 자기장은 태양에서 뿜어져 나오는 고에너지 입자로부터 지구 생명체를 보호하는 보호막의 역할을 한다고 하였다. 정답 ①.
2. 지구 자기장에 의해 만들어진 보호막은 지구에 꼭 필요한 빛과 열은 통과시키지만, 인체에 해로운 고에너지 입자는 차단해 주는 역할을 한다. ⑤의 '필요한 물질'은 제시문의 '태양의 빛과 열'에, '불필요한 물질'은 '고에너지 입자'에 대응된다. 따라서 여과 장치는 '보호막'과 유사한 기능을 한다고 볼 수 있다. 정답 ⑤.
오답 피하기 ①의 '안전띠'와 ②의 '산소 발생기'는 각각 '안전'과 '생존'에 필요한 사물이기는 하지만 '보호막'이 수행하는 두 가지 역할을 하는 것은 아니므로 답이 될 수 없다.

019 적정기술
[출처] 나눔과 기술, 『6.5도의 과학기술 적정기술』

1. (마)는 적정기술의 특성과 한계에 대한 것이지 전망이라고 보기 힘들다. 정답 ⑤.
2. 항아리 냉장고는 가난한 지역 사람들의 삶을 개선하기 위해 나온 것으로, 그들이 이용할 수 있도록 간단한 원리를 적용해 쉽게 만들었다는 특징이 있다. ③에 나오는 물통은 차량이 없는 사람들을 위해 나온 것으로, 굴리는 것이 들고 다니는 것보다 편하며, 드럼통에 줄만 매달면 쉽게 만들 수 있다는 점에서 항아리 냉장고와 가장 유사하다. 정답 ③.
오답 피하기 ①, ②, ④, ⑤는 모두 가난한 사람들의 삶을 개선하기 위해 만든 것이 아니고, 원리나 방법도 가난한 사람들이 사용하기에는 복잡하다.

020 표절
[출처] 표절의 개념_ 서우석

1. 우리나라 가요계에 표절 문제가 나타난 것은 어제 오늘의 일이 아니라고 진술하고 있으며, 또 표절 문제는 그 전에도 있었지만 최근에 와서 다시 대두되고 있다고 밝히고 있다는 진술에서 볼 때 표절 문제가 나타난 것이 최근에 와서라고 한 것은 일치되는 진술이 아니다. 정답 ⑤.

2. 표절로 의심 받아서 법정에 서게 되었을 때는 표절자가 의도했건 하지 않았건 상관하지 않고 객관적인 기준에 따라 표절인지 아닌지를 판단한다. 이것은 표절에 있어서는 우연은 있을 수 없다는 전제를 법정에서 견지하고 있기 때문이다. 즉 표절의 경우에는 우연의 일치를 믿지 않는다고 볼 수 있다. 그래서 표절은 표절자가 인정하건 안 하건 간에 표절인 것이다. 마치 절도가 확실한 경우, 절도자가 절도 사실을 인정하거나 않거나와는 상관없이 절도죄가 성립하는 것과 같다. 정답 ③.

021 그림문자와 표의문자
[출처] 문자의 역사

1. 제시문은 문자의 발달 과정에 대한 부분으로 그림 문자에 그와 연관된 의미를 함께 나타내는 표의문자로의 발달 과정을 설명하고 있다. 그래서 '그림 문자에서 표의 문자로'가 전체를 포괄할 수 있는 제목으로 적합하다. 정답 ⑤.

2. 그림이 문자가 아닌 이유를 묻는 것으로 그림은 주변 사람들이 약속으로 인정하는 과정(사회성)을 거치지 않았다고 보는 것이다. 정답 ⑤.

022 경제 성장과 인간의 행복
[출처] 우리는 행복한가_ 이정전

1. ①, ⑤의 경우 둘째 문단에서 이스틸린은 행복감을 지수로 만들었다는 정보와, 한 국가 안에서 서로 다른 시기를 비교해도 행복감을 느끼는 사람의 비율이 크게 달라지지 않았다는 정보를 확인할 수 있다. ②, ④의 경우 다섯째 문단에서 이스틸린 이후에도 많은 연구자들이 행복과 소득에 대한 연구를 진행했다는 정보와 이러한 연구자들이 부유한 국가일수록 분배 정책과 자아실현의 기회를 넓혀주는 정책을 펴야 한다고 주장한다는 정보를 확인할 수 있다. ③의 경우 둘째 문단에서 확인할 수 있듯이 가난한 국가의 국민일수록 행복감이 높다는 것은 이스틸린의 국가별 비교 조사 결과와 어긋나는 정보이다. 정답 ③.

2. 제시문의 흐름을 고려할 때, 행복은 경제력과 비례한다고 볼 수 없다. 우선 셋째 문단에서 확인할 수 있듯이, 경제력이 어느 정도의 행복을 높여주는 요소이기는 하지만 이를 지속적으로 증진시키는 것은 아니다. 또 넷째 문단에서 볼 수 있듯이, 사회 전체의 소득 수준이 높아진다고 해서 행복이 비례적으로 높아지는 것은 아니다. 이를 바탕으로 할 때 행복은 어느 정도의 소득이 필요한 것이기는 하지만 반드시 소득과 정비례의 관계에 있지 않음을 알 수 있다. 정답 ①.

023 과학 기술의 발달과 인간 관계

1. ㄱ의 답은 '첨단 과학이 인간을 편리하게 하지만 인간 사이를 멀어지게 한다.', ㄷ의 답은 '컴퓨터 통신의 발달로 안방 근무가 확대될 것', ㄹ의 답은 '안방 근무가 가능해지며, 로봇이 노동을 대신할 것이다.'이다. ㄴ에서 질문한 과학 기술의 발달 속도가 빨라지는 이유는 글의 주제에서 벗어난다. 정답 ③.

2. 제시문에서는 과학 기술의 발달이 인간 관계의 수정을 요구하기 때문에, 즉 인간 사이를 멀어지게 하기 때문에 사이버 범죄가 걱정된다고 하였다. 정답 ②.

024 연료전지

1. (나)는 현재 우리가 흔히 사용하고 있는 전기 생산 방식을 설명한 후, 이와 대비하면서 연료전지의 원리를 설명하고 있다. 그러면서 이러한 원리 때문에 연료전지는 효율성이 높으면서도 공해가 없는 환경 친화적인 발전 방식이라고 서술하고 있다. 즉, (나)의 중심 내용은 '연료전지의 발전 원리와 그에 따른 장점'이다. 정답 ②.

2. 우주선을 작동시키기 위해서는 우주선 안이라는

제한된 공간에서 방대한 양의 에너지를 생산해야 하는 데다가 오염 물질의 최소화라는 난제가 따랐다. 이러한 문제를 해결하기 위해 노력하는 과정에서 개발된 것이 연료전지이다. 효율이 좋고 공해가 발생하지 않는 연료전지를 개발하여 우주선 작동에 따르는 난제를 해결한 것이다. 따라서 연료전지가 우연히 개발되었다는 ④는 타당하지 않다. 정답 ④.

025 한국 미술의 특징

1. 제시문의 중심은 (가)이며 주제는 '한국 미술은 담담하고, 욕심이 없으며 덤덤한 매무새를 가지고 있다.'이다. 따라서 제시문을 이끌어 낼 수 있는 물음은 ①이다. ②, ③, ④는 부분적이며, ⑤는 이야기를 끌어내기 위한 것이다. 정답 ①.
2. (나)는 한국 주택(살림집)이 조촐하고 의젓하며 자연 풍광과 그 크기가 알맞다는 것을 일본 주택, 중국 주택과 대조하여 설명하고 있다. 정답 ②.

026 웃음의 비밀

1. (마) 단락에 의하면 '일부러 웃는 웃음'도 '자연스런 웃음'과 똑같은 효과를 낸다고 하였다. 따라서 ⑤는 제시문과 일치하지 않는다. 다른 답지들의 내용은 제시문의 내용(①은 (가), ②는 (나), ③은 (다), ④는 (라))과 일치한다. 정답 ⑤.
2. 제시문의 (다)는 인간의 웃음과 동물의 웃음의 차이를 설명하려 했다. 그런데 실제 제시된 내용에서는 동물의 웃음만이 언급되고 있다. 따라서 ③의 설명처럼 '인간의 웃음과 동물의 웃음의 차이에 관한 내용'을 추가해야 한다. ①, ②의 사항들은 (가), (나)를 고려할 때 추가할 필요가 없으며, ④의 사항은 (라)와 어울리지 않는다. ⑤ 역시 (마)와 어울리지 않는다. 정답 ③.

027 현대 사회와 연민

1. 제시문은 현대 사회에서 연민이 갖는 의미와 가치에 대해 설명하고 있다. 이 문제와 관련하여 셋째 단락을 보면 '현대 사회에서도 연민은 생길 수 있으며 연민의 가치 또한 커질 수 있다. 그 이유를 세 가지로 제시할 수 있다. 첫째, 현대 사회는 과거보다 안전한 것처럼 보이지만 실은 도처에 위험이 도사리고 있다.'는 언급이 있다. 이 진술은 위험이 커지면 고통 또한 많아질 수 있으므로 그만큼 연민의 가치와 중요성이 커진다는 의미로 해석해야 할 것이다. 사회가 위험해지면 연민이 많아진다는 논리의 연결은 무리이다. ②넷째 단락, ③첫째 단락, ④첫째 단락과 셋째 단락, ⑤둘째 단락에서 각각 확인할 수 있다. 정답 ①.
2. 현대 사회에서 연민이 그 어느 때보다 절실히 요구되고 그만큼 가치가 높아지게 된 이유는 셋째 단락에 일목요연하게 제시되어 있다. '행위 결과에 스스로 책임지지 않는 사람이 많아졌다'는 ②의 경우는 제시된 근거들과는 거리가 멀다. 정답 ②.

028 갈레노스의 의학
[출처] 가장 오랫동안 의학을 지배한 사람, 갈레노스_ 김창규

1. 제시문은 갈레노스의 의학 이론을 소개하고 있다. 그런데 그의 의학 이론이 철학을 접목시킨 이유는 확인할 수 없다. 3문단을 참고할 때, 당시 그의 의학 이론은 종교와 결합하여 절대적인 교리처럼 인식되었음을 알 수 있다. 따라서 갈레노스의 의학 이론과 철학을 관련짓는 것은 적절하지 않다. 정답 ③.
오답 피하기 ①갈레노스는 해부와 실험을 통해 의학 지식을 얻는 획기적인 방법을 사용했다. 그의 이러한 해부학은 현대 의학에도 영향을 미쳤다. ②는 2문단에서, ④는 3문단에서, ⑤는 1문단에서 확인할 수 있다.
2. 2문단을 참고할 때, 갈레노스는 척수를 자르는 실험을 통해 근육의 조절 기능을 알아냈다(ㄱ). 되돌이 후두 신경을 묶는 실험을 통해 뇌가 목소리를 조절한다는 사실을 알아냈다(ㄷ). 수뇨관을 묶는 실험을 통해 소변이 방광에서 만들어지는 것이 아니라는 사실을 알아냈다(ㄹ). 그러나 3문단을 참고할 때, 동물의 심장을 해부하여 동맥과 정맥의 차이점을 관찰했지만, 혈액에 영혼이 있다는 것을 밝히기 위해서 한 것은 아니었다(ㄴ). 정답 ④.

029 항생제와 슈퍼바이러스
[출처] 전쟁보다 무서운 재앙_ 김형자

1. 두 번째 단락에서 여러 종류의 '슈퍼바이러스'가 출현했다고 하였다. 정답 ⑤.
2. ㉠의 '듣다'는 '효험이 있다, 잘 작용하다'의 의미이다. 정답 ②.

030 문학 작품 읽기

1. 제시문은 문학 작품을 읽고 사회적, 문화적 대화를 할 수 있는 방법 중의 하나를 설명한 것이다. (가) 단락 다음에도 이러한 사회적, 문화적 대화의 방법 두 가지가 서술되어 있고, (나) 단락 바로 다음에 오는 '이렇게 하는 것'이라는 구절은 '여러 가지 방법으로 사회적, 문화적 대화를 하는 것'를 의미한다. 정답 ②.
2. ⑤에서 '용왕'을 '당시 통치자'의 모습과 비교하였는데, 이는 '작품 속의 인물'을 '작품의 배경이 되는 시대의 특정 계층'과 관련지은 것이므로 ㉠에서 말하는 작품의 사회적, 문화적 배경을 이해하여 읽은 것으로 볼 수 있다. 정답 ⑤.
오답 피하기 ①은 다른 갈래로 변화된 작품 내용 감상하기, ②, ③은 작품 자체로서 내용 이해하기, ④는 작품 속 인물을 독자의 현재 삶과 관련짓기이다.

031 관례(冠禮)
[출처] 새로운 성원으로 거듭 태어나는 통과의례_ 이창일

1. 혼례가 관례의 영향으로 간소화된 것이 아니라 관례가 혼례의 일부로 흡수되어 간소화된 것이다. 정답 ①.
2. '삼촌'이 '작은아버지'로 불리는 것은 결혼 후, 이전과는 다른 대상으로 인정한다는 의미이다. 정답 ④.

032 다이어트 열풍

1. 넷째 단락을 보면 '모든 유형의 다이어트가 오늘날과 같은 이유로 행해진 것은 아니다. 중세에 다이어트는 종교적 생활 양식에서 영혼을 통제하려는 훈육의 한 방법이었고, 18세기에는 특정 집단에 속한 사람들이 음식의 양과 유형을 조절하는 방식이었다. 이와 달리 오늘날의 다이어트는 대부분 날씬한 몸매를 만들어서 자신의 상품 가치를 높이려는 목적에서 이루어진다.'는 진술이 나온다. ①, ②, ③은 둘째 문단, ④는 셋째 문단에서 확인할 수 있다. 정답 ⑤.
2. ㉠'자기를 표현하는 수단으로서의 몸'은 이어지는 구절 '자본주의의 상품화 논리에 지배되면서 오히려 자기 몸을 소외시키고 있다'와 연관시켜 해석할 때 몸에 대한 그릇된 인식을 의미한다. 그런데 ①에서 '세수'는 바쁜 생활을 하고 있음을 강조하는 사례이다. 몸에 대한 그릇된 인식과는 거리가 멀다. 정답 ①.

033 설탕과 액상과당
[출처] 액상과당, 설탕보다 더 단 단맛의 유혹_ 여인형

1. 제시문에서는 설탕을 기준으로 포도당과 과당의 단맛의 정도를 비교했으나, 그 차이가 생기는 이유를 설명한 부분은 없다. 정답 ⑤.
오답 피하기 ①2문단에서는 설탕과 액상과당의 단맛 차이를, 5문단에서 둘의 결합 구조의 차이를 설명하였다. ②2문단에서 액상과당을 제조하는 과정을 소개하였다. ③1문단에서 사람들이 당을 섭취해 온 방법을 소개하였다. ④4문단에서 포도당과 과당의 대사 과정의 차이를 설명하였다.
2. 렙틴이 분비되지 않으면 포만감을 느끼지 못하므로 식사량이 늘어나게 된다. 정답 ①.
오답 피하기 ②인슐린이 분비되면 렙틴 분비를 촉진하므로, 인슐린 분비량이 증가하면 렙틴 분비도 증가한다. ④렙틴이 분비되면 그렐린의 분비량이 줄어들므로 렙틴과 그렐린의 분비량은 반비례하는 것으로 보아야 한다.

034 자연염색
[출처] 자연염색_ 이승철

1. (나)는 천연 재료를 이용한 자연염색의 장점에 대해서만 설명했을 뿐, 단점을 지적하지는 않았다. 정답 ②.

2. (마)에서 자연염색에 사용되는 재료는 구하기 쉽고 색소가 많이 들어 있는 것을 사용한다고 했다. 정답 ③.

035 구전민요
[출처] 우리의 소리를 찾아서_ 최상일

1. 첫째 문단에서 민족의 저변에 있는 정서를, 둘째 문단에서 민요가 생활의 일부였음을, 셋째 문단에서 민요를 소홀히 대한 우리의 태도를, 넷째 문단과 다섯째 문단에서 우리 민요를 발굴하고 연구해야 하는 이유를 말하고 있다. 그러나 일제시대에 만들어진 민요의 형태에 대한 정보는 글 속에 드러나지 않는다. 정답 ④.

2. (다) 문단에서는 민요가 기록과 보존, 연구 등을 소홀히 하여 점차 사라져 가고 있음을 말하고 있다. 즉, 우리의 무관심한 태도와 외세로 인한 굴절된 문화 의식에 의해 민요는 어려운 상황에 처해졌고, 해방 후와 산업 사회에서 민요에 대한 관심을 다시 불러일으키기는커녕 오히려 악화되어졌음을 말하고 있다. 정답 ①.

036 백두산
[출처] 백두산_ 박찬교

1. (가)는 백두산의 지리적 개관, (나)는 백두산의 형성 과정, (다)는 근대 이전에 우리 겨레와의 관계, (라)는 근대의 우리 겨레와의 관계, (마)는 현대에 있어 백두산의 상징적 의미인 통일을 다루고 있다. 정답 ②.

2. ③의 경우 (라)단락에서 '백두 밀림과 만주 벌판은 일제 침략자들과 맞서 싸우는 격전장이 되었다.'고 언급하고 있다. 정답 ③.

오답 피하기 ①(다)에서 북방 오랑캐들과 싸웠다는 것이지 섬멸한 것은 아니다. ②(가)에서 일반적으로 백두산은 백두산체와 백두산 기슭까지를 포괄하는 범위를 말한다고 했다. ④(나)에서 백두산은 지대가 먼저 발육한 뒤 화산활동으로 형성되었다고 되어 있다. ⑤(마)에서 백두대간은 백두산에서 남녘의 지리산까지라고 했다.

037 은행의 종류와 역할
[출처] 경제 수첩_ 한대희

1. 제시문은 은행의 종류와 역할에 대한 설명을 통해 독자에게 새로운 정보를 제공하고 있다. 정답 ②.

2. 일곱 번째 단락에 의하면 투자신탁회사는 개인에게 돈을 빌려주지 않는다. 정답 ③.

038 개미의 화학 언어

1. (라)에서는 페로몬이 생성되는 장소를 알아보는 실험의 과정을 설명하고, 명확한 결과가 나오지 않는 경우에 대해 원인을 제시하고 있다. 따라서 (라)에 쓰인 서술 방식은 '과정'과 '인과'이다. 대상을 한 가지 기준에 따라 서술하는 방식인 '분류'는 사용되지 않았다. (마)에서는 잎꾼개미의 냄샛길 페로몬을 예로 들어 개미의 화학 언어가 경제적임을 설명하였으므로 ⑤는 적절하다. 정답 ④.

2. 개미는 동료가 찾은 먹이의 냄새로 쓰인 냄샛길을 찾는 것이 아니라, 냄샛길에서 나는 페로몬의 냄새로 냄샛길을 찾으므로 ②는 적절하지 않다. 정답 ②.

039 분무기의 원리
[출처] 분무기의 원리_ 강옥경

1. 제시문은 분무기가 화초에 수분을 보충하거나 유리창을 닦기 위해 세제를 뿌릴 때 사용되는 사례를 제시한 뒤(ㄴ), '보통 분무기'의 작동 원리 및 과정을 분석하여 설명하고 있다(ㄷ). 정답 ③

2. 5문단에서 '압축 분무기'는 가압제를 첨가하여 용기 내의 기체 압력을 높여 액체를 밖으로 밀어내는 방식임을 확인할 수 있지만, 분무량에 대한 정보는 확인할 수 없다. 다만, 4문단에서 '보통 분무기'의 분무되는 양과 분무되는 형태는 분무기 노즐 내부나 끝 모양, 구멍 크기, 구멍 수, 분사 압력 등에 따라 다양하게 결정된다는 내용을 통해 '압축 분무기'도 분무량이 일정하지 않음을 추론할 수 있다. 정답 ④

오답 피하기 ①은 4문단, ②는 3문단, ③은 2문단, ⑤는 5문단에서 확인할 수 있다.

040 사진의 이해
[출처] 사진과 진실_ 강홍구

1. (마)의 내용을 보면, 사진은 아무런 설명도 없이 '단 하나의 장면으로 구성'되어 있기 때문에 사진을 찍기 이전과 이후의 자세한 사정을 말해 주지 못한다고 설명하고 있다. 따라서 한 장의 사진으로 피사체, 즉 사진에 찍히는 대상의 변화 과정을 담아 낸다는 것은 이치에 맞지 않는 말이다. 정답 ④.
2. 〈보기〉에 제시된 독자의 의문 속에는, 사진이 현실에 개입하지 않는다는 내용을 그대로 수용하기 어렵다는 뜻이 내포되어 있다. 그런데 '사진이 현실에 개입하지 않는다'는 내용이 서술되어 있는 문단은 (가)뿐이고, (나)부터는 사진이 현실에 개입하게 된다는 내용을 서술하고 있으므로, 독자의 입장에서는 (가)를 읽고 나서 〈보기〉와 같은 생각을 가질 수 있다. 정답 ①.

041 조선시대의 선비
[출처] 한국의 선비와 선비 정신_ 금장태

1. 글의 제목을 찾는 문제라고 이해해도 무방하다. 제시문은 선비의 임무와 수련 방법에 대한 내용이다. 정답 ③.
2. 둘째 단락에서 선비가 백성을 교화하기 위해 모범을 보인다는 내용을 확인할 수 있다. 정답 ⑤.

042 개인과 사회
[출처] 현대 사회의 과제_ 김태길

1. (라)를 보면 마지막 부분에 개인과 사회에 대한 글쓴이의 주관적 관점이 제시되어 있다. 정답 ④.
오답 피하기 ①(가)는 옛날의 개인과 사회의 관계를 서술한 단락으로 다음 내용을 말하기 위한 서두이며, ⑤(마)에는 글쓴이가 생각하고 있는 올바른 관점이 제시되어 있으나 그것을 구체적 현실에 적용하고 있지는 않다.
2. 제시문은 개인과 사회와의 관계, 상호작용에 대해 원론적으로 고찰하고 있다. 정답 ④.

043 쓰나미
[출처] 교양으로 읽는 과학의 모든 것2_ 한국과학문화재단

1. 제시문의 소재는 '쓰나미'이다. 주요 내용은 '쓰나미'의 의미 및 유래, 발생 원인, 위험성, 역사적 기록 및 피해 사례, 대비 방안 등이다. 이 모든 내용을 포괄할 수 있는 글의 제목은 '대양의 폭군, 쓰나미의 정체'가 적절하다. 나머지는 일부분의 내용만 담을 수 있는 제목이거나 부적절한 제목이다. 정답 ③.
2. 주어진 메모지의 내용 중 'ㄱ'은 첫 번째 단락과 두 번째 단락에, 'ㄹ'은 다섯 번째 단락에 반영되어 있다. 하지만 폭풍 해일과 쓰나미의 발생 원인이 다름을 밝히고는 있지만 그 피해를 비교하고 있지는 않다. 또한, 마지막 단락은 쓰나미가 발생했을 때의 대처 방법이지 쓰나미를 예방하기 위한 노력이라고 볼 수 없다. 정답 ②.

044 발명품과 시장성
[출처] 씨 없는 수박을 만들기 힘든 이유, 『과학동아』

1. 마늘은 여러 가지 장점이 있는데, 사람들이 냄새를 꺼린다는 단점에 발명가들이 착안하여 '냄새 없는 마늘'을 발명한 것이다. 정답 ⑤.
2. '냄새 없는 마늘'과 '씨 없는 수박'이 제품의 편리함, 차별성, 참신성 등이 우수한 제품이면서도 시장성 확보에 실패한 주된 요인은 제품의 사용자가 사람임을 고려하지 못한 데서 왔음을 강조하는 글이다. 특히 고객의 심리까지 감안해야 하는 발명의 어려움을 이야기하고 있다. 이러한 정보를 광고에 적용시켰을 때, 고객의 심리를 잘 활용하는 ⑤가 정답이다. 정답 ⑤.

045 동양화와 여백의 미
[출처] 동양화란 어떤 그림인가_ 조용진 · 배재영

1. 첫 번째 단락에서 동양화의 주요 표현 방법으로 여백의 특징에 대해 언급하고 있으며, 두 번째와 세 번째 단락을 통해 여백의 역할을 두 가지로 나누어 설명하고 있다. 정답 ①.
2. 제시문의 세 번째 단락은 여백의 역할 중 두 번째, 즉 여백은 표현하지 않음으로 인해 감상자의 상

상력을 자극하는 효과가 있음을 언급하고 있다. 이런 점에서 볼 때, 여백이 적극적 표현이라는 것은 빈 공간을 둠으로써 화면에 표현된 것 이외의 것들을 상상할 수 있게 해 주기 때문이라는 것을 추리할 수 있다. 정답 ③.

046 한글의 우수성

1. 첫째 문단의 내용으로 보아 창제된 28자 중 24자만 오늘날까지 쓰이고 있음을 알 수 있다. 정답 ③.
2. ㄱ은 셋째 문단에, ㄷ은 넷째 문단에 제시된 한글의 우수성이다. 정답 ①.

047 민주주의와 시장경제

1. (다)의 첫 문장과 (나)의 셋째 문장을 종합하면 다수결은 민주적 절차와 형평성을 중시하는 의사 결정 방식임을 알 수 있다. 반면에 시장적 의사 결정은 (나)의 마지막에서 확인할 수 있듯이 경제적인 효율성을 중시하는 의사 결정 방식이다. 이로 미루어 경제적 효율성을 추구하는 것은 다수결 방식이 아니라 시장적 의사 결정 방식임을 확인할 수 있다. 정답 ④.
2. (가)에서는 민주주의와 시장경제의 관계에 대한 일반적인 통념의 잘못을 지적하면서 문제를 제기하고 있으며, (나)와 (다)에서는 민주주의와 시장경제의 차이점을 의사 결정 방식을 중심으로 살펴보고 있다. (라)에서는 민주주의와 시장경제의 공통점을 간략하게 살펴보고 있다. 즉 (나)~(라)는 차이점과 공통점 분석을 통해 민주주의와 시장경제의 올바른 관계 정립 필요성을 규명하고 있는 부분이다. 따라서 (다)의 성격을 두 방식의 장단점 분석을 통한 결론 암시 단락으로 파악하는 것은 잘못이다. 정답 ③.

048 지구 온난화
[출처] 기후는 역사를 어떻게 만들었는가?_ 브라이언 페이건

1. 제시문은 온실 기체가 지구 온난화를 가속화하고 있으므로, 온실 기체를 감축하도록 다 함께 노력하자는 내용의 글이다. ①의 경우 온실 기체가 지구 생물의 안전을 지켜주는 버팀목이라는 부분이 첫째 문단에 소개되어 있으나, 제시문의 주된 논지는 과도한 온실 기체가 초래할 폐해에 대비하자는 것이다. 정답 ④.
2. ㉠은 인류 전체의 행복에 우선적 가치를 두는 입장이다. 〈보기〉의 선진국은 자국 기업의 이익을 위해 국가간 협약을 거부하는 입장이다. 인류 전체 이익과 관련해 비판하면 된다. 정답 ③.

049 석빙고의 원리
[출처] 과학 삼국유사_ 이종호

1. 3문단에 따르면, 석빙고 내부의 따뜻해진 공기는 밀도의 변화에 따른 이동을 통해 아치형 천장의 상부 통풍구로 빠져나간다. 이러한 에너지의 이동이 내부를 차갑게 하는 것이지 외부 공기를 이용하는 것은 아니다. 정답 ③.
2. 얼음은 물로 상태변화가 일어날 때 주변으로부터 에너지를 흡수하고 이에 따라 주변 공기가 차가워진다. 즉, 상태변화가 일어나 생긴 물은 같은 온도의 얼음에 비해 더 큰 에너지를 가지고 있음을 알 수 있다. 그러므로 물의 에너지가 얼음으로 전달되어 얼음이 녹는 것을 막기 위해 물을 빨리 제거하여야 함을 알 수 있다. 정답 ④.

050 소설과 만화
[출처] 소설 읽기와 만화 읽기_ 장하경

1. 제시문은 소설과 만화의 특징을 밝히기 위해 두 대상을 비교·대조하고 있다. 구체적 사례를 제시하지는 않았으며 두 대상의 단점과 그에 대한 보완책을 제시하지도 않았다. 또한 다른 분야의 현상을 이 글에 적용하지는 않았으므로 유추가 쓰였다고 볼 수 없다. 정답 ④.
2. 만화는 불필요한 부분은 생략되고 필요한 부분은 과잉에 가깝게 보태지는 속성이 있으며 그 결과 인물의 외양도 만화의 종류에 따라 어느 정도 전형화 되어 있다. 풍자 만화의 주인공은 평범한 인상이 느껴지도록 사실적인 모습으로 그려지는 않는다. 오히려 풍자성을 드러내기 위하여 희화화를 하거나 인물

의 특징을 과장하여 그려 낸다. 이 같은 사실은 신문의 풍자 만화에서 확인해 볼 수 있다. 정답 ④.

051 책문(策文)
[출처] 책문, 시대의 물음에 답하라_ 김태완

1. 제시문은 1단락에서 책문의 개념, 2단락과 3단락에서 책문의 형식을 설명한 후 4단락에서 책문의 의의를 밝히고 있다. 정답 ①.

2. ㉠은 책문이 조선의 지식인 계층이었던 선비들이 유교적 이상을 현실에서 구현하는 방안을 쓴 글이었음을 의미한다. 당시의 유교적 이상이란 선비가 안으로는 인격을 수양하여 성인이 되고, 밖으로는 왕을 보필하여 이상적인 사회를 만들도록 힘써야 한다는 것이다. 정답 ⑤.

052 선한 사마리아인의 법
[출처] 착한 사마리아인의 법_ 서용식

1. 네 번째 단락을 보면 '선한 사마리아인법'은 냉혹해져가는 현대 사회에 대한 비판적 인식에서 비롯되었다고 진술하고 있다. 정답 ④.

2. ④의 경우는 법률의 제재를 받지 않는다. 정답 ④.

053 우주 팽창 이론
[출처] 우주의 진짜 지배자, 암흑 에너지_ 곽영직

1. 제시문은 '아인슈타인'부터 '슈미트와 크리슈너'까지 우주 팽창에 관한 여러 과학자들의 연구 양상을 설명하고 있다. 따라서 제목은 우주 팽창에 관한 이론의 전개 양상이 적절하다. 정답 ③

오답 피하기 ④우주를 구성하는 물질로 암흑 물질이 등장하지만 부분적인 내용이다. 또한 우주를 구성하는 물질의 비율은 나와 있지 않다. ⑤우주 팽창론에 수학적 지식이 동원되었지만 이 글 전체의 제목으로는 적절하지 않다.

2. 암흑 물질은 우주 전체의 질량을 증가시킨다. 이로 인해 중력이 커지고 우주의 팽창 속도는 줄어든다. 이에 반해 암흑 에너지는 우주의 팽창 속도를 증가시킨다. 정답 ②

오답 피하기 ①암흑 물질이 새로운 물질을 생성하는 것은 아니며, 암흑 에너지가 기존의 물질을 파괴하는 것도 아니다. ③암흑 물질이 우주 전체의 질량을 증가시키는 것은 맞지만, 암흑 에너지가 우주 전체의 질량을 감소시키는지는 본문에서 확인할 수 없다. ④암흑 물질과 암흑 에너지에 의해 별과 별 사이의 중력이 어떻게 변하는지는 본문에서 확인할 수 없다. ⑤암흑 물질은 우주 전체를 정적인 상태로 변화시키는 역할을 하지는 않는다.

054 재생 가능 에너지
[출처] 과학, 우리 시대의 교양_ 이필렬 외

1. 제시문은 대체 에너지 대신 재생 가능 에너지를 이용함으로써 에너지 문제를 해결할 수 있음을 말하고 있다. 표제는 글의 내용을 포괄적으로, 부제는 구체적으로 나타내 주어야 한다. 정답 ③.

2. 제시문은 화석 연료 사용의 문제점을 지적하고 재생 가능 에너지를 통해 인류의 에너지 문제를 해결해야 한다고 말하고 있다. 그러므로 이 글이 에너지 문제를 우리나라만의 문제로 제한했다고 이해하는 것은 적절하지 못하다. 정답 ③.

055 영화와 현실
[출처] 예술로서의 영화_ R.스티븐슨·장R.데브릭스

1. (다)는 (가), (나)에서 살펴 본 영화와 현실의 차이를 바탕으로, 영화의 인공성·예술성으로 논지를 전환·심화시키고 있다. 영화의 특징에 대한 분석을 통해 예술로서의 영화를 말하고 있지 반대 사례를 제시하는 것은 아니다. 정답 ③.

2. '간접 증명법'에 의해 필자는 영화와 현실이 다른 것임을 증명하고 있다. 토털아트를 주장하는 견해가 논리적으로 모순이 있음을 밝히면서 그들의 견해를 따르면, 영화는 현실이지 독자적인 예술이 될 수 없음을 말한다. 만약 영화가 현실이라면 영화라는 개념조차 의미가 없게 되므로 토털아트의 주장은 틀린 것이다. 정답 ④.

056 학문의 목적
[출처] 학문의 목적_ 박종홍

1. 글쓴이는 학문의 궁극적 목적이 진리 탐구에 있다는 주장에 대한 비판으로 제기될 수 있는 주장들을 제시하고 그에 대한 반박을 내세움으로써 자신의 주장에 정당성과 타당성을 더하고 있다. 정답 ⑤.
2. 학문하는 사람은 쾌락이나 현실적 실용성을 떠나 진리 탐구를 목적으로 해야 한다고 주장하고 있으므로, 배부름이나 편안함에 배움의 목적을 두지 않은 군자의 삶의 태도가 이와 유사하다. 정답 ④.

057 마이크로크레디트 운동

1. 마이크로크레디트 운동은 자기 사업을 벌일 인적·물적 자원의 확보를 통해 빈곤층의 자활을 돕는 것이다. 이러한 정신을 나타내기에 적절한 말은 '누구나 의지 할 곳이 있어야 무슨 일이든 시작하거나 이룰 수가 있음을 비유적으로 이르는 말'인 ㄴ과 '결과를 주기 보다는 방법을 주라'는 ㄹ이다. 정답 ④.
2. ㉠은 최저 빈곤층 여성을 대상으로 하고 있는데 이러한 대상 선정이 창업 교육의 효과가 남성에 비해 크기 때문은 아니다. 정답 ①.

058 호흡
[출처] 상식으로 알아보는 몸의 과학_ 최승일

1. (다)에서는 포화반응과 해리반응이 어떤 여건에서 잘 나타나는지 원리를 중심으로 설명하고 있다. 문단의 핵심 내용은 포화반응이 해리반응과 반대로 산소가 많고 pH가 높고 온도가 낮을수록 잘 일어난다는 것이다. 정답 ③.
2. '들이마시고'의 의미를 갖고 있는 것은 '흡입(吸入)'이다. '흡입'은 '기체나 액체 따위를 빨아들임'을 의미한다. 정답 ①.

059 배의 흔들림 방지 기술
[출처] 배의 흔들림 방지 기술_ 유병용

1. 빌지킬은 마찰 저항을 이용하고 핀 안정기는 양력을 이용한다. 둘째 문단에서는 마찰 저항을 이용하여 배의 흔들림을 줄이는 빌지킬에 대해 알 수 있고, 넷째 문단에서는 양력을 이용하여 배의 흔들림을 줄이는 핀 안정기에 대해 알 수 있다. 정답 ①.
2. 〈보기〉에서 선원들은 배가 기우는 반대 방향으로 움직이고 있다. 제시문의 내용 중에 안티 롤링 탱크의 U자형 관 안의 물도 동일한 역할을 하여 배의 흔들림을 줄여 준다. 그러므로 제시문의 U자형 관 안의 물과 〈보기〉의 선원들은 같은 역할을 한다고 할 수 있다. 정답 ⑤.

060 뮤지컬
[출처] 뮤지컬 감상법_ 박용재

1. 제시문은 뮤지컬의 특성을 주로 오페라와 비교하면서 드러내고 있는 글이다. ②, ③, ④, ⑤는 뮤지컬의 부분적인 특성에만 해당되는데 반해 ①은 글 전체를 아우르는 중심 화제이다. 정답 ①.
2. 제시문에 의하면 아리아는 '서정적인 독창곡'이라고 했으므로, ④에서 여러 사람이 함께 부르는 노래 장면을 '아리아'로 이해한 것은 적절하지 못하다. 정답 ④.

061 묘호(廟號)

1. 묘호는 왕의 사후에 행적에 따라 주어지는 칭호로 왕권 이양과는 무관하다. 정답 ③.
2. 효종은 공(功)이 아니라 덕(德)을 기준으로 부여한 묘호이고, 덕종에게 묘호가 주어졌다는 것은 덕종의 신주가 종묘에 모셔졌다는 뜻이다. 정답 ②.

062 복권의 비밀
[출처] 복권은 꿈을 주는가_ 한국교육신문

1. 제시문은 인간이 지닌 꿈에 대해 언급하면서, 복권을 통해서는 꿈이 이루어질 수 없음을 밝히고 있다. 정답 ③.
2. 수학적으로 계산해 보았을 때, 복권에 당첨될 확률은 극히 낮다. 당첨되지도 않을 허황된 꿈을 좇는 것은 어리석다. 당첨될 가능성이 낮은 복권을 사는

것을 따져봐야 한다. 정답 ①.

063 환경 호르몬
[출처] 환경 호르몬_ 이은희

1. 제시문에서는 ②와 관련된 언급을 확인할 수 없다. 정답 ②.

2. 제시문은 환경 호르몬의 개념과 부정적 기능 등을 소개하고 있다. 특히 환경 호르몬은 생식 능력을 저하시키고 각종 암의 원인이 되는 물질이라는 점을 부각시키고 있으므로 이 점이 내용의 핵심이다. 그런데 기사의 표제는 구체적인 사건을 앞세우고 핵심이나 주제는 부제로 표현하므로 ④가 가장 적절하다. 정답 ④.

064 디젤 엔진의 원리와 특성

1. 마지막 단락을 보면 '디젤 엔진은 원리상 가솔린 엔진보다 더 튼튼하고 고장도 덜 난다.'는 진술이 있다. 이런 경우를 가리켜 '내구성'이 강하다고 한다. '내구성(耐久性)'이란 '물질이 변질되거나 변형되지 않고 오래 견디는 성질'을 뜻한다. 정답 ②.

2. 기화기와 점화 플러그는 디젤 엔진에는 없고 가솔린 엔진에만 있는 부품들이다. 가솔린 엔진은 기화기에서 공기와 연료를 혼합하여 실린더에서 압축한 후 점화 플러그로 스파크를 일으켜 동력을 얻는다. 이와 달리, 디젤 엔진은 실린더 안으로 공기만을 흡입하여 피스톤으로 압축시킨 다음 거기에 연료 분사기로 연료를 분사하여 착화되도록 한다. 정답 ②.

065 판화의 이해
[출처] 판화의 예술성_ 윤홍규

1. 붓으로 그리는 회화와 판화와의 대조, 피카소가 에디션을 기입하는 예, 에디션의 정의, 판화의 인식 제고를 통한 마무리는 제시되어 있으나 일상적 경험에서 화제를 이끌어내고 있지는 않다. 정답 ③.

2. 현대미술의 거장들이 많은 판화 작품을 남긴 것은 '판화의 독특한 미감과 공유의 기쁨' 때문이라는 내용이 둘째 문단에 제시되어 있다. 정답 ②.

066 한국인의 가치관과 중용의 정신
[출처] 우리 것으로 철학하기_ 한상우

1. 제시문은 우리의 풍속인 '상물림'을 소재로 우리 고유의 가치관인 중용의 정신이 '함께 나눈다', '과유불급', '사고의 유연성' 등과 연관되어 있음을 밝힌 글이다. 이러한 내용을 포괄하는 정보를 담은 것은 ③이다. 정답 ③.

2. ㉠에서 글쓴이는 '지나치면 모자란다'는 중용의 정신은 '함께 나눈다'는 정신과 관련이 깊다고 언급하고 있다. 이를 바탕으로 구체적인 사례에 적용했을 때 조건을 충족하는 것은 ④이다. 감을 수확하면서 까치를 위해 '까치밥'을 남기는 행위는 자신의 욕심을 줄이고 까치와 나눈다는 생각이 있을 때 가능하기 때문이다. 정답 ④.

오답 피하기 ①과 ②는 지나치면 모자란다는 내용만을, ③과 ⑤는 함께 나눈다는 내용만을 담고 있다.

067 협동조합
[출처] 협동조합, 참 쉽다_ 이대중

1. 4문단에 협동조합은 조합의 구조적 특성과 운영의 방법상 신속한 자본 조달이 어렵다고 제시되어 있다. 정답 ②.

2. K씨의 사례와 협동조합의 정의에 따르면 협동조합은 뜻을 같이 하는 사람들이 출자금을 내어 공동의 수요와 요구를 충족하고자 결성한 단체라 볼 수 있다. 따라서 '컴퓨터를 배우고 싶어하는 노인들'이 '일정 금액'을 모아서 '컴퓨터 수업을 들을 수 있는 단체'를 만들었다는 것은 출자금을 통해 공동의 문화적 수요와 요구를 충족시키는 단체를 만든 것이므로 협동조합의 사례라 볼 수 있다. 정답 ⑤.

오답 피하기 ①재활용품 재생 업체가 환경을 보호했다는 것은 출자금에 대한 언급이 없고 공동의 수요를 충족시킨 바가 없으며 단체를 결성한 것이 아니므로 협동조합이라 볼 수 없다. ②아파트 주민들이 돈을 모아 장학금을 전달한 것은 단순히 장학금만 제공한 것이지 단체를 결성한 것이 아니므로 협동조합이라 볼 수 없다. ③식품 회사가 수익금의 일부를 지역 사회에 기부한 것은 출자금과 관련한 언급이 없으며 단체가 아닌 특정 회사의 수익금으로 기부한 것이므로 협동조합이라 볼 수 없다. ④대학 연구소에서 지역 특산품을 개발한 것은 출자금에 대한 언급이 없으며, 단체를 결성하여 특산품을 개발한 것이 아니므로 협동조합이라 볼 수 없다.

068 우리 몸과 미생물
[출처] 몸 속 1kg 미생물이 우리 몸 지킨다_ 지근억

1. 둘째 문단을 보면 세균들은 대부분 산소가 있으면 죽게 되기 때문에 우리 몸을 떠나면 살기 어렵다고 제시되어 있다. 정답 ③.
2. 제시문은 우리 몸 속에 있는 미생물들이 에너지, 탄수화물, 비타민 등을 공급하여 우리 몸에 유익한 역할을 담당하고 있다는 내용의 글이다. 정답 ①.

069 이글루

1. ③과 관련하여 이글루가 추울 때 이누이트들이 사용하는 방법은 바닥에 물을 뿌리는 것이다. 이때 찬물보다는 뜨거운 물이 효과가 있는데, 이는 물의 물리적 변화 과정에서 열의 흡수와 방출이 일어나기 때문이다. 정답 ③.
2. 제시문은 이글루라는 구체적인 현상에 담긴 과학적 원리, 즉 물의 융해와 응고, 복사, 기화 등 물의 물리적 변화 과정을 자세하게 설명하고 있는 글이다. 정답 ⑤.

070 산조의 이해
[출처] 재미있는 우리 국악 이야기_ 이성재

1. ①둘째 문단에, ②셋째 문단에, ③여섯째 문단에, ⑤넷째 문단에 종류가 언급되어 있다. ④의 경우 마지막 문단을 통해 산조에는 여러 유파가 있다는 정보를 확인할 수 있지만 유파별 특성이 언급되어 있지는 않다. 정답 ④.
2. 판소리는 서민들의 애환과 사랑, 솔직한 감정을 사람의 목소리로 토해 낸 것이고, 산조는 악기 소리로 풀어헤쳐 놓은 것이다. 정답 ①.
오답 피하기 ②고수와 관객의 추임새를 통해 연주자는 더욱 흥을 내 연주에 몰두할 수 있다. 추임새는 연주자와 고수와 관객을 하나로 맺어 주는 기능을 하지

만, 연주자의 집중력을 떨어뜨린다는 내용은 확인할 수 없다. ③빠른 산조 가락을 연주하기 위해 정악에서 사용하던 악기를 그대로 사용하는 것이 아니라, 정악을 연주할 때 쓰는 악기를 작게 변형해서 사용하는 것이다. ④산조는 휘모리장단과 같은 매우 빠른 장단으로 끝나면서, 듣는 사람을 신명의 극단으로 이끌어 올리게 된다. ⑤산조는 스승에게서 배운 대로만 연주하는 것이 아니라 배운 것을 재창조해 또 다른 자기 세계의 음악을 이루어 내게 된다.

071 음성 언어와 문자 언어

1. 음성 언어와 문자 언어는 각기 다른 특성을 가지고 있으나 상호 보완적이다. 정답 ⑤.
2. 해당 문장은 문제를 제기하는 부분으로 구체적인 설명 내용에 앞서 제시되어야 한다. (나)에서는 음성 언어와 문자 언어의 차이가 소리와 문자라는 특성에 의해 드러난다고 말하고 있고, (다)에서는 그 특성을 자세히 설명하고 있다. 정답 ②.

072 사회복지 제도
[출처] 공정과 정의 사회_ 박구용 외

1. 3문단에서 노인수당은 사회수당의 일종임을 알 수 있으며, '사회수당은 재산이나 소득, 그리고 보험료 지불 여부와 관계없이 일정한 사회적 범주에 해당하는 사람에게 무료로 급여를 제공하는 제도'라고 한 것으로 보아, '노인수당은 수급자의 선호에 따라 선택할 수 있는 제도이다.'라고 한 진술은 적절하지 않다. 정답 ①.
오답 피하기 ②1문단에서 '사회복지 제도는 그 기능과 역할을 달리하여 다양한 방식으로 운영되고 있는데, 일반적으로 급여 전달 형식에 따라 공공부조, 사회보험, 사회수당, 사회서비스로 구분된다.'라고 한 것으로 보아 '사회복지 제도의 일반적인 구분 기준은 급여 전달 형식이다.'라고 한 진술은 적절하다. ③2문단에서 '현재 대부분의 복지국가들은 미래의 불확실성과 불안정성에 대비해서 일정한 소득과 재산이 있는 시민들과 관련 기업에 보험금을 납부하도록 강제하는 법의 제정을 통해 사회보험 제도를 시행하고 있다.'라고 한 것으로 보아, '사회보험 제도는 현재 대

부분의 복지 국가들에서 시행하고 있다.'는 진술은 적절하다.

2. 3문단에서 사회수당을 받는 사람들은 '자기 자신을 수혜의 대상으로 간주하기보다는 권리의 주체로 인식할 가능성이 높다.'고 한 부분으로 보아, '공공부조(㉠)는 사회수당(㉡)과 달리 권리적 성격보다 수혜적 성격이 강하다.'고 한 진술은 적절하다. 정답 ②.

오답 피하기 ①2문단에서 공공부조는 '국가가 최저생계가 불가능한 사람들을 대상으로 생계비, 생필품 혹은 기본 서비스를 제공하는 것을 가리킨다.'라고 한 것으로 보아, '㉠은 ㉡과 달리 연령을 기준으로 그 지급 대상을 선정한다.'는 진술은 적절하지 않다.

073 거미의 집짓기
[출처] 미물이라도 지혜는 있다_ 신영준

1. 제시문은 거미의 집짓기를 통해서 본 거미의 생태에 관한 내용을 주로 다루고 있으므로 표제로는 '거미의 오묘한 생태', 구체적인 내용을 담아야 하는 부제로는 '거미집에 숨겨진 비밀'을 붙여주는 것이 가장 적절하다. 정답 ②.

2. '사이버 거미'는 거미의 생태를 연구하는 과정에서 만들어진 사이버 상의 거미를 말한다. 이는 컴퓨터 상에 존재하는 거미일 뿐 자연 거미와의 직접적인 소통을 할 수 있는 존재는 아니다. '사이버 거미'는 거미 생태에 대한 기본적인 정보를 입력해 주면 그것을 바탕으로 제시된 사이버 상의 환경에 적응해 나간다. 특히 제시문의 실험 결과 중 거미집을 디지털화해 임시 나선형 거미줄이 만들어진 단계에 사이버 거미를 투입하면 사이버 거미가 거미집을 짓는 과정을 파악하고 그 나머지 부분에 대해서는 자신이 완성해 나간다는 것이다. 즉 '사이버 거미'는 자신의 유전자에 입력된 정보 말고도 외부와의 관련 속에서 얻어지는 정보를 모두 종합하여 최종적인 판단을 내리고 행동하는 것이다. 그러므로 '사이버 거미'에 대한 설명은 ⑤가 가장 적절하다. 정답 ⑤.

074 엘리베이터의 작동 원리
[출처] 건축 속 과학 이야기_ 이재인

1. 제시문은 엘리베이터의 작동 원리를 설명하는 글이다. 셋째 단락의 앞부분에서 장력의 개념을 설명하였다. 그리고 줄다리기와 자동차 안전벨트와 같은 친숙한 예를 들어 엘리베이터의 작동 원리를 설명하고 있다. 정답 ①.

2. 제시문의 단락별 중심 내용은 도르래의 종류, 엘리베이터의 구조, 엘리베이터의 작동 역학, 엘리베이터의 추락 방지 장치의 순서로 전개되고 있다. 정답 ③.

075 연극과 관객

1. 제시문의 마지막 단락에서 어떠한 관객이 관람하느냐에 따라 연극의 완성도가 달라질 수 있음이 나타나 있다. 즉 연극 창조의 가장 중요한 관건은 양질의 관객을 획득하는 데 달려 있다. 정답 ⑤.

2. 제시문은 관객의 적극적인 참여와 호응이 훌륭한 공연을 이룬다는 것이 핵심 내용이다. ③은 관객의 반응이 역으로 배우들에게 다시 전달되어 연기에 직접 영향을 주고 있음을 보여준다. 정답 ③.

076 한옥의 마루

1. 제시문의 (가)~(라)는 '마루의 기원'에 대해 언급하고 있고, (마)는 '마루의 발전'에 대해 언급하고 있다. 따라서 제시문의 주제로 적절한 것은 '마루의 기원과 발전'이다. 정답 ①.

2. 제시문은 '마루의 기원'에 대한 다양한 학설들을 객관적인 입장에서 차분히 소개하고 있는데 특히 구체적인 근거와 함께 제시하고 있어서 독자들에게 새롭고 구체적이며 흥미로운 정보를 제공하고 있다. 이런 점 때문에 제시문은 독자들의 흥미를 유발하고 신뢰감을 형성하고 있다. 정답 ②.

077 헌법의 특질
[출처] 헌법학_ 홍성방

1. 2문단에 따르면, 헌법은 헌법재판제도와 같은 보장 장치를 스스로 마련하여 지니고 있으며 이러한 특징을 헌법의 '자기보장성'이라 한다. 정답 ③.

오답 피하기 ①2문단에 따르면, 헌법은 일반 소송이 아닌 헌법재판을 통해 국가 권력이 헌법의 효력을 부정하거나 침해할 수 없도록 하고 있다. ②1문단에 따르면, 헌법은 국민적 합의에 의해 제정되었기 때문에 최고의 기본법으로 인정받는데, 이를 헌법의 '최고규범성'이라고 한다. ④2문단에 따르면, 헌법은 하위의 법규범에 의해 효력이 보장되는 것이 아니라, 스스로가 스스로를 보장한다. ⑤3문단에 따르면, 헌법은 국가 작용을 담당하는 기관이 그 권한을 남용하여 국가가 추구하는 목적인 공통의 가치를 위험에 빠뜨리지 않도록 하고 있는데, 이를 헌법의 '권력제한성'이라 한다.

2. 2문단에 따르면, 헌법재판소의 결정은 국가 권력을 포함한 헌법의 적용을 받는 모든 대상들이 이를 존중하는 조건하에 실현된다. 예로든 바와 같이 헌법재판소가 헌법불합치 결정을 내리며 입법자에게 개선 입법을 촉구하여도 입법부가 따르지 않으면 이를 강제로 지키게 할 수 있는 수단은 없다. 따라서 헌법의 최고 규범으로서의 효력은 강제적 수단에 의해 실현되는 것이 아니며, '헌법의 내용을 실현하고자 하는 모든 구성원들의 적극적 의지'에 좌우된다고 추론할 수 있다. 정답 ⑤.

오답 피하기 ②2문단에 따르면, '입법부의 독자성 보장'이 아닌 '입법부의 헌법에 대한 존중'이 적절하다.

078 밀물과 썰물
[출처] 로슈가 들려주는 조석 이야기_김충섭

1. 제시문에서 조석력을 계절과 연계시켜 설명한 정보도 없기 때문에 ①은 적절하지 않다. 정답 ①.

2. (나)에서 조석력의 개념을 설명하고 있고, (마)에서 달의 공전 반경이 3.8cm씩 멀어지고 있다는 관측 결과를 제시하고 있다. (다)에서는 조석에 미치는 달의 영향력과 그에 따른 만조 시간과 수위 변화를 설명하고 있으며, (바)에서 달에 의한 조석이 가져올 결과를 예측하고 있다. 또한 (라)에서 상이한 두 현상인 '사리'와 '조금'을 설명하여 조석력에 대한 이해를 돕고 있다. 그러나 유추를 사용하여 논지를 전개하지는 않았다. 정답 ②.

079 유전 공학 기술

1. 셋째 문단을 통해 인간 게놈 프로젝트의 목적은 유전자의 기능 및 발현 패턴을 연구하는 것임을 알 수 있다. 그리고 이를 위해 유전자 변형 생물이 이용되는 것이다. 따라서 유전자 변형 생물을 만드는 것은 인간 게놈 프로젝트의 목적이 아니라 수단임을 알 수 있다. 정답 ⑤.

2. 일부 환경 단체에서는 유전자 변형 생물의 잠재적 위험성을 제기하고 있다. 이를 참조한다면 모든 일에 신중해야 한다는 속담이 적절하다. 정답 ②.

080 한국 초상화의 성격적 특색
[출처] 한국의 초상화_ 조선리

1. 서두에서 한국 초상화의 기법적 특성은 대상을 충실하게 재현하는 자연주의라고 설명하고 있다. 한국 초상화의 특성을 명확히 제시하기 위하여 인물을 화가 자신이 왜곡 변형하여 개성 있게 표현하는 일본 초상화, 대상을 과장하여 영웅적인 면모를 강조하는 중국 초상화와 대비하여 설명하고 있다. 정답 ③.

2. 제시문에 초상화 제작을 의뢰하는 계층이 지배 계층에 국한되었다는 내용은 나와 있지 않다. 정답 ②.

081 종교적 신념 체계의 유형
[출처] 한국 종교의 이해_ 장병길

1. 종교에 인간의 신념 체계가 어떻게 구현되는지를 묻고 있으므로 ③이 부합한다. 정답 ③.

오답 피하기 종교가 현실의 문제와 밀접한 관련을 맺고 있다고 생각하여 ①을 정답으로 생각하기 쉬우나, 제시문의 중심 내용은 세 가지 신념 체계가 종교에 어떤 모습으로 나타나고 있는가 하는 것이다. 그리고 인간 본성과 시대적 상황에 관련된 정보는 중심 내용에서 벗어나 있다.

2. ②의 경우 제시문에 의하면 윤리적, 도덕적 덕성의 함양은 구도형 신념 체계이다. 정답 ②.

오답 피하기 ①현세적 부족을 충족하려는 기복형은 둘째 문단에서 확인할 수 있고, ③전인적(全人的) 우주관에 관한 진술은 셋째 문단에서 확인할 수 있으며,

④이상 세계의 염원을 표출하는 내용은 넷째 문단에 제시되어 있다.

082 공평과 효율의 과세 원칙
[출처] 최고의 과세 원칙이란_ 김예기

1. 제시문은 공평의 원칙과 효율의 원칙에 의거해 국민에게 세금을 부과해야 함을 말하고 있는 글이다. 정답 ①.
2. 2문단에 의하면, 국민들은 국가로부터 많은 혜택을 받기를 원하지만 세금을 많이 내려는 사람은 드물다고 하였다. 정답 ②.

083 염증 반응
[출처] 인체생리학_ 디 언그로브 실버톤

1. 제시문에서는 병원체가 우리 몸에서 어떤 과정으로 퍼져 나가는지에 대해 언급하고 있지 않으므로 ④는 적절하지 않다. 정답 ④.
오답 피하기 ①3문단에서 '대식 세포 표면에는 병원체의 고유한 특징을 인식하는 수용체가 있어서 이것이 병원체 표면의 특징적인 분자들을 인식해'를 통해 확인할 수 있으므로 적절하다. ②5문단에서 '상처 부위가 부어올라 신경을 물리적으로 누르면 통증이 나타나기도 한다'를 통해 확인할 수 있으므로 적절하다. ③4문단에서 '백혈구의 일종인 단핵구'와 '또 다른 백혈구의 일종인 호중구' 등을 통해 확인할 수 있으므로 적절하다. ⑤2문단에서 '체내로 들어오는 특정 병원체를 표적으로 하는 다른 면역 반응과 달리 염증 반응은 병원체의 종류를 가리지 않고 나타난다는 특징이 있다'를 통해 확인할 수 있으므로 적절하다.
2. 5문단의 '죽거나 죽어 가는 세포나 병원체 등은 고름의 주성분이 된다'와 '혈관이 확장되면서 상처 부위가 혈장으로 채워지기 때문에 빨갛게 부어오르고'의 언급을 통해 확인할 수 있으므로 ②가 적절하다. 정답 ②.

084 잠수함의 원리

1. 제시문에서 잠수함 개발의 역사적 과정은 나타나 있지 않다. 두 번째 단락에서 잠수함 형태의 변화가 나타나 있기는 하지만, '개발의 역사'라고 보기는 어렵다. 정답 ④.
2. [A]를 보면 초기 잠수함의 경우 잠수 시간이 짧아서 배처럼 앞이 뾰족했다는 내용이 나온다. 잠수 시간이 짧다는 것은 물 위에 있는 시간이 많았다는 뜻이며 물 위에서의 파도 저항을 극복하기 위해 뾰족한 모양을 하고 있었다는 말이다. 그러나 잠수함의 잠수 시간이 길어지면서 물 위의 파도 저항에 대해 고려할 필요가 없어졌으므로 잠수함의 형태도 유선형으로 바뀌었다. 따라서 [A]를 통해 추론할 수 있는 것은 파도 저항을 극복하는 데에는 유선형보다 뾰족한 형태가 유리하다는 사실이다. 정답 ⑤.

085 디지털 시대의 사진과 영화
[출처] 디지털 시네마, 뉴미디어 시대의 예술(재구성)_ 오은경

1. 제시문은 디지털 기술이 사진과 영화에 끼친 영향 관계를 중심으로 사진과 영화의 회화적(그래픽적) 특성과 디지털 영화의 특성을 설명하고 있다. 정답 ②
오답 피하기 ①의 경우 구체적인 예를 들고는 있으나, 장단점을 비교하고 있지는 않다.
2. 첫째 문단과 셋째 문단에 나와 있듯이 현실 재현의 도구였던 사진과 영화는 디지털 기술의 영향으로 대상을 변형하고 재구성할 수 있게 되면서 그래픽적 속성을 지니게 되었다. 정답 ④
오답 피하기 ①초창기의 사진은 주관성이 개입되지 는 현실 기록 매체였다. ②디지털 애니메이션은 컴퓨터 그래픽으로 제작된 것이다. ③몽타주는 물리적 현실 속의 시간을 재배열하는 영화 편집 기술이므로 순차적으로만 편집되지는 않는다.

086 속담과 언어생활
[출처] 국어생활_ 심재기 외

1. 필자는 마지막 단락에서 우리의 언어 생활을 풍부하게 하기 위해서는 속담의 사용이 필요함을 강조하고 있다. 글쓴이가 중점적으로 밝히고자 하는 것은 속담 사용의 필요성이라고 할 수 있다. 정답 ④.
2. 일상 생활에서 속담은 빈번히 사용된다는 정보를

첫째 문단에서 확인할 수 있고, 기존의 속담이 계속적으로 변형되어 사용하는 것을 셋째 문단에서 확인할 수 있다. 그러나 속담의 계층적 속성에 대한 정보는 제시문에서 파악할 수 없다. 정답 ⑤.

087 자원봉사의 의의
[출처] 현대 사회의 자원 봉사론_ 이성기

1. 제시문은 자원 봉사 활동이야말로 현대 사회에 나타난 제반 문제점인 인간 소외 현상, 물질 만능 주의 등을 극복하는 치유책이라 할 수 있다는 요지의 글이다. ①은 언급되지 않았지만 ②는 4문단에, ③은 2문단에, ④는 5문단에 ⑤는 6문단에 제시되어 있다. 정답 ①.
2. 마지막 단락에 제시된 '자원 봉사는 우월한 측이 제공하는 것이 아니라 사회적 신분, 부, 성별 등에 관계없이 봉사하는 자와 받는 자가 동등하게 되는 평형 장치이다.'라는 부분과 글의 내용을 고려하면 자원 봉사는 수혜자뿐만 아니라 봉사자 자신의 인격 수양에도 도움이 되는 상호작용으로 해석해야 한다. 정답 ⑤.

088 별의 탄생과 죽음

1. 마지막 단락의 '인간의 삶과 연관지어 파악되던 별'이라는 언급처럼 별에 부여하는 의미는 삶과 시대에 따라 변하는 것으로 볼 수 있다. 따라서 ⑤는 제시문의 내용과 일치하지 않는다. 정답 ⑤.
2. 대부분의 별은 수소가 중력에 의해 뭉치면서 탄생하며, 중력의 압력에 의해 수축이 한계에 다다르게 되어 폭발하면서 객성이 된다. 정답 ⑤.

089 깨끗한 에너지, 수소
[출처] 수소 경제가 뜬다_ 박근태

1. ①은 첫 번째 문단에서, ②는 두 번째 문단에서, ④는 네 번째 문단에서, ⑤는 첫 번째 문단에서 확인할 수 있다. 그러나 ③은 제시문에서 알 수가 없다. 정답 ③.
2. 〈보기〉에서 '수소의 지위를 어떻게 정하느냐'의 문제에 대해 그 사용의 권한을 어떻게 나눌 것인가를 의문으로 제기하고 있다. 수소는 화석연료와 달리 지구 어디에든 존재하는 자원이기는 하나 에너지로 활용될 경우, 정치적, 경제적으로 매우 민감한 사안은 바로 수소를 누가, 어떻게 이용할 것이냐는 문제이다. 그러므로 수소 에너지가 상용화될 때 나타날 수 있는 최대의 문제는 바로 수소 에너지의 소유 문제가 된다. 정답 ⑤.

090 고려청자와 분청사기
[출처] 도자기에 담긴 전통 예술의 아름다움_ 김영원

1. 제시문은 고려청자와 분청사기를 예로 들어, 우리나라 도자기에 담긴 전통 예술의 아름다움에 대해 설명하고 있다. 고려청자는 깔끔하고 이지적인 아름다움을 담고 있으며, 분청사기는 자유분방하고 수더분한 아름다움을 담고 있다. 정답 ③.
2. ㉠이 귀족들의 취향을 반영하여 우아하고 섬세한 문양이 특징이라면, ㉡은 도공들의 예술 감각이 표현되어 활달하고 자유분방한 문양이 특징이다. 정답 ⑤.
오답 피하기 ①㉠은 관요에서, ㉡은 민요에서 만들어졌다. ②㉠이 세련된 곡선미를 담고 있다면, ㉡은 투박하지만 튼튼하고 안정된 형태를 취하고 있다. ③㉠이 깔끔하고 이지적인 느낌이라면, ㉡은 수더분하고 구수한 느낌이다. ④㉠이 귀족에 국한되어 사용되었다면, ㉡은 사대부 성리학자와 서민들에 이르기까지 널리 사용되었다.

091 외래어란 무엇인가?
[출처] 외래어란 무엇인가?_ 정희원

1. ①은 1문단, 2문단에서, ②는 1문단의 내용을 통해, ③은 3문단에서, ⑤는 2문단, 4문단, 5문단에서 확인할 수 있다. 그러나 ④는 어디에도 나타나 있지 않다. 정답 ④.
2. 5문단의 내용 중 특정 단어가 '외래어인지 외국어인지에 대한 판단은 개인의 직업 또는 관심사에 따라 달라질 수 있어 그 구분이 쉽지 않다.'고 했으므로, ④와 같이 객관적인 구분 기준은 없다고 할 수 있다. 그리고 '보스', '오너' 등의 단어는 실제로 '국어사

전에 따라 표제어로 실리기도 하고 실리지 않기도 한다.'라고 했으므로 ⑤는 잘못된 진술이다. 정답 ⑤.

092 다수결 제도와 보완책
[출처] 다수결에 대한 이의(異議)_ 한순구

1. 글쓴이는 다수결 제도가 후보가 둘일 경우에는 이상적이지만, 셋 이상일 경우 비합리적인 결과가 나올 수 있다는 점에 주목하여 민의를 정확하게 반영할 수 있는가의 문제를 제기하고 있다. 정답 ③.
2. 후보가 둘일 경우에는 ⓐ가 합리적이며, 셋 이상일 경우에는 'ⓑ, ⓒ>ⓓ>ⓐ'의 순서로 합리적이다. 정답 ②.

093 태풍의 특성
[출처] 태풍_ 기상청

1. 제시문은 태풍의 정의와 발생 원인, 과정, 진행 방향, 영향권 등의 다양한 특성을 분석적으로 설명하고 있다. 정답 ④.
2. 태풍은 적도 부근의 뜨거운 바다에서 공기의 상승으로 발생하고, 세 번째 문단에서 '지구 온난화로 인해 뜨거운 바다가 늘어나 태풍의 위력이 커졌다'고 진술되어 있다. 정답 ③.

094 변기의 구조와 작동 원리
[출처] 화장실, 악취를 물리치고 당당히 입성하다_ 이재인

1. 1문단에서는 실내 화장실이 가능할 수 있었던 이유인 '변기에 차 있는 물'에 대해 소개하고 있다. 2문단에서 변기가 작동하는 근본 원리에 해당하는 사이펀의 원리에 대해 설명한 후, 3문단과 4문단에서 변기의 경우 사이펀의 원리가 어떻게 나타나는지 설명하고, 5문단에서 제시문의 내용을 요약·정리하면서 글을 맺고 있다. 제시문에서 주로 설명하고자 한 내용은 변기의 구조와 작동 원리이다. 정답 ②.
2. 사이펀이 물로 완전히 채워져야 사이펀의 원리에 의해 변기의 물이 하수구로 빠져나가게 된다는 셋째 문단의 내용과 물이 모두 빠져나가 버린 후에 변기에 물이 서서히 공급되면 물의 압력이 사이펀을 가득 채

올 만큼 충분하지 않다는 넷째 문단의 내용으로 미루어 볼 때, 공급되는 물의 압력이 약해지지 않으면 사이펀이 물로 가득 채워지고, 이 경우 사이펀의 원리에 의해 변기의 물이 하수구로 모두 빠져나가게 될 것이다. 이런 이유로 물이 모두 빠져 나가지 않고 변기에 차 있도록 하기 위해 변기의 구조는 적은 양의 물이 서서히 변기로 흘러들어가게 되어 있는 것이다. 정답 ④.

095 서양의 풍경화와 동양의 산수화
[출처] 한 권으로 보는 한국미술사 101장면_ 임두빈

1. 첫 번째 문단에서 서양의 풍경화는 자연과 인간, 자연과 신, 신과 인간의 분리라는 이원론적 가치관을 바탕으로 형성되었다고 하였다. 그러므로 ④의 서양의 풍경화는 전원적 일원론의 우주관에서 탄생하였다는 진술은 적절하지 않으며, 전원적 일원론은 동양의 우주관에 해당한다. 정답 ④.
2. 서양화의 특징을 바탕으로 동양 산수화의 특징을 파악할 수 있는가를 묻는 문제이다. [A]의 '자연 풍경과 일체가 되어 그 속에서 다시점(多視點)의 유동성을 보이는 동양의 산수화'라는 진술을 통해서 동양 산수화를 설명할 수 있다. '자연 풍경과 일체가 되어'를 통해 ㄷ을, '다시점의 유동성을 보이는'을 통해 ㄴ을 확인할 수 있다. 정답 ④.

096 역사 교육의 필요성
[출처] 역사를 알면 세상이 달라 보인다_ 정기운

1. 제시문은 역사를 왜 배워야 하는가에 대해 묻고 답하는 형식으로 논지를 전개하고 있으며, 역사 교육의 필요성에 대한 다양한 견해를 제시한 후 각각의 문제점을 언급하고 있다. 정답 ②.
2. '상식이나 상상이란 면에서, 어떤 즐거움도 역사와 비교될 수 없다.'는 말은 역사를 배움으로써 얻을 수 있는 즐거움이 크다는 것을 의미한다. 정답 ①.

097 상품이 지닌 모순

[출처] 신세대 유행의 속성_ 류승호

1. 사회적 마모란 '닳아서 사용하지 못하는 것이 아니라, 아직 충분히 사용할 수 있는데도 불구하고 그것을 사용하지 않게 되는 것'을 뜻한다. 이러한 사회적 마모는 상품이 기능이나 성능상 어떠한 결함이 있어서가 아니라고 말하고 있으므로 사회적 마모를 촉진시키는 주된 요인이라고 볼 수 없다. 정답 ⑤.

2. ㉠은 '자본주의 상품의 모순'을 설명하고 있는 부분인데, '상품의 기능이나 성능, 내구성이 향상되었는데도 상품의 생명이 짧아지는 것'을 의미한다. 이것의 사례는 상품이 아직 충분히 쓸 수 있는데도 불구하고 새로운 상품을 구매하는 행위가 나오는 것이어야 한다. 정답 ⑤.

098 과학적 가설

[출처] 수학 없는 물리_ 폴 휴이트

1. 첫 번째 단락을 보면 '자연과학에서 사실은~새로운 사실이 나올 때까지의 협약이다.'라고 제시되어 있다. 이 때 '자연과학의 사실'은 '공인된 사실'이라고 볼 수 있다. 정답 ④.

오답 피하기 ①'추측'은 과학적 가설이 아니며, 타당성 여부에 관계없이 '사실'이 되지 못한다. ②과학자조차도 많은 사람이 옳다고 하는 것에 끌린다. 일반인들에게는 '사실' 여부가 판단되지 않는 것도 많다. ③자연과학에서 '수정'을 할 수 있다는 것은 커다란 강점이다. ⑤과학자는 예상치 못한 실험 결과도 소중히 여기고 받아들여야 한다.

2. 제시문의 요지는 '과학자는 기존의 가설이나 이론의 타당성을 의심하는 자세를 가져야 계속적인 수정, 보완을 거쳐 진리에 가까이 갈 수 있다'는 것이다. 과학자는 어느 한 쪽으로 치우친 자세보다 다양하게 사고하고 받아들일 수 있는 유연한 자세가 필요하다는 것을 강조한 글이다. 정답 ④.

오답 피하기 ①, ②는 타당함을 밝힐 수 없으며, ③, ⑤는 제시문을 통해 확인할 수 없다.

099 전자레인지의 원리

[출처] 생활 소재에서 배우는 과학 기술_ 김재웅

1. 제시문에 의하면 전자레인지는 음식물의 내부와 외부를 동시에 가열시키기 때문에 조리 시간이 짧은 것이 장점이다. 따라서 음식물의 표면에 도달된 열의 전도로 내부를 익힐 수 있다는 진술은 적절하지 않다. 정답 ④.

2. A의 '신문지로 완전하게 싼 고구마'는 마이크로파가 종이를 투과하기 때문에 잘 익을 것으로 예상할 수 있다. B의 '뚝배기에 담은 고구마' 역시 잘 익을 것으로 예상할 수 있다. 왜냐하면 마이크로파는 흙을 투과하는 성질을 갖고 있는데 뚝배기는 흙으로 빚은 오지그릇이기 때문이다. C의 '은박지로 완전하게 싼 고구마'는 은박지가 마이크로파를 반사하기 때문에 내부의 고구마는 익지 않을 것이다. 또한 은박지의 모난 부분에 마이크로파가 집중되어 스파크가 생길 수도 있다. 마이크로파의 이러한 성질 때문에 실제 일상 생활에서도 전자레인지에 금속으로 된 그릇이나 쿠킹 호일을 사용해서는 안 된다. 정답 ①.

100 사실주의 영화와 형식주의 영화

[출처] 영화의 이해_ 루이스 자네티

1. 제시문은 '형식주의'와 '사실주의'의 유사점과 차이점을 들어 논의를 전개하고 있다. '형식주의'와 '사실주의'의 공통점은 물리적인 현실세계는 모든 영화의 소재가 된다는 것이다. 두 대상의 차이점은 사실주의는 현실의 모습을 그대로 드러내기 위해 형식이나 편집보다는 영화의 내용을 중시한다는 것이다. 반면에 형식주의 영화는 현실에 대한 주관적 경험을 표현하기 위해 현실의 소재를 의도적으로 왜곡하고, 사건의 이미지를 조작하는 영화 형식이다. 정답 ①.

오답 피하기 ③의 경우 20세기 들어서기 전에 영화는 형식주의와 사실주의로 발전하기 시작했다는 사실은 있지만, 두 대상의 변화 양상이 시대별로 제시되지는 않았다.

2. 제시문에 의하면 형식주의 영화는 소재를 의도적으로 왜곡하고 사건의 이미지를 조작하지만 현실 세계의 소재를 활용한다. 정답 ②.